MANUEL

DE LA

GARDE-MALADE

A DOMICILE

Par M. l'Abbé GRENET

CHANOINE
SUPÉRIEUR ECCLÉSIASTIQUE DES SŒURS DE LA MISÉRICORDE
DE SÉEZ

EN VENTE :

Chez l'Auteur, M. l'Abbé GRENET, à Séez, Orne.

A l'Imprimerie de l'Œuvre Expiatoire	Chez MM. VIC & AMAT
A LA CHAPELLE-MONTLIGEON ORNE.	11, RUE CASSETTE, 11 PARIS

1895

TOUS DROITS RÉSERVÉS

ÉVÊCHÉ
DE
SÉEZ

Séez, le 6 novembre 1891.

Cher Monsieur le Supérieur,

Je viens de parcourir avec toute l'attention qu'il mérite votre Manuel de la Garde-Malade, et j'en suis extrêmement édifié.

Vous avez pensé à tout ce qui concerne cette grande et délicate mission et vous avez traité chacune des nombreuses parties dont elle se compose avec une hauteur de vue remarquable, un tact parfait, surtout en ce qui concerne les questions médicales, qui présentaient cependant pour vous plus d'un danger. Les conseils, les avis que vous donnez à la garde-malade dans la conduite qu'elle doit tenir à l'égard de personnes si différentes de caractère qui réclament ses soins, soit pour soulager les souffrances physiques ou les angoisses morales, sont marqués au coin de la sagesse et de la plus extrême prudence.

La Religieuse, bien pénétrée de ce nouveau Manuel et qui saura le mettre en pratique, ne peut manquer d'obtenir auprès de ses malades les plus heureux succès, les plus consolants résultats. Elle leur apportera ainsi tout à la fois du soulagement pour les souffrances corporelles et leur fera goûter la paix ineffable que procure à l'âme la réconciliation avec son Dieu.

Recevez, cher Monsieur le Supérieur, avec mes sincères félicitations, l'assurance de mes bien paternels sentiments.

† FRANÇOIS-MARIE, *évêque de Séez.*

APPROBATIONS

Monsieur le Supérieur,

Vous me demandez ce que je pense de votre *Manuel de la Garde-Malade à domicile*.

Je limiterai ma réponse à la partie qui rentre dans ma compétence : je serais mal venu à vous parler des soins que nécessite l'âme. Vous me permettrez toutefois de me réjouir de vos excellents conseils à ces dévouées gardes que nous sommes trop heureux de voir auprès de nos malades et qui, avec une charité parfaite, savent les préparer au dernier sacrifice. Sans elles, notre devoir nous imposerait de remplir nous-même cette délicate et si pénible mission; nous n'avons pas le droit en effet de laisser, sans les prévenir que l'heure suprême est arrivée, ceux qui ont mis en nous leur confiance. Combien peu de malades refusent les consolations de la religion, lorsqu'ils se savent en danger de mort et quel calme physique résulte pour eux de ce repos moral que confèrent les sacrements reçus avec ferveur !

Vous voyez donc, Monsieur le Supérieur, que, même à ce moment suprême, vos bonnes religieuses sont, par leur dévouement, des aides très précieuses pour le médecin.

Par votre manuel, vous avez voulu les rendre plus aptes à nous seconder pendant la maladie; je vous en remercie.

Vous ne vous êtes pas borné à quelques conseils théoriques, mais vous avez fait une œuvre essentiellement pratique, un véritable *vade-mecum* de la garde-malade. Souvent on reprochait à nos excellentes religieuses de manquer de l'instruction médicale. N'est-ce pas là un des plus gros griefs des laïcisateurs? Je ne crains pas d'affirmer que, si elles savent et pratiquent tout ce que vous leur enseignez, elles ne mériteront pas ce reproche. Vous les mettez particulièrement en garde contre ces sottes pratiques d'une vieille ignorance, que nous retrouvons encore trop souvent même dans les classes élevées de la société; vous leur montrez l'importance de la plus minutieuse propreté ; vous leur exposez, en quelques pages, les notions de l'*antisepsie* et de l'*asepsie*. Elles joindront ainsi à leur dévouement une connaissance éclairée de leurs devoirs, et seront des aides dont le concours sera de plus en plus précieux pour nous tous.

Vous avez résolu un problème bien délicat, Monsieur le Supérieur ; vous avez fait un excellent résumé des connaissances indispensables à toute garde-malade, utiles même à toute mère de famille, sans composer un de ces ouvrages de médecine vulgaire dont la lecture est toujours, je ne crains pas de le dire, très nuisible pour les gens du monde.

Dans votre résumé d'*anatomie* et de *physiologie*, vous avez su, en quelques pages, donner suffisamment de détails, pour montrer la structure et le fonctionnement de notre organisme, et permettre par conséquent aux garde-malades de soigner intelligemment ceux qu'elles assistent.

Vous leur donnez de nombreux renseignements pratiques ; vous leur apprenez à mettre les sangsues, les ventouses; à bien prendre la température du malade, etc., etc.

Votre dictionnaire des principales substances employées en médecine, avec les doses, peut être d'une extrême utilité surtout à la campagne où le malade, souvent loin du médecin, ne peut recourir à lui pour un renseignement oublié, pour un *modus faciendi* ignoré.

Je ne crois pas cependant qu'on puisse vous accuser de vouloir favoriser l'exercice illégal de la médecine. La garde-malade, dressée à votre école, sera intimement persuadée qu'elle doit rester toujours l'auxiliaire dévouée du médecin, sans jamais, dans aucun cas, se substituer à lui. La ligne de conduite que vous lui tracez, les renseignements précieux que vous lui donnez, n'ont toujours qu'un but : la rendre plus apte à exécuter les prescriptions médicales, ou lui permettre de mieux suivre la *maladie* de son malade, afin de pouvoir en donner au médecin une observation plus détaillée et en même temps plus précise.

Recevez donc, Monsieur le Supérieur, l'expression de tous les vœux que je fais pour la diffusion de votre ouvrage, et agréez l'assurance de mes hommages les plus respectueusement dévoués.

Dr MORDRET,
Ancien interne des hôpitaux de Paris,
Ancien aide d'anatomie de la Faculté.

Le Mans, ce 4 Avril 1893.

J'ai lu le *Manuel* de M. l'abbé Grenet.

C'est une œuvre de vulgarisation médicale à l'usage des garde-malades à domicile.

D'après l'auteur, une infirmière est l'*auxiliaire du médecin*. Elle doit comprendre les prescriptions médicales et les faire exécuter.

Comprendre et exécuter : ce programme paraît modeste. Il est suffisant et en même temps nécessaire.

Comprendre et exécuter : c'est une difficulté souvent insurmontable à la campagne, à cause de l'encombrement dans les appartements insuffisants, du séjour des gens en bonne santé avec les malades, de l'oubli des soins de propreté, de l'ignorance, de la routine, des préjugés de toutes sortes et de la pauvreté.

Que peuvent les lois, les règlements aussi bien que les conseils du médecin contre ces obstacles accumulés ?

Une garde-malade probe, dévouée et instruite sera plus utile que les menaces de la police. Avec cette auxiliaire, le médecin est assuré que les remèdes seront administrés aux heures prescrites et non absorbés d'un seul coup ou jetés sous la table, les pansements fidèlement appliqués, les draps et le linge de corps changés, les malades nettoyés, lavés et baignés ; autant d'indications qui, la plupart du temps, n'étaient pas exécutées.

Des préjugés séculaires s'y opposent dans certaines régions. Et ces préjugés, contre lesquels les colères du médecin restaient impuissantes, seront déracinés peu à peu par l'exemple plus encore que par l'éloquence d'un avocat aimable.

Il ne faut donc pas s'étonner de voir les médecins s'entendre parfaitement avec ces auxiliaires formées à la vertu par la religion. D'ailleurs le travail, le dévouement, la charité sont les trois grands facteurs du bonheur de l'homme. La religion les inspire, l'exercice de la médecine les requiert, et les obstacles, accumulés par les vices et l'ignorance, sont les ennemis de la religion comme de la science médicale.

Des œuvres comme celle de M. l'abbé Grenet sont destinées à cimenter une union qui sera féconde en résultats pour le bonheur du peuple.

Il appartient à la médecine comme à la religion de réparer les désastres de la guerre, d'adoucir les maux de la vie et d'amener les hommes à réaliser le programme de Celui qui a dit : « *Paix sur la terre aux hommes de bonne volonté !* »

Docteur F. N. LELIÈVRE,
de la Faculté de Paris.

PRÉFACE

Le titre d'un ouvrage et le nom de son auteur excitent toujours une certaine curiosité.

On se demandera :

Pourquoi ce Manuel? — Son but principal est de venir en aide à nos garde-malades religieuses, d'autant plus dévouées qu'elles sont excitées non par l'appât du gain, mais par l'amour des âmes, la charité divine, l'espoir d'une éternelle récompense. Le zèle le plus ardent, l'abnégation la plus héroïque ont besoin d'un guide qui les empêche de s'égarer et utilise leurs efforts.

N'est-il pas téméraire pour un prêtre de se charger d'un tel travail? — Un peu, je l'avoue. Aussi ai-je longtemps désiré qu'un autre l'entreprît. Nul ne s'est rencontré ; je me suis mis à l'œuvre.

J'ai voulu être utile : voilà mon excuse et

c'est là encore ce qui a soutenu mon courage dans les difficultés inhérentes à des études si nouvelles pour moi.

J'ose espérer que Dieu bénira ma bonne volonté, que mes lecteurs seront indulgents et que ce livre procurera quelque bien.

Que renferme ce Manuel ? — Il comprend deux traités distincts.

Le premier s'occupe du corps ; le second concerne l'âme, souvent plus malade que le corps et toujours trop oubliée.

A la fin de chacun, un appendice apprend à la garde-malade ce qu'elle se doit à elle-même, pour ne pas compromettre sa santé et pour rendre méritoires ses fatigues et son dévouement.

Séez, le 21 novembre 1894.

L. GRENET.

AVERTISSEMENTS

1° Ce Manuel n'a point pour but de remplacer le médecin et le chirurgien par la garde-malade, mais de rendre celle-ci une aide dévouée du premier, une collaboratrice éclairée du second.

2° Afin que le texte soit plus facile à lire et à comprendre, nous l'avons dégagé le plus possible des termes scientifiques. Les personnes, qui auraient intérêt à connaître ces termes, les trouveront dans l'explication des gravures.

3° Ce travail, destiné aux garde-malades à domicile, diffère des manuels composés pour les infirmières des hôpitaux. Ces dernières ont à leur disposition les remèdes souvent préparés à l'avance, les instruments, les objets divers utiles aux malades : les premières sont presque toujours obligées de se contenter de ce qu'elles rencontrent sous la main et de l'employer le moins mal possible.

4° Nous avons laissé de côté, à dessein, certaines questions et certaines maladies qui ne peuvent facilement être traitées dans un ouvrage placé entre les mains de tous. Si des cas de ce genre se rencontrent, le médecin ou des personnes expérimentées suppléeront à cette lacune. On pourra même, si besoin en est, se procurer des ouvrages spéciaux.

5° Bien que ce Manuel soit plus particulièrement destiné à la garde-malade par vocation, il sera utile encore à la mère de famille, souvent constituée par la nature garde-malade au milieu des siens; à ces dames charitables toujours heureuses d'apporter leur dévouement à ceux qui souffrent. Le prêtre lui-même y rencontrera, ce semble, de précieux renseignements qui l'aideront dans son ministère, tels sont les signes des maladies, les symptômes d'un danger prochain, etc., etc.

6° A ceux qui nous reprocheraient d'être entrés dans de trop minutieux détails, nous répondrons : « Si un jour la maladie vous remet entre les mains des garde-malades, vous comprendrez combien sont précieux ces soins maintenant jugés inutiles. Peut-être aurez-vous alors la tentation de nous adresser le reproche de n'être pas assez complet. »

7° Nous supplions instamment nos lecteurs de nous signaler les lacunes remarquées et les erreurs relevées dans ce travail. A l'avance, nous les en remercions.

PREMIER TRAITÉ

DEVOIRS DE LA GARDE-MALADE ENVERS LE CORPS

Ce traité sera divisé en trois parties intitulées : *le Malade, la Maladie, les Remèdes*.

La première renfermera la description du corps humain, ses éléments, son fonctionnement. Les maladies et les soins qu'elles réclament fourniront la deuxième. Les remèdes à administrer pour obtenir la guérison seront l'objet de la troisième.

PREMIÈRE PARTIE

LE MALADE

La garde-malade ne peut ignorer la place des organes qui sont le siége de la maladie. Il est bon qu'elle ait aussi quelques notions élémentaires sur les substances qui forment notre corps et sur les principales fonctions destinées à y entretenir la vie.

CHAPITRE PREMIER

Description du Corps humain.

Trois parties bien distinctes s'offrent à l'œil le moins exercé : *la Tête, le Tronc, les Membres.*

LA TÊTE

La tête comprend le *crâne*, renferme l'*encéphale* et possède quatre des appareils des sens.

Le crâne et l'encéphale.

Le *crâne* est une boîte osseuse en grande partie couverte de cheveux. Il protège et défend l'*encéphale* où se trouvent logés les principaux centres nerveux de l'homme, le *cerveau*, le *cervelet* et la *bulbe* ou moelle allongée qui n'est autre que le commencement de la moelle épinière. Le tout renferme une matière blanche et grise, très tendre et très délicate qui s'écraserait à la moindre pression. C'est pour ce motif que la divine

Providence lui a donné pour rempart les os du crâne.
(V. fig. 1.)

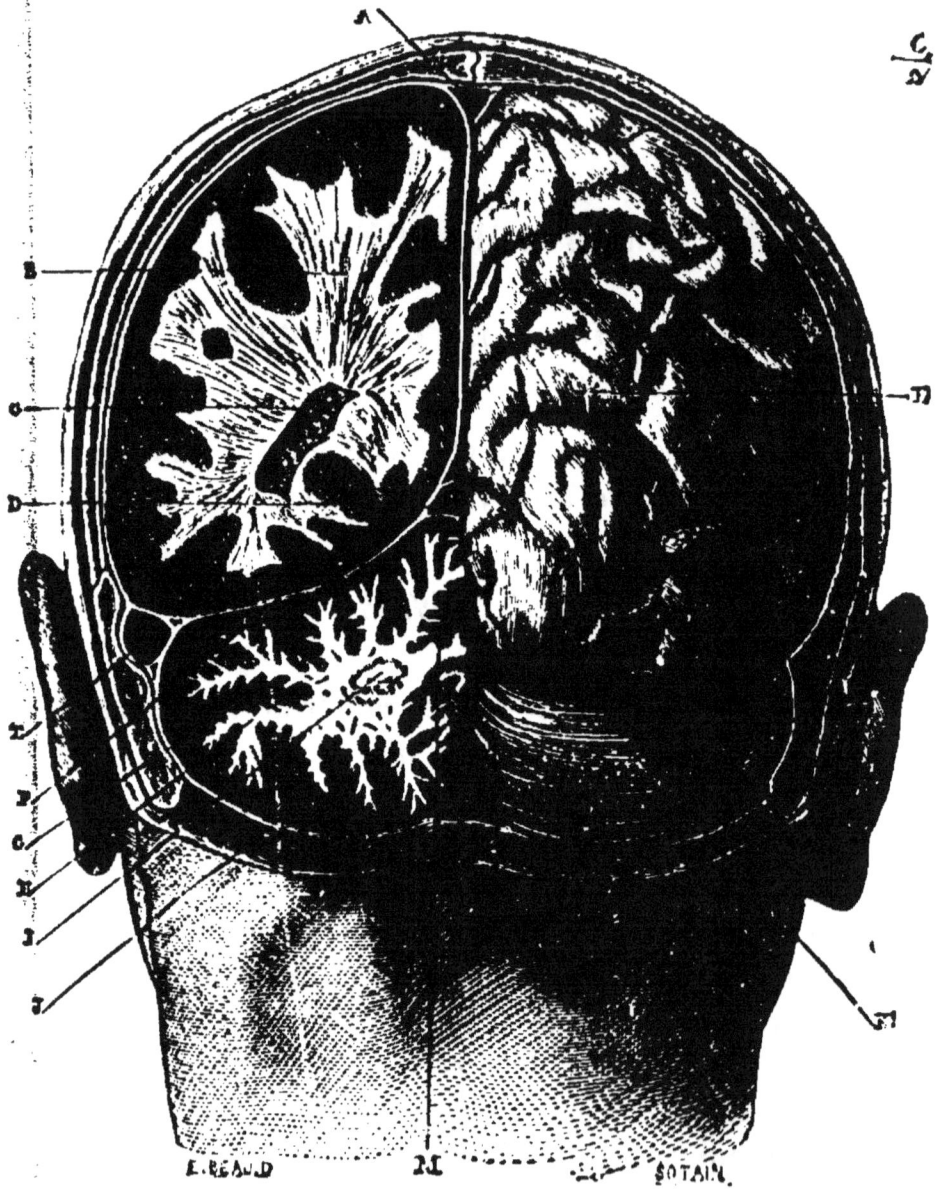

Fig. 1. — Crâne : Rapports du cerveau et du cervelet avec la boîte crânienne.

BC, coupe du cerveau (moitié gauche) ; — E, Aspect extérieur du cerveau (moitié droite) ; — GHI, Moitié gauche du cervelet (en coupe) ; — K, Moitié droite du cervelet (aspect extérieur).

Nous n'insisterons pas sur cette partie, quelque importante qu'elle soit. Ses lésions regardent exclusivement le médecin, et lui-même est souvent impuissant.

Toutefois nous conseillerons, dans les hémorragies du cuir chevelu, de couper aussitôt les cheveux, de bien nettoyer la blessure et de presser de chaque côté afin d'arrêter le sang, en attendant le médecin qui doit être demandé promptement. L'application du perchlorure de fer pourrait occasionner une inflammation et produire un érésipèle.

Les yeux.

Les yeux sont logés au-dessous du front, dans deux

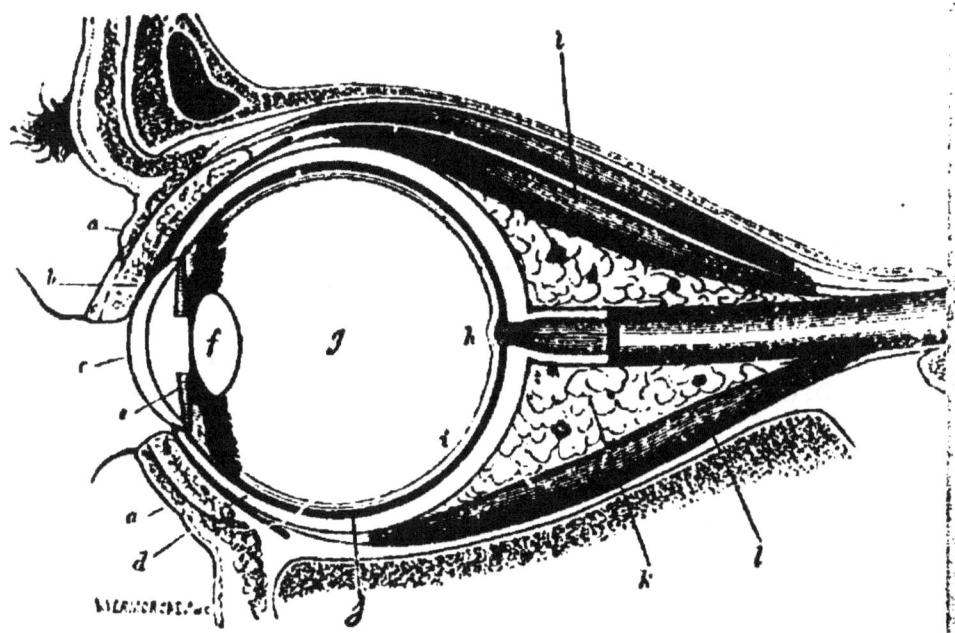

Fig. 2. — Coupe longitudinale de l'œil.

c cornée transparente. — d, cornée opaque ou sclérotique. — e, iris. — f, cristallin. — g, humeur vitrée. — h, point où le nerf optique fait suite à la rétine, i. — j, choroïde. — l, l, muscles qui font rouler l'œil dans l'orbite.

cavités appelées *orbites*, percées en arrière pour laisser passage au *nerf optique*. (V. fig. 2.)

Au-dessus et au-dessous sont les *paupières*. Elles portent sur leur bord libre une rangée de petits poils appelés *cils*, qui préservent les yeux des poussières de l'air.

Les paupières sont dominées par les *sourcils* dont le rôle principal est d'arrêter la sueur qui coule du front.

Entre ceux-ci et la paupière supérieure, en côté, se rencontrent les *glandes lacrymales*. Elles produisent les larmes nécessaires pour entretenir l'humidité et favoriser le glissement de la paupière sur l'œil. Les paupières toujours en mouvement étendent ces larmes sur les yeux, empêchent ceux-ci de se dessécher et les maintiennent transparents. Les larmes s'écoulent ensuite par un petit conduit dans les fosses nasales.

Il arrive quelquefois que ce canal s'obstrue et l'œil *pleure sans cesse*. A l'aide d'une petite broche d'argent, le médecin rétablit le cours normal. Afin d'assurer le succès de son opération, l'oculiste demande que des injections soient faites pendant un certain temps, quelquefois un mois entier. Pour les pratiquer, vous approchez le bout de la seringue au coin de l'œil.

Sous l'effet d'émotions violentes, les larmes sont produites en trop d'abondance. Alors elles ne peuvent plus s'écouler assez rapidement par les conduits lacrymaux ; elles débordent et se répandent sur les joues.

Le globe de l'œil est enfermé dans une enveloppe résistante, bombée en avant et transparente, c'est la *cornée*. Sa couleur blanche a donné lieu à cette locution : « Regarder quelqu'un dans le blanc de l'œil. » Au-dessous de cette première enveloppe est une seconde dont le milieu antérieur s'appelle *iris*, diversement coloré selon les individus : c'est lui qui rend les yeux noirs, gris, bleus, etc. L'iris est percé en son milieu d'un trou circulaire qu'on désigne sous le nom de *pupille*. Il règle la quantité de lumière qui doit traverser l'œil. Si la lumière est trop abondante, la pupille se resserre; si elle l'est moins, elle se dilate. Enfin, après avoir traversé le *cristallin* situé après la pupille, la lumière vient imprimer les objets renversés au fond de la *rétine*. De là, le nerf optique les communique à l'âme non plus renversés, mais, par un phénomène inexpliqué, tels qu'ils sont en réalité.

Certaines personnes ne voient que les objets placés tout près des yeux et ne distinguent plus ceux qui sont situés à une certaine distance. Pour d'autres, le contraire a lieu ; ils ne peuvent distinguer que les objets éloignés. Les premiers sont dits *myopes ;* les seconds, *presbytes*. A l'aide de lunettes, on peut remédier à cette infirmité. Le choix doit en être fait avec soin. Trop fortes, elles seraient préjudiciables aux yeux. Il est encore important de remarquer que les mêmes verres ne conviennent pas toujours aux deux yeux. Dans ce cas, les verres doivent être variés.

Quelquefois le cristallin de l'œil devient opaque. Alors l'opération de la *cataracte* s'impose. Elle consiste à enlever le corps du cristallin. Les suites de cette opération demandent une grande surveillance. La plus petite imprudence peut compromettre l'opération la mieux réussie. La garde-malade tiendra avec fermeté à toutes les prescriptions de l'opérateur.

Assez souvent le médecin ordonne des *gouttes* pour les yeux. Le patient tient la tête renversée en arrière. A l'aide d'un compte-gouttes ou, à son défaut, avec un simple chalumeau, tenu à une petite distance de l'œil, la garde-malade laisse tomber le liquide goutte à goutte sur le haut de l'œil dont elle tient la paupière écartée. Elle recommande ensuite au malade de fermer fortement la paupière à différentes reprises afin de bien étendre le remède.

Les oreilles.

Avec celui de la vue, le sens de l'ouïe est le plus précieux pour entretenir des rapports avec les êtres environnants. Il doit même être placé au premier rang. Aussi voyez-vous l'aveugle assez généralement gai, aimant la société avec laquelle il peut sans peine échanger ses pensées par le langage. Le sourd, au contraire, est triste et mélancolique. Il fuit les réunions, il promène des regards inquiets et défiants.

Soyez bonne avec lui, évitez de rire en sa présence sans lui en faire connaître la raison. Il croirait facilement que vous riez de son infirmité.

En quoi consiste le sens de l'ouïe? A percevoir les sons qui pénètrent dans le *pavillon* placé de chaque côté de la tête et que le langage commun nomme l'oreille. Les sons reçus passent par un petit conduit et font vibrer le *tympan*, membrane tendue à l'extrémité. Ces vibrations sont transmises par de petits osselets et un liquide dans lequel se ramifie le nerf acoustique. Celui-ci les reçoit et, fidèle serviteur, les conduit au cerveau, lequel les transmet à l'âme. Comment? C'est un mystère que nul savant n'a su approfondir.

Cet organe (V. fig. 3), est très délicat et très compliqué. Les maladies qui l'atteignent sont généralement très douloureuses et difficiles à guérir.

Fig. 3. — Oreille.

A droite, le *pavillon de l'oreille* et le *conduit auditif externe*, dont l'ensemble forme l'*oreille externe*. — Au milieu, l'*oreille moyenne* ou *caisse du tympan*, qui est fermée du côté du conduit auditif par la *membrane du tympan*, et qui renferme les *osselets de l'ouïe*; dans la caisse s'ouvre la *trompe d'Eustache*. — A gauche, l'*oreille interne*, en forme de limaçon, qui contient les nerfs chargés de percevoir les sons.

Contre les névralgies de l'oreille on emploie communément le laudanum, mélangé d'huile d'amandes douces ou d'huile de jusquiame afin de le rendre moins irritant.

Vous en versez quelques gouttes sur du coton que vous introduisez ensuite dans le creux de l'oreille. A chaque opération, il faut retirer le coton placé précédemment.

Si des corps étrangers, papier, etc., sont introduits

dans l'oreille, vous éviterez de les y laisser séjourner. Ils nuiraient à l'audition et surtout occasionneraient l'inflammation des parties avec lesquelles ils seraient en contact.

La propreté et l'hygiène exigent que le cure-oreille retire de temps en temps ces matières jaunâtres que chacun connaît, tout en évitant de léser la membrane du tympan. La négligence sur ce point peut amener la surdité ou produire des bourdonnements fort gênants.

Le nez.

Le nez est l'organe de l'odorat. Son intérieur est tapissé d'une membrane appelée *pituitaire* dans laquelle s'épanouissent les extrémités du *nerf olfactif* en communication avec le cerveau.

Des odeurs, sous forme de particules infiniment petites, s'échappent des corps odorants, entrent dans les *fosses nasales* avec l'air destiné à la respiration, y impressionnent la muqueuse du nez et le nerf qui transmet au cerveau l'impression reçue.

Les odeurs, pour être perçues, doivent traverser les narines du dehors en dedans. L'air rejeté par le nez n'impressionne pas le nerf olfactif par l'odeur qu'il peut avoir. Pour ce motif, ceux qui répandent par le nez une odeur mauvaise ne s'aperçoivent pas de leur infirmité.

L'habitude de sentir les mêmes odeurs émousse promptement le sens de l'odorat. On s'accoutume à quelques-unes qui demeurent insupportables aux autres.

L'odorat exerce sur l'organisme une influence heureusement mise à profit. Une odeur agréable ou forte réveille l'action du cœur dans la syncope, celle de la respiration dans l'asphyxie. De là, dans ces circonstances, l'usage de faire sentir certains sels ou certaines substances odoriférantes pour ramener la connaissance et rétablir la circulation.

Un froid humide, un changement de température produisent assez communément l'inflammation de la membrane muqueuse des fosses nasales. Cette inflammation porte le nom de *coryza* ou *rhume de cerveau*. Ce que l'on mange n'a plus de goût ou revêt un goût mauvais; l'odorat est diminué ou aboli; la tête est lourde et pesante. Ce malaise n'offre rien de grave et ne dure que quelques jours. Une température un peu élevée et uniforme, quelques boissons calmantes et un peu tièdes sont communément employées pour le combattre. Les fumigations produisent aussi bon effet.

Les saignements de nez, dus à des causes diverses, sont assez fréquents. On conseille pour les arrêter de lever le bras opposé à la narine par où coule le sang (narine gauche — bras droit); de *renifler* de l'eau vinaigrée; d'imbiber de perchlorure de fer un peu de charpie et de la placer dans la narine. Il ne faut pas l'enfoncer *en haut*, ce que l'on fait toujours, mais *en arrière* parallèlement à la voûte du palais. Les médecins conseillent même parfois de prendre quelques gouttes de perchlorure de fer dans un verre d'eau.

Un saignement de nez au début d'une fièvre est un symptôme de gravité; au contraire, dans le cours 'une maladie aiguë, il est quelquefois un symptôme cureux.

L'infirmité de ceux qui répandent par le nez une deur très désagréable se nomme *punaisie*. Il est rare que les remèdes réussissent à la guérir; il en est un cependant que l'on peut pratiquer sans dépense et sans inconvénient. Il consiste à se laver le nez chaque matin avec de l'eau salée ou mieux avec une solution boriquée ou phéniquée.

La bouche.

La bouche est une cavité irrégulière limitée en avant par les lèvres, en arrière par le voile du palais, sur les côtés par les joues, en haut par le palais, en bas par la langue. (V. fig. 4.)

Les *lèvres* sont la porte de la bouche : elles aident aussi à la formation des sons et à l'articulation des mots. Le contact d'un corps malpropre peut y produire des éruptions; le froid y engendre des gerçures qui réclament seulement des onctions avec quelque corps gras, beurre, graisse ou pommade préparée à cet effet.

Dès que les lèvres s'ouvrent, les *dents* paraissent. Ce sont des organes durs, principalement formés d'ivoire et d'émail. Les adultes en possèdent 32, 16 à chaque mâchoire. Elles sont divisées en trois catégories : les huit *incisives* placées dans le devant de la bouche; les quatre *canines* à droite et à gauche de celles-ci, et enfin, de chaque côté de ces dernières, sont rangées les vingt *molaires*, dont la dernière est

— 12 —

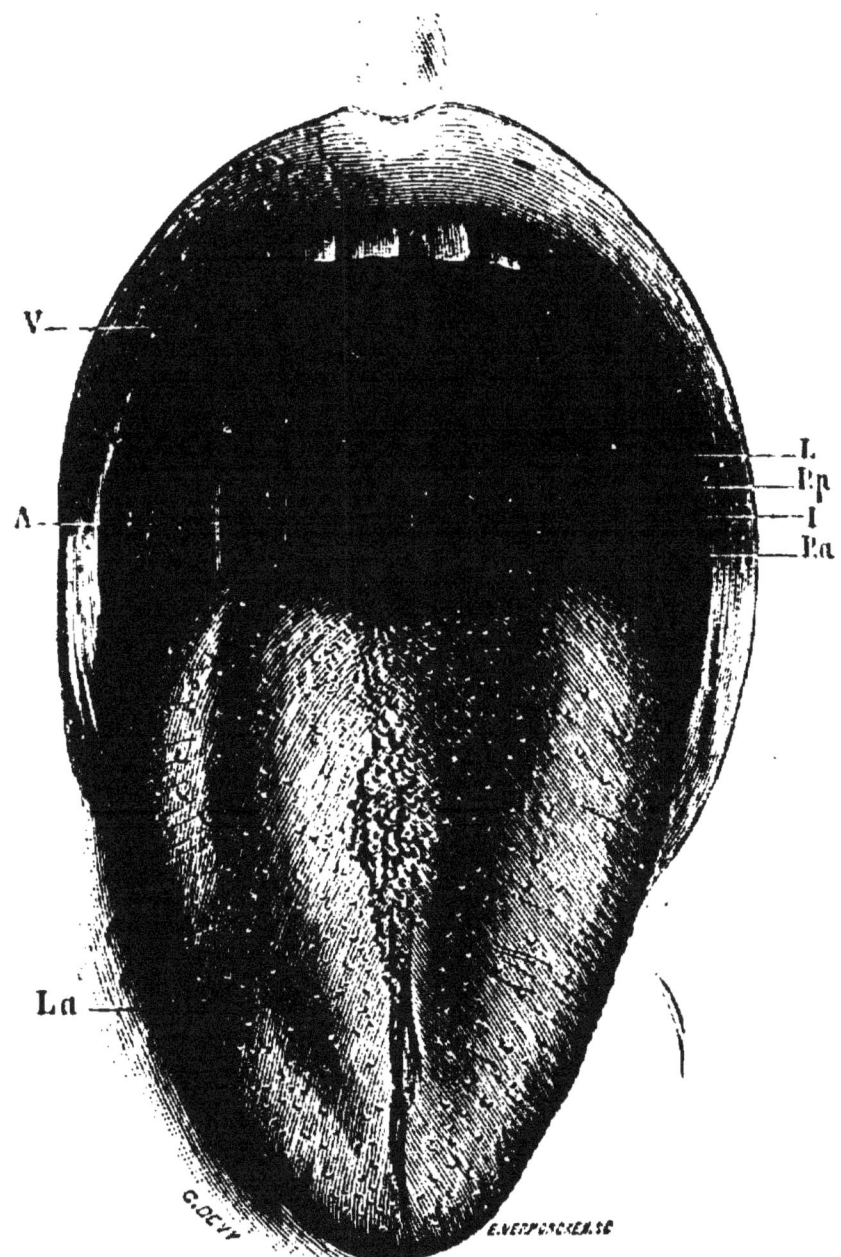

Fig. 4. — L'intérieur de la bouche.

V, voile du palais. — Pp, piliers antérieurs et postérieurs de ce voile entre lesquels est située l'amygdale, A. — L, luette. — I, isthme du gosier. — La, langue.

appelée *dent de sagesse*, parce qu'elle pousse très tard, à un âge où chacun doit être sage. Les premières coupent les aliments, les deuxièmes les déchirent, les troisièmes les broient. Les dents sont enracinées sur les deux *mâchoires*. De là le nom de *racine* donné à la partie implantée : la partie libre placée au-dessus des gencives s'appelle *couronne*. (V. fig. 5).

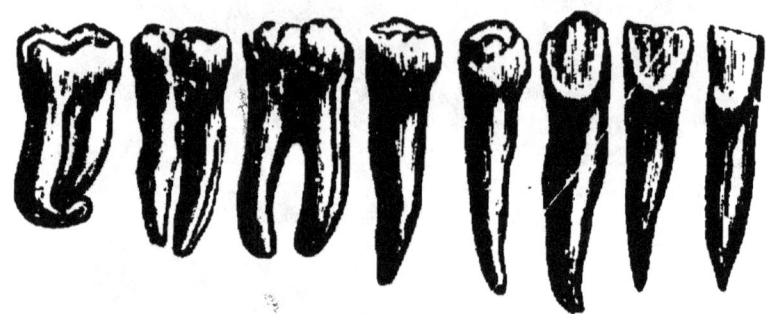

Fig. 5. — Les dents.

Le rôle des dents est important, soit pour la prononciation des mots, soit pour la mastication de la nourriture. Il est donc utile de les entretenir en bon état. Les nettoyer avec une brosse, enlever avec un cure-dents les parcelles d'aliments engagées dans leurs intervalles est un soin de chaque jour. Les cure-dents ne doivent jamais être en métal : il est mauvais de se servir d'épingles. Malgré sa dureté, l'émail est fragile : dès que l'enveloppe très légère qui le recouvre est déchirée en un point quelconque, de petits insectes, imperceptibles à l'œil nu, l'attaquent et gagnent l'ivoire. C'est la *carie* des dents.

De toutes les eaux dentifrices en usage, la plus recommandée est celle de *Botot*.

Il est bon de ne pas casser avec les dents des objets durs, noix, noisettes, amandes, etc.

Les douleurs de ces organes sont assez violentes. Si elles tiennent à la carie, on pourra verser quelques gouttes de *laudanum* ou de *créosote* sur un peu de coton que l'on introduira dans la partie malade, après l'avoir étreint afin qu'il ne reste pas trop du liquide dont il est imbibé. Autrement il pourrait brûler les gencives et l'intérieur de la bouche. Dans les simples fluxions, les cataplasmes sur la joue, les bains de pieds, quelques laxatifs sont conseillés.

Les dents sont comme une barrière, derrière laquelle se meut la *langue*, dont personne ne conteste l'importance. Elle est composée presque en entier de muscles qui lui donnent sa grande mobilité. Elle est le principal organe du goût, sert à la parole, aide à la mastication des aliments et à leur introduction dans le pharynx et l'œsophage.

La langue du malade fournit à sa garde de précieux renseignements. Elle indique assez bien l'état de l'estomac et de l'intestin. Nous en parlerons plus loin.

Le *palais* est la partie supérieure de la cavité de la bouche. Il est étendu en forme de voûte : de là son nom de *voûte du palais*. A sa suite, et fixé à son bord, vous trouvez le *voile du palais*, dont la partie inférieure, libre et flottante, présente un prolongement appelé *luette*.

Le voile du palais sépare la bouche de l'*arrière-bouche* ou *pharynx*. Celui-ci peut avoir 12 centimètres de longueur sur 5 ou six de largeur. Dans ce peu d'espace, vous comptez six ouvertures : la communication avec la bouche, l'ouverture des fosses nasales, l'œsophage ou canal qui conduit les aliments dans l'estomac, le larynx, enfin les deux trompes d'Eustache, canaux destinés à porter l'air à l'intérieur de chaque oreille. A l'entrée du pharynx, de chaque côté, sont les *amygdales*. Elles se gonflent parfois sous l'influence d'une variation brusque de température ou d'un refroidissement, provoquent un malaise et peuvent même nuire à la respiration.

Le *larynx*, organe de la voix, forme la partie supérieure de la *trachée-artère* qui conduit l'air dans les poumons. En revenant de la poitrine, l'air fait vibrer les *cordes vocales* lorsque, sous l'empire de la volonté, elles sont tendues, et les sons se produisent. Les personnes faibles ou malades parlent généralement assez bas, parce que, la respiration étant moins forte, il y a aussi moins d'air pour les vibrations des cordes vocales ; puis la tension de ces cordes exige une certaine vigueur de la force vitale.

Assez souvent les garde-malades ont à explorer ces régions du corps. Les laryngites, les angines, etc., réclament leurs soins. Elles doivent fréquemment enlever les fausses membranes ou peaux qui se forment dans ces maladies. Pour cette opération, elles prennent un pinceau formé d'une légère baguette, au bout de laquelle elles fixent un peu de ouate, moins dure que la charpie, et qu'elles ne font jamais servir deux fois. Elles le trempent dans la préparation liquide indiquée par le médecin et le promènent doucement sur les parties malades. Quelquefois elles appuieront davantage si les peaux se détachent difficilement. Dans ce cas, les gargarismes de jus de citron étendu d'eau ont utiles pour nettoyer la bouche : on peut même donner une cuillerée de jus de citron pur à boire après haque opération. Fréquemment les enfants résistent à ce traitement et tiennent la bouche fortement fermée. Il suffit de leur pincer le nez : ils ouvrent alors la bouche pour respirer. La garde-malade en profite habilement pour introduire son pinceau.

LE TRONC OU MILIEU DU CORPS

On distingue, dans le milieu du corps et en avant, deux parties connues de tous, la *poitrine* et l'*abdomen* ou *ventre*. La première renferme les poumons et le cœur ; la seconde, les principaux organes de la digestion : estomac, intestins, etc.

En arrière se trouve la colonne vertébrale, principale pièce de la charpente osseuse. Elle sert de point d'attache aux différentes parties du corps et protège la moelle épinière renfermée au milieu. Formée d'os superposés, elle permet facilement à l'homme de se plier. Les courbures qu'on y remarque lui donnent une grande solidité et lui font supporter sans crainte de lourds fardeaux.

La poitrine.

La *poitrine* ou *thorax* est une sorte de cage profonde. Elle est formée par les douze paires de côtes, reliées les unes aux autres au moyen de muscles et fixées, à leurs extrémités, en arrière à la colonne vertébrale, et en avant, soit directement soit indirectement, au *sternum*. On désigne ainsi l'os placé verticalement au milieu de la partie antérieure de la poitrine : il se termine à l'endroit communément désigné sous le nom de *creux de l'estomac*. Elle est limitée en bas par un muscle placé à l'intérieur en forme de voûte et nommé *diaphragme*. Il la sépare de l'abdomen. C'est dans la poitrine que nous trouvons les poumons et le cœur (V. fig. 6).

BRONCHES ET POUMONS. — Immédiatement au-dessous du larynx est, nous l'avons dit, la *trachée-artère* qui conduit l'air dans la poitrine. En avant de l'orifice supérieur du larynx se trouve une sorte de soupape, l'*épiglotte*. Lorsque nous avalons les aliments, cette soupape ferme exactement le larynx pour empêcher les aliments de s'y introduire ; puis elle se lève aussitôt afin de laisser libre la respiration. Il est imprudent de parler ou de rire au moment de la déglutition ; car, s'il s'introduit quelque aliment dans la trachée-artère (ce que nous appelons avaler de travers) il peut en résulter des désordres assez graves.

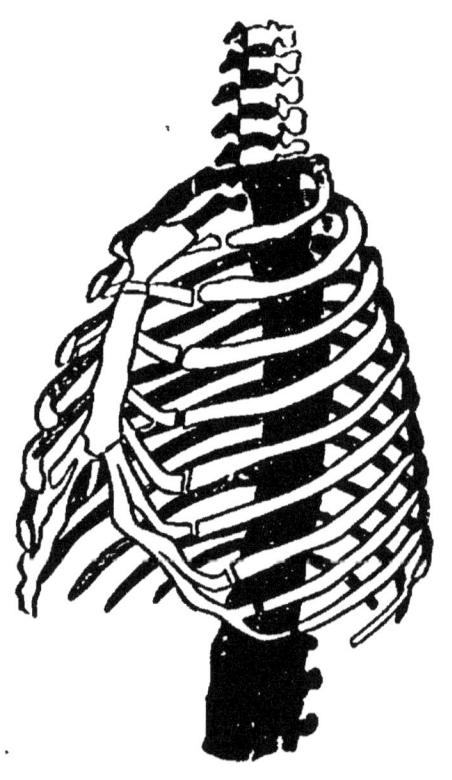

Fig. 6. — La cage thoracique.

La trachée-artère a une longueur de 12 centimètres environ. Elle se divise en deux parties appelées *bronches*, qui se dirigent, l'une vers le poumon droit, l'autre vers le poumon gauche. A leur entrée, elles se subdivisent en une multitude de petits tubes *aérifères* (qui portent l'air), dont les plus petits ont à peine un dixième de millimètre d'épaisseur. Les dernières ramifications ont, à leur extrémité, une espèce de petit sac appelé *lobule pulmonaire*, dans laquelle s'ouvrent comme de petites chambres, dites *vésicules pulmonaires*. C'est au travers de leur enveloppe que se font les échanges entre l'air et le sang comme nous le verrons plus loin.

Les *poumons*, (V. fig. 7.) de couleur grisâtre, d'une forme allongée, montent d'un tiers de leur longueur au-dessus de l'entrée des bronches. Ils se font face l'un à l'autre et laissent au milieu une sorte de lit, dans lequel est placé le cœur. Ils ressemblent un peu à une éponge par les multiples petites cavités qu'on y rencontre. Il est à remarquer que le poumon droit est presque d'un tiers plus volumineux que le poumon gauche. Les poumons sont entourés d'une membrane séreuse appelée *plèvre*, repliée sur elle-même et formant comme deux peaux superposées. Au milieu est un espace très réduit, rempli d'un liquide destiné à faciliter les mouvements de ces organes. La *pleurésie* n'est autre chose que l'inflammation de ces enveloppes. Le point de côté avec fièvre, une respiration gênée, une toux sèche en sont et l'indice et la conséquence. Cette maladie exige un traitement prompt et énergique, surtout si l'inflammation atteint les deux côtés. Souvent aussi ce que l'on nomme *point de côté* n'est qu'une névralgie intercostale qui cause des douleurs aiguës mais n'offre aucun danger pour la vie.

Le Cœur. (V. fig. 7.) — Le cœur est un organe entièrement composé de muscles, placé, nous l'avons dit, entre les deux poumons, un peu incliné de droite à gauche. Chacun connaît sa forme. La pointe, dirigée vers le bas, se trouve située sous le sein gauche. Ses dimensions moyennes sont de 10 centimètres en longueur et en largeur. Elles varient selon les différents individus. Le cœur est partagé dans le sens de sa hauteur en deux parties distinctes nommées

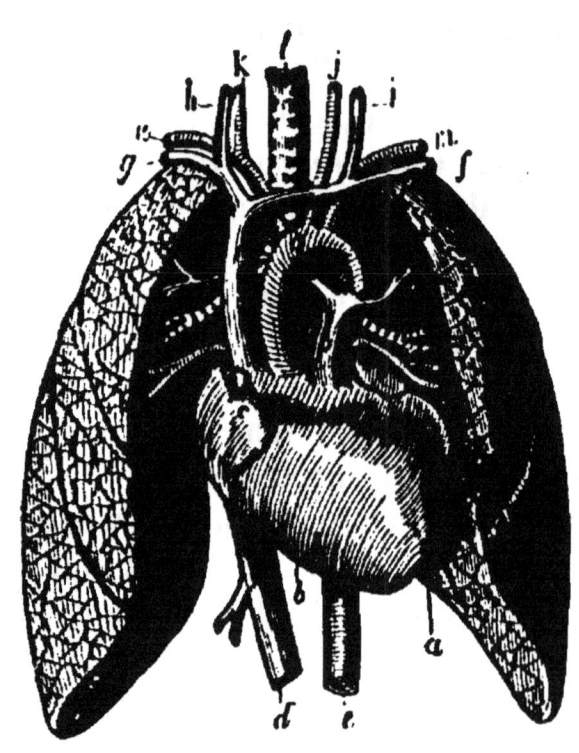

Fig. 7. — Cœur et poumons dans leur situation naturelle.

a, ventricule gauche. — *b*, ventricule droit. — *c*, oreillette droite. — *d*, veine cave inférieure. — *e*, artère aorte. — *f*, veine sous-clavière gauche. — *g*, veine sous-clavière droite. — *h, i*, veines jugulaires. — *j, k*, artères carotides. — *l*, trachée artère. — *m*, artère sous-clavière gauche. — *n*, artère sous-clavière droite. — *o*, oreillette gauche. — *p*, veines pulmonaires. — *q*, artère pulmonaire. — *r*, veine cave supérieure.

le *cœur droit* et le *cœur gauche*. Chez l'adulte, ils n'ont aucune communication l'un avec l'autre. Le premier renferme le sang noir qui a besoin d'être purifié, le second le sang rouge qui s'en va vivifier le corps. Dans le sens de sa largeur, une autre division existe et partage le cœur en deux autres parties. La partie supérieure est appelée *oreillette*, la partie inférieure, *ventricule*. Chaque oreillette communique avec le ventricule correspondant au moyen de petites soupapes ou *valvules* dont la mission est de permettre le passage du sang des oreillettes dans les ventricules et de l'empêcher, en se refermant, de refluer. A l'oreillette droite aboutissent deux grosses veines, la *veine cave supérieure* et la *veine cave inférieure*. Elles ramènent à cette partie du cœur le sang altéré et noir. Du ventricule droit part l'*artère pulmonaire* : elle conduit ce sang aux poumons. Dans l'oreillette gauche débouchent quatre veines, les *veines pulmonaires* qui rapportent le sang purifié dans les poumons. Du ventricule gauche part l'artère *aorte* destinée à distribuer le sang dans tout le corps. Celle-ci et l'artère pulmonaire sont munies à leur orifice de trois replis membraneux ou peaux qui forment soupapes, s'ouvrent pour laisser passer le sang, puis reviennent sur elles-mêmes et l'empêchent de retourner en arrière.

Le cœur est tapissé intérieurement par une membrane assez mince nommée *endocarde* : à l'extérieur, il est enveloppé d'une double membrane superposée, dite *péricarde*. L'inflammation de ces membranes s'appelle *endocardite* ou *péricardite* selon qu'elle atteint les unes ou les autres.

L'abdomen ou ventre.

Le Foie. (V. fig. 8.) — Le premier organe que nous rencontrons au-dessous de la poitrine est le *foie*. Il

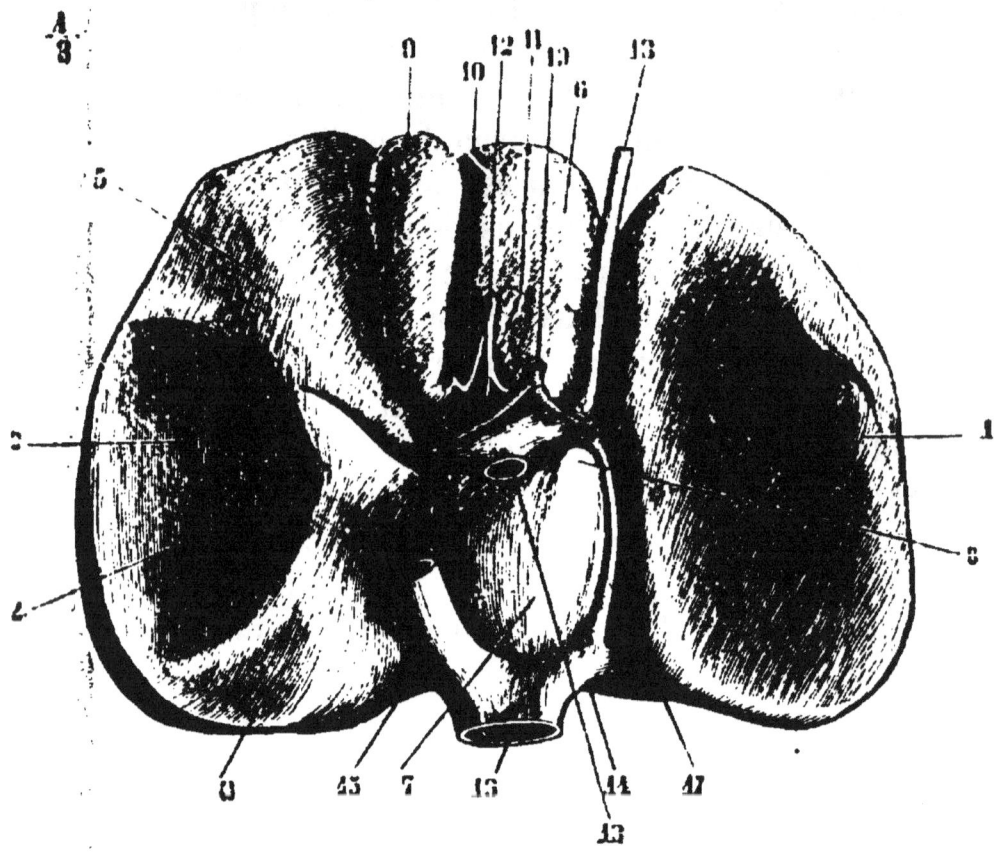

Fig. 8. — Le foie vu par sa face inférieure.

Les lobes gauche (1) et droit (2) sont séparés par un sillon dans lequel se trouve la veine porte (13). En avant de ce sillon, se voient un des lobes accessoires (6) et la vésicule biliaire (9), d'où part le canal cystique (10), qui, en s'unissant au canal hépatique (11), forme le canal cholédoque (12). En arrière, est l'autre lobe accessoire (7).

pèse de 1 kilog. à 1 kilog. 1/2 chez l'homme adulte. Sa partie supérieure est en rapport avec le diaphragme :

l'inférieure avec l'estomac, la rate, le rein droit et les intestins. Sa couleur est rouge brun. Il est divisé en deux parties très inégales, la gauche plus petite, la droite beaucoup plus grande. Au bas de cette dernière, dans un petit enfoncement pratiqué à cet effet, se trouve la *vésicule biliaire,* réservoir de la bile, connue communément sous le nom de *fiel.* Sa couleur est verdâtre : sa forme est celle d'une poire. Les principales fonctions du foie sont la sécrétion de la bile pour aider la digestion, et la production d'un sucre spécial absorbé par le sang.

LA RATE est un organe mou, spongieux, de couleur lie de vin. Elle présente la forme d'un croissant (V. fig. 9) : son poids est de 200 grammes environ : elle mesure 13 à 16 centimètres de longueur, 8 à 11 de largeur. Elle est d'ailleurs très variable selon la quantité de sang qu'elle contient. La rate se trouve logée profondément dans le côté gauche, immédiatement au-dessous du diaphragme, qui la sépare des fausses côtes et de la base du poumon, au-dessus et au-devant du rein gauche. Dans certaines

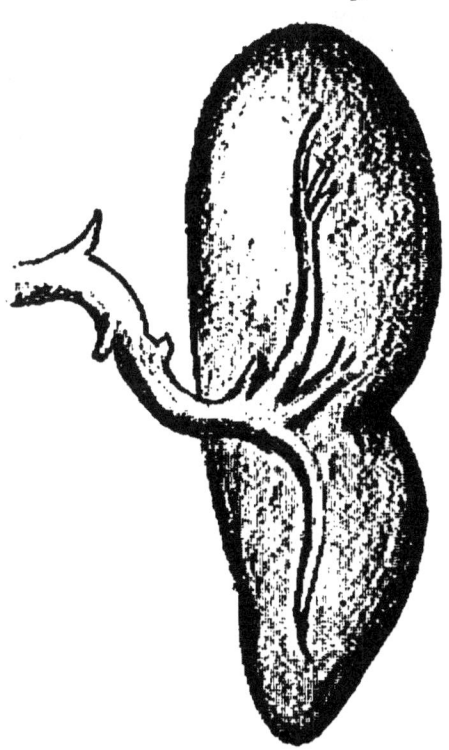

Fig. 9. — La rate

maladies, elle peut atteindre trois ou quatre fois son volume normal. Quel est son rôle? Les médecins ne paraissent pas s'entendre à ce sujet.

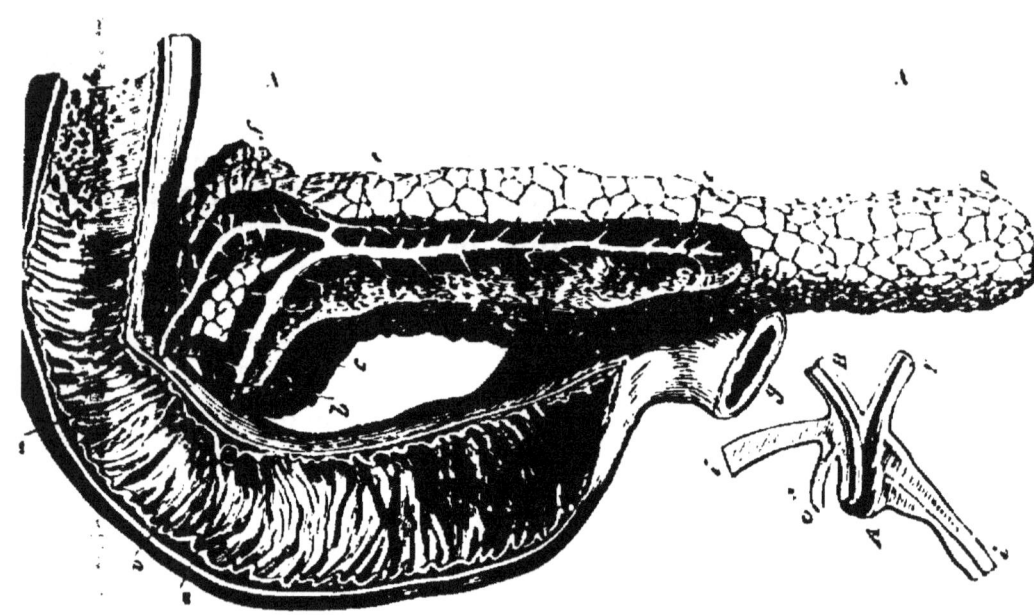

Fig. 10. — Le pancréas. A. A.

Le Pancréas est une glande en grappe, allongée et tendue transversalement au-devant de la colonne vertébrale, derrière l'estomac, entre la rate à gauche et le foie à droite. Aplati d'avant en arrière, renflé à son extrémité droite, effilé à son extrémité gauche, il ressemble à un marteau de 13 centimètres de longueur, 3 de hauteur, 1 d'épaisseur. Son poids peut atteindre une soixantaine de grammes. Sa couleur est grisâtre. Le pancréas donne un suc appelé *suc pancréatique* qui continue sur les fécules l'action commencée par la salive, agit sur les graisses et les réduit en globules assez fins pour traverser les parois de l'intestin et pénétrer dans le sang. (V. fig. 10.)

Les Reins, appelés *rognons* chez les animaux, sont au nombre de deux. Ils forment un appareil épurateur,

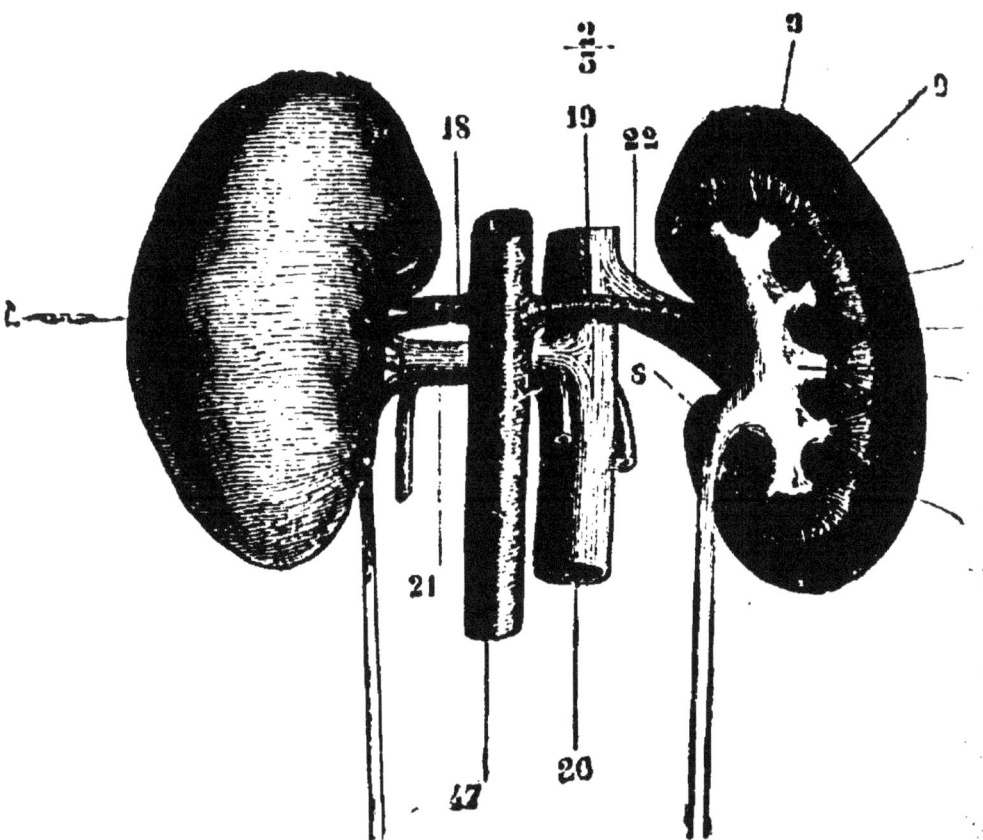

Fig. 11. — Les reins vus par leur face antérieure.

Le rein droit est coupé verticalement, pour montrer sa conformation intérieure.

chargé de prendre au passage certaines matières nuisibles au sang. Ils sont accolés, pour ainsi dire, à la colonne vertébrale. Leur forme est celle d'un haricot. Le poids de chacun est de 90 grammes en moyenne : la longueur est de 11 centimètres, la largeur de 5, l'épaisseur de 4 1/2. Le gauche est placé sous la rate ; l'autre sous le poumon droit. De chacun part un canal de 27 centimètres environ, qui porte l'urine dans un réservoir appelé *vessie*, d'où elle est rejetée au dehors. (V. fig. 11.)

Organes compliqués et délicats, les reins ou leurs accessoires sont le siége de plusieurs maladies très douloureuses, telles que la *néphrite* ou inflammation des reins, etc., etc.

La *gravelle* est constituée par la formation de poussières ou de graviers qui déterminent, dans l'appareil urinaire, des accidents accompagnés de violentes douleurs. Lorsque ces graviers atteignent le volume d'un pois, on les appelle *calculs* ou *pierre*. La bonne chère, l'abus de l'alcool, la vie trop sédentaire, l'hérédité surtout en sont les principales causes. Lorsque ces graviers s'engagent dans les conduits de l'urine, ils produisent une violente douleur nommée *colique néphrétique*. Les inhalations d'éther peuvent les calmer un peu. Un régime très sobre, très hygiénique, l'abstention de liqueurs fortes, de boissons alcooliques, la suppression du sucre dans l'alimentation, sont, avec un exercice régulier, le meilleur remède.

On appelle *albuminurie* la présence dans les urines d'une trop grande quantité d'albumine. Elle est plutôt un des symptômes d'une maladie qu'une maladie proprement dite.

Le *diabète*, de son côté, est la présence de trop de

sucre dans les urines. Beaucoup d'exercice, des amers, du vin, du café (non mélangé d'alcool) sont conseillés en ce cas.

L'urine, on le voit, peut fournir au médecin des renseignements utiles. La garde-malade aura soin, dès qu'elle y remarquera quelque chose d'anormal, de la mettre de côté pour la lui présenter. Toutefois nous ne pouvons trop prémunir contre ces *jugeurs d'eau*, plus habiles à exploiter les malades qu'à les guérir.

L'Estomac est placé à peu près horizontalement en avant de l'abdomen, un peu au-dessous de la poitrine.

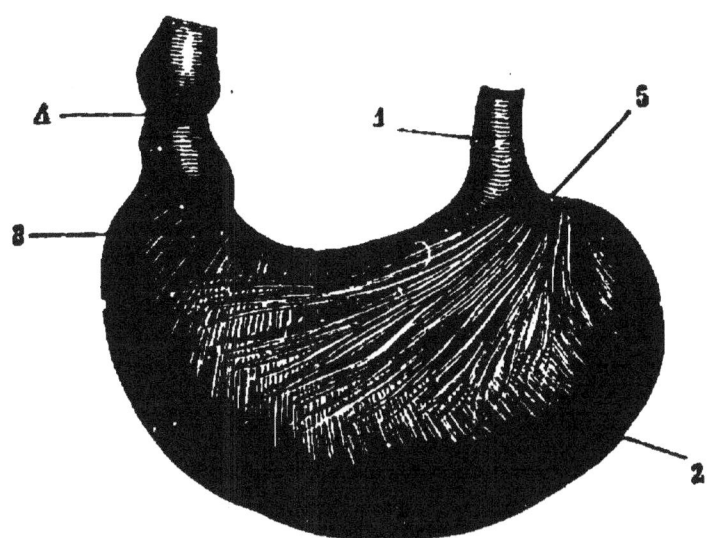

Fig. 12. — L'estomac.

1, terminaison de l'œsophage. — 2, grande courbure. — 3, extrémité pylorique. — 4, pylore.

A sa droite et un peu au dessus, est le foie; à gauche, la rate. La figure ci-jointe (V. fig. 12) fera mieux connaître sa forme que la description que nous en pourrions faire. Sa longueur est d'environ 25 centimètres, sa hauteur de 9 et, d'avant en arrière, il mesure 12 centimètres. Il est recouvert d'une triple enveloppe. L'enveloppe supérieure n'est autre qu'une partie du péritoine ; l'enveloppe intérieure est appelée *muqueuse de l'estomac.* L'estomac est l'organe principal de la digestion. L'œsophage lui apporte les aliments qui ont subi dans la bouche leur première transformation. On désigne sous le nom de *cardia* l'entrée de l'œsophage dans l'estomac et sous le nom de *pylore* la communication entre l'estomac et l'intestin.

Les Intestins forment la partie du tube digestif qui fait suite à l'estomac, achèvent la digestion et rejettent ce que le sang n'absorbe pas. Il est divisé en *intestin grêle,* d'une longueur de 8 à 9 mètres et d'un diamètre de 3 centimètres en moyenne ; et en *gros intestin,* de 1 mètre 50 environ, dont le diamètre, très variable dans les différentes parties de son trajet, atteint 8 centimètres à sa plus grande largeur. La dernière portion du gros intestin s'appelle le *rectum.* Il se termine à l'*anus* et rejette au dehors les matières fécales.

Le Péritoine est une membrane séreuse, formant comme un sac sans ouverture et renfermant au milieu un liquide destiné à rendre plus facile le glissement de cette membrane sur les organes qu'elle protège. Il tapisse la cavité de l'abdomen, enveloppe, en totalité ou en partie, la plupart des organes qui y sont contenus, et il les maintient à leur place respective au moyen de nombreux prolongements et replis.

Son inflammation se nomme *péritonite*. Elle est générale ou partielle selon son étendue. Si elle envahit tout le péritoine, il est rare que l'issue ne soit pas funeste. Cette maladie réclame des soins prompts et assidus. La douleur, la fièvre, les vomissements en sont souvent les premiers symptômes.

LES MEMBRES

Les membres sont comme les appendices du corps, auquel ils sont unis au moyen des articulations. Disposés deux par deux, ils sont admirablement appropriés à la fin que le Créateur leur a marquée.

La division en *membres supérieurs* et en *membres inférieurs* se comprend d'elle-même. Les premiers servent surtout à établir les rapports de l'homme avec les objets extérieurs par le toucher et la préhension (action de prendre) ; les seconds supportent le corps et le transportent là où la volonté le conduit.

Nous indiquerons seulement ici les pièces osseuses qui les dessinent et en forment la partie principale. Il nous suffira d'ajouter que les différents os emboîtés l'un dans l'autre, ou roulant l'un sur l'autre, grâce à leurs extrémités arrondies ou formant enfoncement, sont retenus et mis en mouvement par des muscles solides. De plus, les membres, comme le corps, sont parcourus en tous sens, jusqu'à leurs extrémités, par des artères, des veines et des nerfs.

LES MEMBRES SUPÉRIEURS. — Chacun se compose de l'épaule, du bras, de l'avant-bras et de la main.

L'*épaule* comprend l'*omoplate*, os aplati situé au sommet de la poitrine, en arrière ; la *clavicule*, placée en avant, qui ressemble à un S très ouvert.

Le *bras* n'a qu'un os long et fort, l'*humérus*, qui part de l'épaule et se termine à l'avant-bras.

Celui-ci possède deux os placés l'un à côté de l'autre, le *radius* et le *cubitus*.

La *main* comprend : 1° le *poignet* où se trouvent huit petits os serrés les uns contre les autres et disposés en deux rangées ; 2° la *paume* de la main ayant cinq os allongés, correspondant chacun à un doigt ; 3° enfin les *doigts*, au nombre de cinq, sont formés de trois petits os, les *phalanges*, excepté le pouce qui en a deux seulement. (V. fig. 13.)

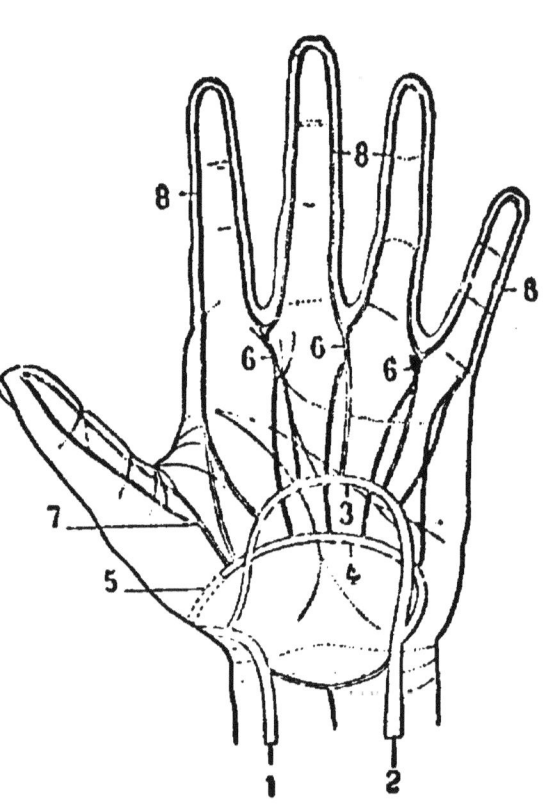

Fig. 13. — La main.

LES MEMBRES INFÉRIEURS ont un squelette à peu près

— 30 —

analogue à celui des membres supérieurs. Ils se composent également de quatre parties : 1° du *bassin*, formé de deux larges os soudés entre eux ; 2° de la *cuisse* avec un seul os, le *fémur*, le plus long du corps de l'homme ; 3° de la *jambe* avec ses deux os, le *tibia* plus fort et le *péroné* plus grêle. Au genou se trouve la *rotule* qui apparaît vers l'âge de trois ans ; 4° du *pied* (V. fig. 14), où nous remarquerons le *cou-de-pied* avec sept os disposés sur trois rangées ; (l'un d'eux, le *calcanéum*, forme la saillie du talon) ; la *plante du pied*, dont chacun des cinq os correspond à l'un des *doigts* ou *orteils*. Ces derniers sont formés de trois phalanges, à l'exception du pouce qui en a deux seulement.

Les maladies des membres sont peu nombreuses.

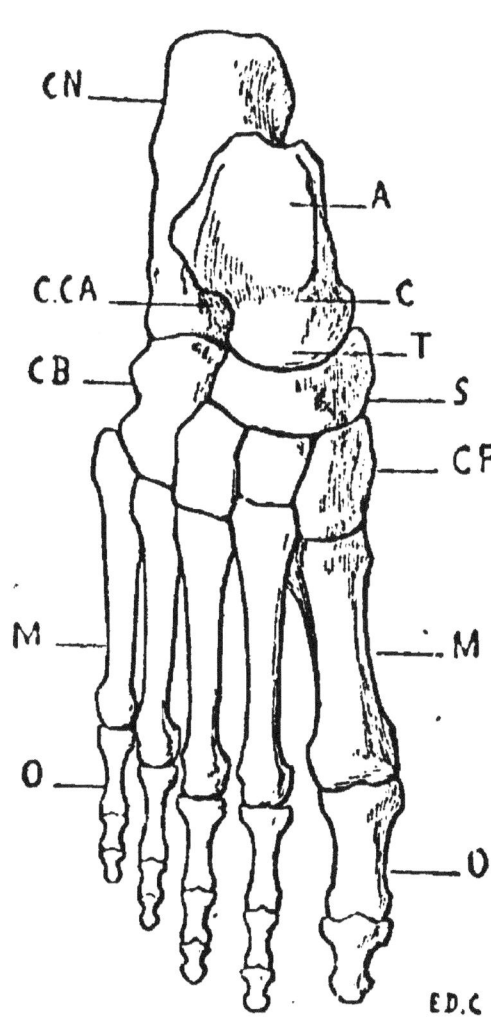

Fig. 14. — Os du pied.

Cependant elles atteignent les différents tissus dont ils sont formés. Ainsi les os donnent lieu à des maladies appelées *ostéites*, les veines à des *phlébites*, les vaisseaux lymphatiques à des *lymphangites*. Les chutes ou les coups violents y occasionnent des fractures ou des luxations qui réclament toujours la présence du médecin. Il en est de même des plaies profondes suivies d'hémorragies graves. La coupure d'une artère peut occasionner la mort si on ne fait pas la ligature.

CHAPITRE II

Principales substances du Corps humain.

Les os, les nerfs, le sang, la chair ou les muscles et la peau, qui recouvre et protège le tout, sont les principales substances du corps humain.

Les os.

Les os, substance dure et résistante, forment la charpente du corps humain. Ils sont au nombre de 208 (1). Disposés dans leur ordre naturel, soit par suite de la disparition des chairs, soit qu'on les ait montés à l'aide de charnières, ils constituent le *squelette*. (V. fig. 15).

Les os sont réunis au moyen de ligaments ou cordons élastiques revêtus de muscles qui servent à produire les mouvements.

On nomme *articulation* l'union de deux ou plusieurs os entre eux. L'articulation est quelquefois immobile comme dans les os du crâne soudés ensemble : plus souvent elle est mobile, ce qui est particulièrement sensible aux coudes et aux genoux.

Les frottements répétés des surfaces, où se produisent les articulations, ne tarderaient pas à en déterminer

---

(1) Ce nombre n'est pas admis par tous les anatomistes. Les uns en comptent 198, d'autres 203.

l'usure, si une légère couche d'un liquide onctueux, la

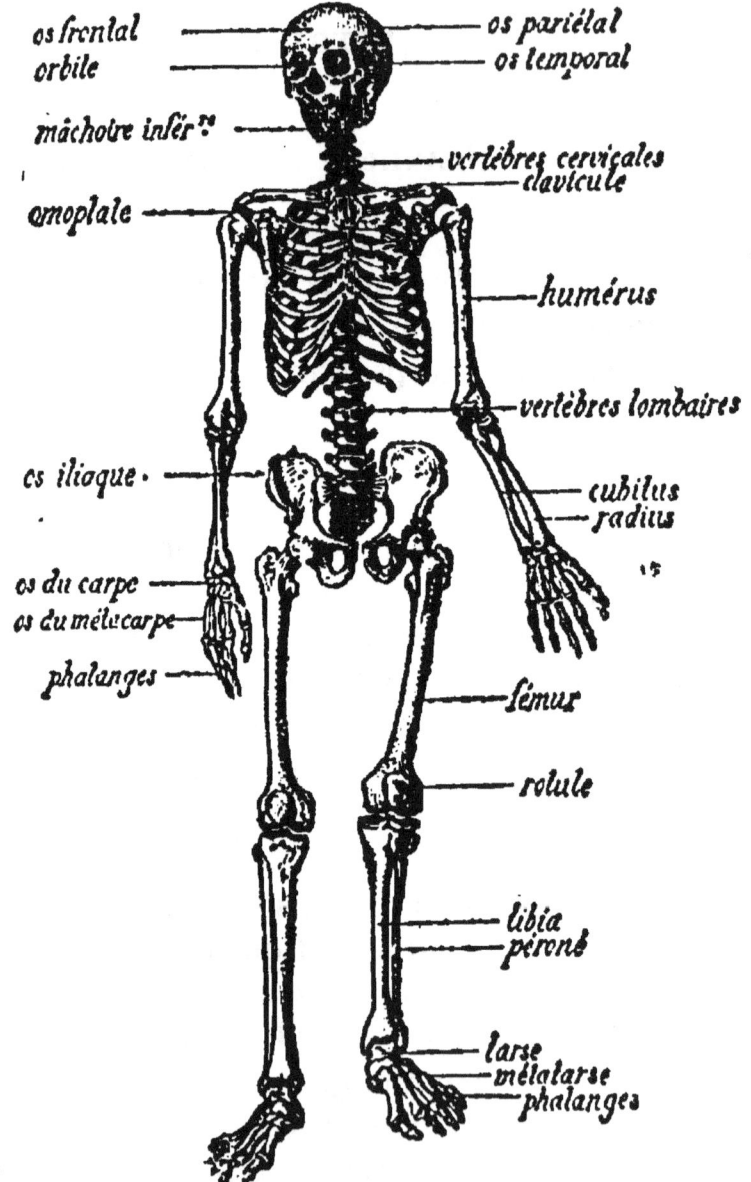

Fig. 15. — Squelette humain.

synovie, analogue à l'huile qui facilite le jeu des pièces d'une machine à vapeur, ne se trouvait interposée entre elles. Dans ce but la cavité de l'articulation est tapissée par une membrane chargée de la produire.

Quand celle-ci est trop abondante il se produit ce que l'on nomme un épanchement de synovie.

La plupart des os sont garnis intérieurement d'une substance molle désignée sous le nom de moelle. A l'extérieur tous sont entourés d'une membrane nommée *périoste*. Elle les protège, et c'est grâce à elle que leur substance se renouvelle sans cesse.

Après les opérations chirurgicales, les os ou les parties d'os enlevés se reforment, si le périoste a été respecté.

Les nerfs.

Tous nos organes sont mis en mouvement et exécutent leurs fonctions sous l'influence des nerfs, cordons blanchâtres, cylindriques, qui se ramifient sans cesse, et deviennent de plus en plus déliés, à mesure qu'ils s'éloignent des centres où ils ont pris naissance.

Ils forment deux systèmes, deux réseaux indépendants dans une certaine mesure, mais en communication constante par de petits embranchements.

Les uns se ramifient principalement dans le cœur, les poumons, le tube digestif, et influencent les organes de la vie végétative. La volonté n'a que peu ou point d'empire sur eux : ils agissent tout aussi bien pendant notre sommeil que quand nous veillons.

Les autres nous mettent en rapport avec le monde extérieur et constituent le système de la vie animale. Ils sont les serviteurs de la volonté. Leurs centres sont le cerveau et la moelle épinière. Douze paires ont leur origine au cerveau ; trente et une se rattachent à la moelle épinière. (V. fig. 16).

D'une merveilleuse sensibilité, ils reçoivent les impressions les plus délicates et nous les font connaitre sous forme de sensations. Si par exemple nous touchons avec le doigt un objet, ou si nous sommes touchés nous-mêmes, l'ébranlement remonte par les nerfs à travers la moelle épinière jusqu'au cerveau, où l'âme reçoit connaissance de ce qui s'est produit ; (de ce que nous avons touché ou de ce dont nous avons été touchés). La volonté se sert des nerfs pour exécuter ses mouvements.

Fig. 16. — Encéphale et nerfs spinaux

Déjà si impressionnables de leur nature, il est facile de comprendre combien la moindre excitation peut leur causer des troubles fâcheux.

Le sang.

Le sang est un liquide presque incolore ; mais il contient une multitude de petits corpuscules de couleur rouge, appelés *globules sanguins* (Voir fig. 17), faciles à distinguer au microscope. Ils donnent au sang l'aspect que nous lui connaissons. Leur nombre est plus ou moins considérable selon la force des individus. On l'évalue à six millions chez les personnes robustes ; il descend à quatre millions chez les personnes à santé délicate dites *anémiques*.

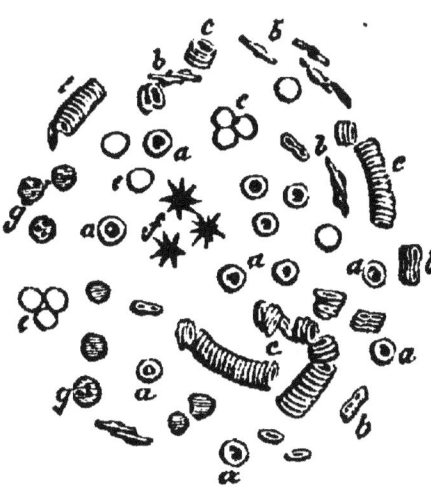

Fig. 17. — Globules du sang.
a, a, globules vus de face. — *b, b,* globules vus de profil. — *c, c,* globules empilés en colonnes.

On estime que le poids total du sang est environ le treizième du poids du corps. Un homme, pesant soixante-cinq kilogrammes, a environ cinq kilogrammes ou cinq litres de sang.

Le sang se présente dans l'organisme sous deux formes, le *sang artériel* et le *sang veineux*. Le premier est d'un rouge vif, le second est d'un rouge sombre presque noirâtre. Nous verrons ailleurs à quoi tient ce phénomène.

Le sang est essentiel à notre existence. Lorsque, sous l'empire de certaines causes, il ne s'en va plus porter la chaleur et la vie dans une partie de notre corps, dans un organe quelconque, cet organe cesse aussitôt de fonctionner. Il meurt rapidement et cette mort partielle constitue la *gangrène*.

Au contact de l'air le sang se coagule, ce qui est d'une grande utilité dans les *hémorragies*. Il forme alors tampon et tend à boucher la plaie du vaisseau. Il modère ainsi et quelquefois arrête complètement l'hémorragie.

Les muscles.

Les muscles sont des organes charnus de couleur rouge dont la propriété est de produire le mouvement et de dessiner la forme extérieure du corps. Ils forment ce que l'on nomme vulgairement la *chair*. Leur nombre est de 400 environ. Des artères, des veines, des nerfs les parcourent en tous sens.

Les uns, ensevelis dans la profondeur du corps, demeurent indépendants de la volonté. Leur rôle est de travailler à entretenir la vie, en aidant les fonctions de la nutrition et de la circulation du sang.

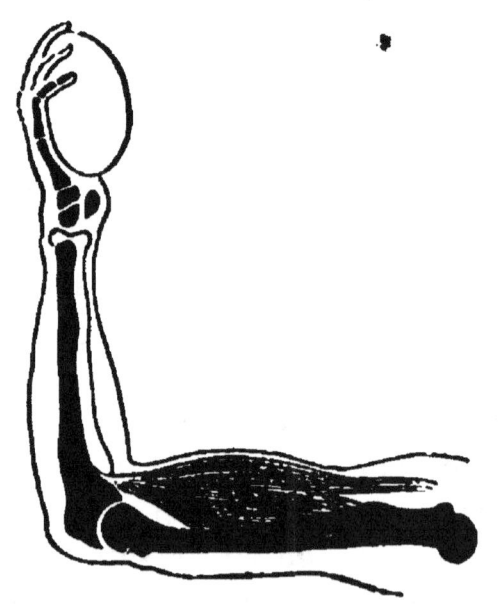

Fig. 18. — Relations entre les os et les muscles.

Ce sont les *muscles de la vie organique*. Les autres, dits *muscles de la vie de relation,* attachés aux os, les font mouvoir en se contractant, principalement sous l'influence de la volonté, par l'intermédiaire des nerfs. Ils reviennent à leur état primitif quand la volonté cesse d'agir sur eux. (V. fig. 18.)

La plupart ont la forme de fuseaux. Ils se terminent par des cordons élastiques appelés *tendons*, lesquels vont se fixer le plus ordinairement aux os. Ces espèces de cordes communiquent le mouvement aux parties éloignées, telles que les extrémités des doigts et des orteils. Dans plusieurs endroits du corps, aux bras, aux mains, aux jambes, aux pieds, ils deviennent apparents sous la peau.

On commet vulgairement l'erreur d'appeler nerfs ces tendons. Cette erreur n'est pas permise à une garde-malade.

Parmi les muscles, il en est quelques-uns qui méritent une mention particulière. Ce sont les muscles de la face, appelés *peauciers*, de ce qu'ils tiennent à la peau par une de leurs extrémités. Quand ils se contractent, ils plissent et rident la peau en différents sens. Ils donnent ainsi son jeu à la physionomie, expriment et trahissent souvent nos sentiments les plus intimes, et font de la figure le miroir de l'âme.

La peau, les muqueuses, les méninges.

La peau est une membrane plus ou moins épaisse, plus ou moins souple et élastique qui enveloppe le corps entier, le protège et lui donne un aspect agréable. Elle est de couleurs diverses selon les différentes parties du corps, les différents individus et les différentes races. Sa résistance, son épaisseur, sa sensibilité varient suivant les régions qu'elle recouvre.

Elle se compose de deux parties. La première, plus profonde, appelée *derme*, présente, à sa surface extérieure, une multitude de petites saillies garnies de vaisseaux sanguins et de filets nerveux, d'une très grande sensibilité, qui sont les organes du toucher. La seconde, superficielle, l'*épiderme*, laisse voir à sa surface des plis, des saillies, des ouvertures, dont les unes servent au passage des poils et les autres à la sécrétion de la sueur. Ces dernières sont connues sous le nom de *pores*. (V. fig. 19).

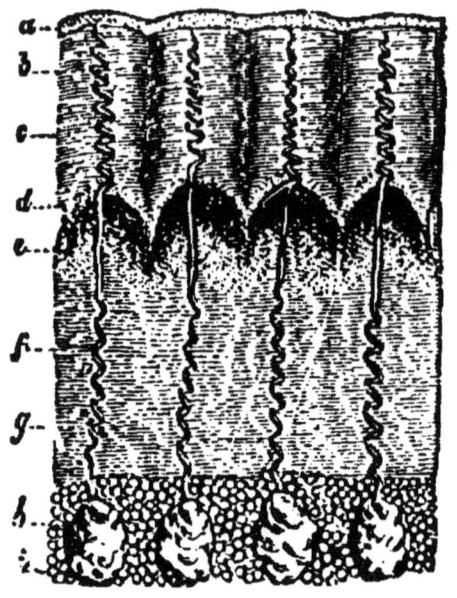

Fig. 19. — Coupe de la peau de la main, vue au microscope.

a, couche cornée ; *by*, canal excréteur ; *c*, épiderme ; *d*, couche pigmentaire de Malpighi ; *e*, papille ; *f*, derme ; *h*, tissu cellulaire ou adipeux ; *i*, glomérule d'une glande sudoripare.

L'épiderme ne possédant pas de nerfs, est insensible. Souvent vous pourrez en faire l'expérience. Dans les brûlures, ou après un vésicatoire, l'épiderme se soulève et forme ce que vous appelez des *cloques*. Vous pouvez, en prenant garde de toucher au derme, percer ou couper ces cloques, sans faire éprouver la moindre douleur.

La peau contribue encore à l'entretien de l'existence, en absorbant un gaz de l'air, l'*oxygène*, nécessaire à la vie et en rejetant un autre gaz, l'*acide carbonique*, nuisible à la santé. Ce phénomène s'appelle la *respiration de la peau*.

Les sels dissous dans l'eau sont aussi absorbés mais en bien petite quantité. De là, l'origine des bains avec les différents sels (eaux de Vichy, etc., etc.).

Les poisons très violents mis en contact avec la peau, sans qu'il y ait blessure, peuvent encore causer des désordres graves dans l'organisme.

D'autres fois au contraire l'emploi des pommades avec frictions fait pénétrer, à travers les pores, certains médicaments utiles.

A l'intérieur du corps, chaque organe est revêtu d'une sorte de peau nommée *muqueuse* comme dans l'estomac, les intestins, etc. Les enveloppes du cerveau et de la moelle épinière sont désignées sous le nom de *méninges*.

L'inflammation des méninges du cerveau constitue la *méningite cérébrale aiguë* ou *fièvre cérébrale*, maladie qui conduit presque toujours à la mort. Elle comprend deux périodes : la période d'*excitation* accompagnée d'un violent mal de tête, d'insomnie, de douleurs dans le globe de l'œil, de tintements d'oreilles, de délire et de vomissements ; la période de *dépression* où la somnolence, le ralentissement du pouls avec l'élévation de la température annoncent une terminaison funeste. Rarement l'application des sangsues derrière les oreilles, l'eau froide ou la glace maintenue sur le sommet de la tête, un vésicatoire placé sur le crâne ramènent à la vie.

CHAPITRE III

Des principales fonctions du Corps humain.

De l'étude des différentes parties et substances du corps humain, nous passons à l'examen de ses fonctions.

Les principales sont la circulation du sang, la respiration, la nutrition. Leur but est d'entretenir la vie en nous.

Circulation du sang.

Le sang, si nécessaire à la vie (nous l'avons vu précédemment,) ne demeure pas en repos dans les vaisseaux qui le renferment. Sans cesse il est en mouvement. Il part du cœur, s'en va par tout le corps, pénètre jusqu'à ses extrémités; puis revient au cœur, qui le renvoie aux poumons afin de le purifier au contact de l'air, et le reçoit ensuite pour le projeter de nouveau.

Voici comment s'effectue ce mouvement si justement nommé *circulation du sang*. Le cœur, dont nous avons étudié précédemment les différentes parties, en est le principal agent. Les canaux qui contiennent le sang se nomment *artères* et *veines*. Les artères portent celui qui vient du cœur; les veines, celui qui revient au cœur. (V. fig. 20.)

Celui-ci se contracte et pousse vivement le sang dans la grosse artère du ventricule gauche nommée *l'artère aorte*. Celle-ci va se subdivisant en une multitude d'artères plus petites, qui distribuent à tous les organes le sang artériel. Ces artères se réduisent elles-mêmes en d'autres si fines qu'un cheveu paraît gros près d'elles. Elles portent alors le nom de *capillaires*. Leur nombre est tel qu'il est impossible de piquer

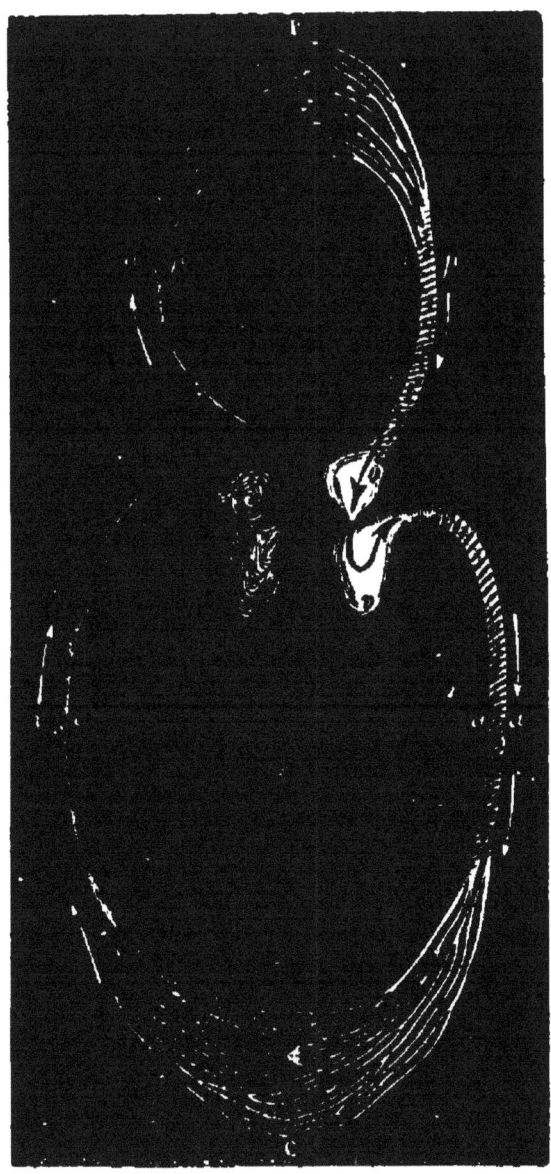

Fig. 20. — Grande et petite circulations.

Partie du ventricule gauche du cœur v, le sang, après avoir parcouru les artères a.-a, les vaisseaux capillaires c, et les veines v,-v, du corps *(grande circulation)*, se rend au poumon par les artères pulmonaires a.-p, traverse les capillaires du poumon P et revient du cœur par les veines pulmonaires v,-p, *(petite circulation)*.

une partie quelconque du corps humain sans déchirer quelques-uns de ces vaisseaux et tirer du sang. Les capillaires artériels abandonnent à leurs extrémités le sang devenu presque noir aux veines capillaires auxquelles ils aboutissent. Ces veines capillaires le ramènent à des veines un peu plus grosses; celles-ci à d'autres plus volumineuses encore et enfin aux deux veines appelées *veine cave supérieure* et *veine cave inférieure* qui le déversent dans l'oreillette droite d'où il passe dans le ventricule droit. De là il est projeté par les contractions du cœur dans l'*artère pulmonaire;* il arrive dans les poumons, s'y purifie au contact de l'air, redevient rouge vif, puis est ramené au cœur par les quatre *veines pulmonaires* qui débouchent dans l'oreillette gauche. Ce sang passe dans le ventricule gauche, est de nouveau lancé dans l'aorte et recommence ainsi sa course perpétuelle.

Cette circulation se fait dans l'espace d'une demi-minute environ. La vitesse est loin d'être partout égale. Elle diminue à mesure que l'artère se ramifie davantage. Dans les veines, la circulation est plus lente que dans les artères. Les veines en effet forment un volume d'espace plus considérable que les artères; et qui n'a remarqué que le courant d'une rivière est plus fort si les rives sont plus resserrées et devient plus calme si les rives s'élargissent?

On estime que le cœur pousse environ 180 grammes de sang dans la veine aorte à chaque contraction. Ce poids représente une quantité assez considérable dont le résultat est de dilater les artères. Cette dilatation se perçoit facilement en appliquant le doigt sur une artère placée près de la peau, surtout si en arrière se trouve un os, car alors elle ne peut se dilater que dans un sens. C'est surtout à la partie inférieure de l'avant-bras, près du poignet, que cela est sensible. Ces soulèvements sont connus sous le nom de *pouls*. Le nombre de ces pulsations est évidemment le même que les battements du cœur. Il est de 70 environ par minute chez l'homme adulte à l'état normal. (V. fig. 21.)

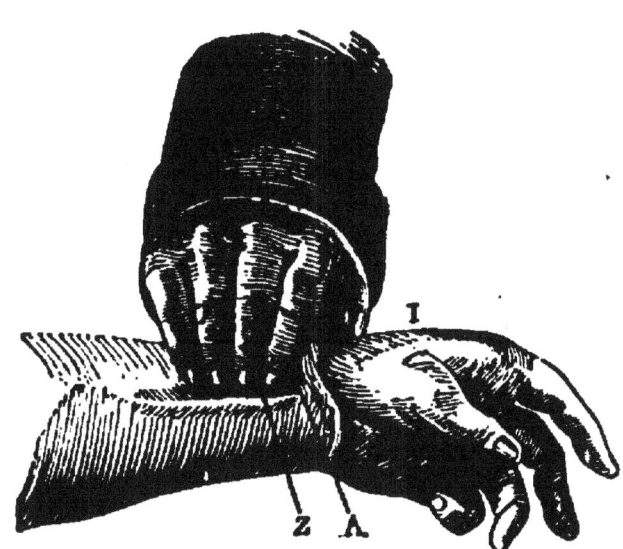

Fig. 21. — Comment on tâte le pouls.

« Le pouls, dit le docteur Bossu, est la boussole du médecin. » Il lui indique en effet une grande partie des troubles survenus dans l'organisme, très souvent même la nature et l'intensité de ces troubles. Il devient précipité dans la fièvre, intermittent et irrégulier quand le cœur est atteint, lent et presque insensible dans l'anémie, etc., etc. Toutefois des exceptions se rencontrent.

En dehors de la maladie, certaines causes morales et physiques précipitent ou diminuent le pouls. Un exercice violent l'accélère, une émotion vive augmente les battements du cœur ou tend à les arrêter et produit la *syncope*.

Ces quelques mots indiquent assez quelle surveillance il faut exercer sur le pouls du malade afin de se rendre un compte exact de son état, surtout si la maladie prend un caractère aigu.

Ce que nous avons exposé dans la circulation du sang indique à la garde-malade ce qu'elle devrait faire, en attendant le médecin, dans le cas d'une hémorragie grave produite dans un membre par accident ou autrement. Elle reconnaîtra sans peine, à la couleur du sang rouge vif, projeté par *saccades*, qu'il y a rupture d'une artère. Elle liera fortement le membre *au-dessus* de la blessure du côté du cœur d'où vient le sang et le maintiendra élevé. Si au contraire le sang est noir et coule uniformément, elle saura qu'une veine est rompue ; elle liera le membre *au-dessous* de la blessure, du côté des extrémités, et le tiendra baissé. Le sang se rendant des extrémités au cœur se trouvera arrêté autant que possible.

Respiration.

La respiration, dans le sens vulgaire, est l'acte par lequel nous faisons pénétrer l'air dans notre poitrine. Ici, avec les médecins, nous lui donnerons une signification plus étendue. Elle comprendra bien l'*introduction* de l'air dans la poitrine, mais de plus le travail qu'il y opère et le rejet au dehors ou l'*expiration* de cet air.

L'air pénètre par la bouche et le nez dans la *trachée-artère*, canal qui l'introduit dans les poumons. Ceux-ci possèdent des cellules ou cavités assez semblables à celles d'une éponge, et si nombreuses, que leur surface totale, disent les savants, est d'environ 200 mètres carrés. Elles se subdivisent en *lobules* très petites qui ne dépassent pas en largeur un quart de millimètre. Là, il y a échange entre l'air respiré et

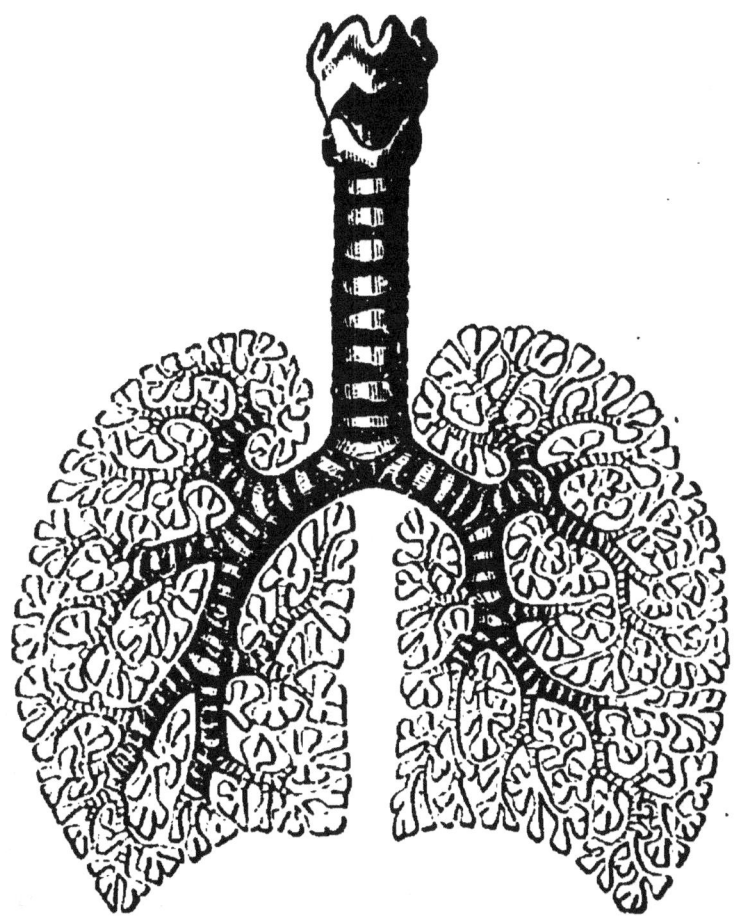

Fig. 22. — Trachée-artère, bronches et poumons de l'homme.

le sang noir envoyé par le ventricule droit du cœur et renfermé dans les capillaires. (V. fig. 22.)

Pour l'expliquer, il est nécessaire de bien saisir et

la composition de l'air et l'état dans lequel arrive le sang aux poumons.

Le sang, en parcourant le corps pour y entretenir la chaleur et la vie, s'altère. Il a besoin de dégager ce qui l'a ainsi altéré et de puiser ce qui lui rendra sa force et sa vigueur.

Dans cet air que vous respirez, sans le voir, parce qu'il est à l'état de gaz, se rencontrent deux produits opposés, l'un très actif et très irritant, l'*oxygène* l'autre inerte, l'*azote*. Le premier consumerait très promptement notre vie s'il était seul ; l'autre serait impropre à l'entretenir. La divine Providence, en unissant les deux dans de justes proportions, a mis un sage et salutaire équilibre. Lorsqu'il traverse les poumons, le sang absorbe de l'oxygène de l'air qui lui rend aussitôt sa couleur rouge vif. Purifié, il retourne ensuite au cœur pour recommencer sa course. L'air, de son côté, a pris au sang ce qui lui était nuisible.

Ce phénomène se produit en beaucoup moins de temps qu'il n'en faut pour l'expliquer. Il se répète environ 900 fois dans une heure. Si nous étions quelques minutes sans respirer, nous perdrions connaissance et la mort viendrait promptement. Le sang non purifié, vicié, ne remplirait plus son rôle réparateur, s'arrêterait dans les capillaires et la vie cesserait. C'est ce que l'on nomme *asphyxie*. Elle a lieu quand l'air ne pénètre plus dans les poumons, par exemple, chez les personnes pendues, noyées ou ensevelies dans un éboulement. Si ce cas se rencontre, et s'il y a lieu d'espérer qu'il reste encore un peu de vie, il sera nécessaire de plier et d'étendre vivement les bras de la victime afin de forcer l'air à pénétrer dans les poumons. Il sera bon encore de frictionner fortement la poitrine.

L'asphyxie pourrait se produire aussi, plus lentement presque toujours, mais cependant amener un dénouement fatal, par la respiration d'un air vicié qui ne renferme pas assez d'oxygène ou est chargé de gaz nuisibles à la santé. De là, la nécessité de bien aérer la chambre des malades, afin que l'air y soit toujours pur et sain.

La somme d'air respiré chaque jour est énorme. Elle monte à 10,000 litres. Il est facile de comprendre ainsi combien les appartements trop étroits et tenus sans cesse fermés, la réunion d'un grand nombre de personnes dans un local où l'air n'est pas suffisamment renouvelé, sont malfaisants.

En pénétrant dans la poitrine, l'air cause un certain bruit. Ce bruit varie selon l'état des poumons. C'est ce qui a donné lieu à la pratique de l'*auscultation*, à laquelle les médecins ont si souvent recours. Ils en tirent de très précieux renseignements. Si le bruit est diminué, ils concluent à l'engorgement du poumon, à son inflammation ou à sa compression par les plèvres. Augmente-t-il dans un poumon ou dans une partie du poumon? Ils concluent au mauvais état de l'autre poumon ou de la partie dans laquelle le bruit est moindre. Remarquent-ils des bruits anormaux, ils sont sur la trace d'une bronchite, d'une phtisie, etc.

Nutrition.

Le sang se purifie au contact de l'air dans les poumons. Cela ne lui suffit pas : il s'épuise en réparant les organes ; il a besoin de se refaire. C'est ce qui a lieu dans la *nutrition*, dont l'étude sera l'objet de ce paragraphe.

Les physiologistes comprennent, dans les fonctions de la nutrition, la circulation et la respiration. Ici ce mot est pris dans un sens plus restreint. Nous parlerons seulement de l'action de la nourriture sur le sang.

Les aliments doivent subir une transformation complète avant d'être introduits dans le sang, et cette transformation se fait peu à peu, par degrés.

La bouche reçoit l'aliment ; les dents le broient et le réduisent en une sorte de bouillie ; la salive l'humecte, le pénètre et commence l'acte de la digestion.

Ainsi préparé, il glisse sur le bas de la langue et arrive dans la gorge ou *pharynx*, où il rencontre le *voile du palais*, repli qui l'empêche de passer en haut dans le nez et de retourner dans la bouche, et l'épiglotte qui l'empêche de pénétrer dans le larynx.

Là se trouve une sorte d'entonnoir composé de muscles, qui se contractent et saisissent en quelque sorte l'aliment, pour le forcer à passer dans un canal nommé *œsophage*. Ce canal le conduit dans l'estomac, où il arrive sous la forme d'une pâte demi-liquide.

Dans l'estomac le travail est plus long : il dure environ trois heures. Durant ce temps, les muscles, dont cet organe est presque entièrement composé, agitent sans cesse la nourriture, afin de la mélanger plus étroitement avec le *suc gastrique* qu'elle y rencontre. La digestion est d'autant plus rapide que ce mélange se fait mieux ; les viandes y sont réduites à l'état de liquide. Les boissons se trouvent en partie absorbées par les petits vaisseaux de l'estomac.

Les aliments passent ensuite dans les intestins, où s'achève leur transformation, sous l'influence de sucs nouveaux dont l'un est produit par une glande appelée *pancréas* ; l'autre, mieux connu, la *bile*, est engendré par le *foie* ; un troisième est fourni par l'intestin lui-même.

Le travail de la digestion se trouve alors achevé. Les aliments digérés sont absorbés par le sang : les parties non digérées continuent leur chemin dans le *gros intestin* et sont enfin expulsées au dehors. (Voir fig. 23.)

Comment, sans sortir jamais de ses veines ou de ses artères, le sang peut-il absorber les aliments digérés ?

Voici une expérience facile. Remplissez, en partie seulement, une petite peau de boyau de bœuf ou de mouton, d'eau dans laquelle vous aurez fait fondre le plus possible de sel, de sucre, ou de gomme arabique ; placez cette peau dans un vase d'eau pure. L'eau pure traversera pour se mélanger à l'eau chargée de sucre, ou de sel, ou de gomme, parce que cette dernière est plus épaisse que l'autre. Tel est en nous le phénomène de l'*absorption*. Les aliments digérés sont très liquides, beaucoup moins épais que le sang ; ils traversent, pour cette raison, les vaisseaux sanguins et le mélange a lieu.

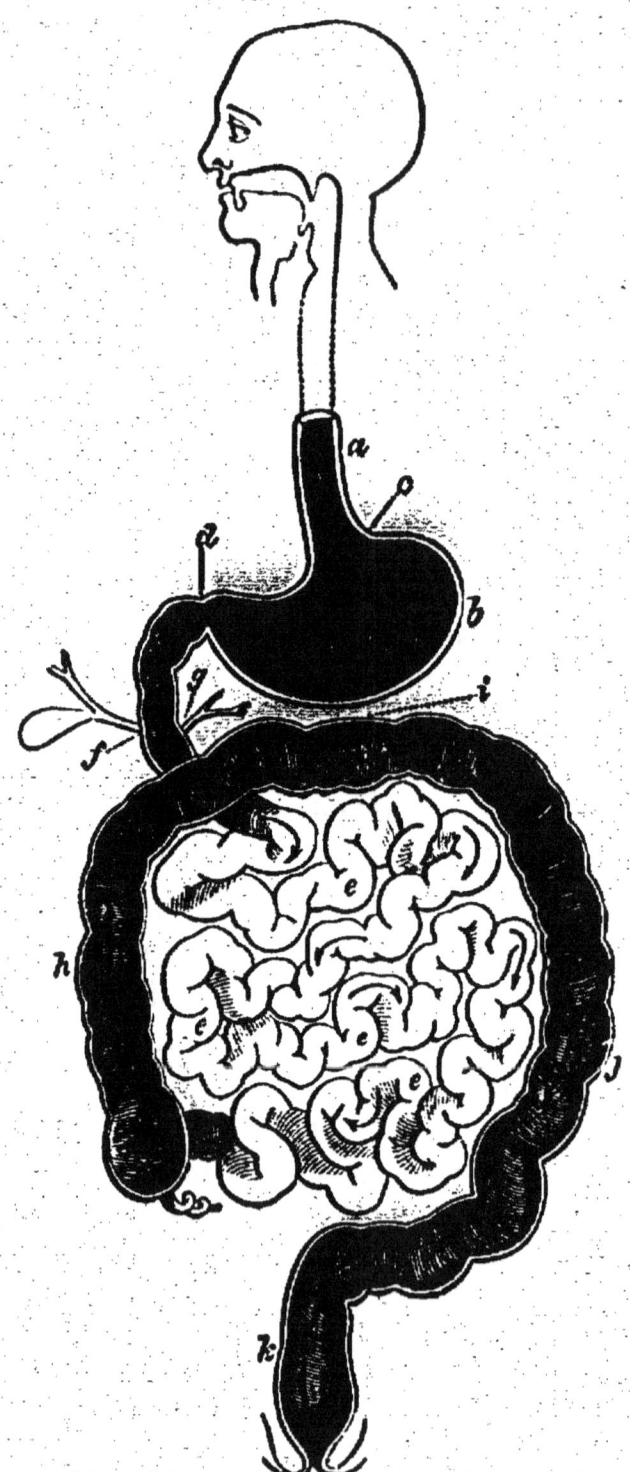

Fig. 23. — Appareil digestif de l'homme.

a, œsophage. — *b*, estomac. — *c*, cardia. — *d*, pylore. — *f-g*, duodénum. — *e*, intestin grêle. — *h-i*, gros intestin. — *k*, rectum.

De ce qui précède découlent de nombreuses conséquences pratiques :

1° CHOIX DES ALIMENTS. — *Aliments solides.* — Les animaux, les végétaux fournissent nos principaux aliments. Parmi les premiers, le bœuf est le plus nutritif et de digestion facile. Le mouton, débarrassé de sa graisse, qui est très indigeste, vient immédiatement après. Le veau est peu fortifiant ; le porc donne une viande très nourrissante, mais lourde. Le ris de veau et la cervelle conviennent bien, dans la convalescence, aux estomacs délicats, incapables de supporter une forte alimentation. On y joint communément le poulet.

La viande crue est très digestive, mais elle répugne davantage. Actuellement elle est moins prescrite qu'autrefois : elle donne le ténia ou ver solitaire et d'autres vers, que les animaux pouvaient avoir. Les viandes grillées viennent ensuite, puis les viandes rôties, enfin les viandes en ragoût, très nutritives mais plus indigestes.

Le *bouillon* lui-même est peu nourrissant ; toutefois il est regardé comme un excellent excitant de la digestion. Les expériences ont également prouvé, paraît-il, que les qualités nutritives de la *gélatine* ont été bien exagérées. Le *jus de viande* est souvent recommandé aux malades. Mérite-t-il la réputation qu'on lui a faite ? Les auteurs récents ne le pensent pas : ils le remplacent par la *poudre de viande*, à la dose de deux à quatre cuillerées à bouche par jour. Elle se prend ordinairement dans du bouillon très chaud avec lequel elle forme un liquide semblable au tapioca : quelquefois cependant, c'est avec du lait. On mélange alors une cuillerée d'eau-de-vie ou de rhum pour en masquer le goût et l'odeur.

Les *poissons* forment trois catégories. Les uns (poissons à sang blanc, la sole, le turbot, etc.) se digèrent sans peine, mais sont peu nourrissants. Les autres (poissons huileux, anguilles, etc.) sont plus nutritifs et aussi plus indigestes. Enfin les poissons à sang rouge, saumons, etc., tiennent le milieu à ce double point de vue.

Le *lait* est le premier et peut-être le meilleur des aliments. Il est très bon pour les personnes saines : il rend, dans beaucoup de maladies, les plus grands services, surtout quand l'estomac est trop affaibli pour supporter les aliments solides.

Un peu moins précieux que le lait, les *œufs* cependant sont encore une excellente nourriture. Le meilleur procédé est de les *humer* crus ou de les manger *cuits à la coque*.

Les végétaux nous donnent à leur tour des aliments variés : les céréales, les légumes et les fruits. Le plus nécessaire des céréales est le *blé* qui nous fournit le pain. Bien après lui viennent, par ordre, l'*avoine*, l'*orge*, le *seigle*, le *maïs*, et, en dernier lieu, le *riz*. Le pain de son agit contre la constipation. Il en est de même du pain de seigle.

Les *légumes* ne peuvent seuls fournir une alimentation complète, mais il est sain de les unir au pain ou à la viande.

Les *fruits* sont surtout agréables au goût. Ils calment la soif et, pris modérément, sont des excitants de la digestion. Ils la troublent au contraire s'ils sont mangés en trop grande quantité, spécialement durant les chaleurs.

Condiments. — Le sel, le sucre, le poivre, la moutarde, le piment, etc., aident la digestion, mais l'abus en serait très préjudiciable, surtout aux personnes faibles et nerveuses. Ils produiraient des inflammations, de la dyspepsie, etc. Le sel est le seul condiment absolument nécessaire.

Boissons. — Les boissons sont aussi indispensables à la vie que les aliments solides. La soif est même un besoin plus impérieux que la faim. Il est facile de le comprendre. Notre corps est composé de 70 % d'eau ; chaque jour, par la respiration, la sueur, la sécrétion des urines, il en perd environ 3,000 grammes qu'il faut remplacer. La première de toutes les boissons, la seule indispensable, est donc l'eau. Cette eau doit être potable, c'est-à-dire dégagée de ce qui peut la rendre nuisible et douée de certaines qualités qui nous la rendent utile. L'eau de source est ordinairement la meilleure et aussi la plus employée.

En cas d'épidémie, l'eau doit être examinée avec soin. C'est très fréquemment par elle que la contagion se transmet. On conseille, dès qu'il y a le moindre doute, de filtrer, ou mieux de faire bouillir celle dont on se sert. Si la garde-malade remarquait dans l'eau un goût mauvais, des dépôts au fond des vases où elle séjourne, elle devrait en avertir le médecin.

La plupart du temps l'eau ne se prend pas pure, mais dans des boissons *fermentées*, vin, cidre, etc., ou *aromatiques*, café, thé. Le *vin* est une boisson saine et fortifiante ; la *bière* est excellente aussi : la bière noire est d'une digestion difficile ; la bière légère est préférable. Le *cidre* est agréable au goût, assez fortifiant, mais est digéré avec plus de peine. L'*alcool* cause trop de mal pour que nous puissions en dire du bien. Cependant il est employé avec succès dans la préparation de beaucoup de remèdes. En dehors de là nous donnons le conseil de n'en pas prendre.

Le *café* et le *thé*, à dose modérée, stimulent le cerveau et activent la circulation : ce sont des excitants du système nerveux. Leur abus provoque l'insomnie et les palpitations. Dans les grandes chaleurs, le café froid très étendu d'eau est conseillé. Le *café au lait* est laxatif et par là même un peu débilitant. Le *chocolat* est un bon aliment, assez difficile à digérer, surtout quand il *est au lait*.

2° MASTICATION DES ALIMENTS. — Les aliments doivent être broyés par les dents. Ne pas se donner la peine de bien faire ce travail, soit en mangeant trop vite, soit en lisant pendant le repas, serait s'exposer à des digestions pénibles. Il en serait de même si, faute de dents, les aliments arrivaient à l'estomac en morceaux et non en pâte. Il est utile, dans ce cas, ou d'avoir un *râtelier* ou de ne prendre que des aliments faciles à mâcher.

Pour épargner le travail de l'estomac aux personnes affaiblies, on ne donne que des pâtes, des bouillies, des liquides.

Chaleur vitale.

Le corps dégage une chaleur assez considérable, nommée chaleur *animale* ou *vitale*. Plus forte pendant le jeune âge, elle diminue dans la vieillesse. Cependant la moyenne est de 37° sous l'aisselle. Elle est un peu plus élevée dans l'intérieur du corps. Dans la fièvre, elle monte et quand elle dépasse 40°, elle dénote une maladie grave ; au-dessus de 41°, la mort est imminente. Il en est de même lorsque la température descend au-dessous de 36°.

Un instrument, le thermomètre, est destiné à renseigner sur ce point les médecins et les garde-malades. (V. fig. 24.) Son emploi demande quelques explications.

Dans les communautés de garde-malades, on possède communément un de ces instruments, dits *thermomètre centigrade maxima*, marquant de 26° à 46°, avec division du degré en cinq parties. Vous examinez, avant de vous en servir, s'il dépasse 37°. Dans ce cas, vous serrez dans votre main droite le réservoir de mercure, (1) en tenant le thermomètre élevé et vous donnez une ou plusieurs fortes secousses

Fig. 24. — Thermomètre maxima et son étui.

(1) Le mercure est une substance blanchâtre qui, montant ou descendant dans le tube de verre sous l'influence de la chaleur ou du froid, indique les degrés de la température.

de haut en bas afin de faire redescendre le mercure au degré voulu. Vous placez ensuite, dans le creux de l'aisselle du malade, le bout de l'instrument qui renferme le mercure. Vous le laissez de dix à quinze minutes environ ; après quoi vous le retirez, regardez le degré et le notez afin de ne pas l'oublier. Quelquefois les médecins remettent des feuilles à remplir conformément au modèle ci-joint (V. p. 58.)

A la suite de *Nom*, se placent le nom du malade et l'époque à laquelle la garde a commencé ses soins. Chaque jour la date s'inscrit dans les carrés qui suivent les mots *Pouls, Température*. Le degré se marque par un point correspondant au degré de la feuille. Habituellement on unit ces points par une ligne les uns aux autres, ce qui, à première vue, permet de suivre très facilement les degrés de la fièvre. Un exemple aidera à comprendre.

François Hubert est atteint de fièvres typhoïdes. La garde-malade arrive le 15 novembre. Le premier jour elle constate 38° ; le deuxième jour 39° 6/10 ; le troisième 40° 1/10 ; le quatrième au matin 39° 1/2 et le soir 40°, etc. La feuille placée page 59 indiquera la méthode à suivre.

On suppose, sur cette feuille, qu'à 39°, le pouls a 140 pulsations ; à 41° 180, etc. : souvent il en est autrement. On inscrit alors les battements du pouls au bas de la feuille, jour par jour. Le malade désigné ci-dessus a, je suppose, 130 pulsations le premier jour, 165 le deuxième jour, 170 le troisième jour, 155 le matin du quatrième jour et le soir 168, vous marquez la différence au bas de la feuille.

Il est important que la garde-malade s'assure tou-

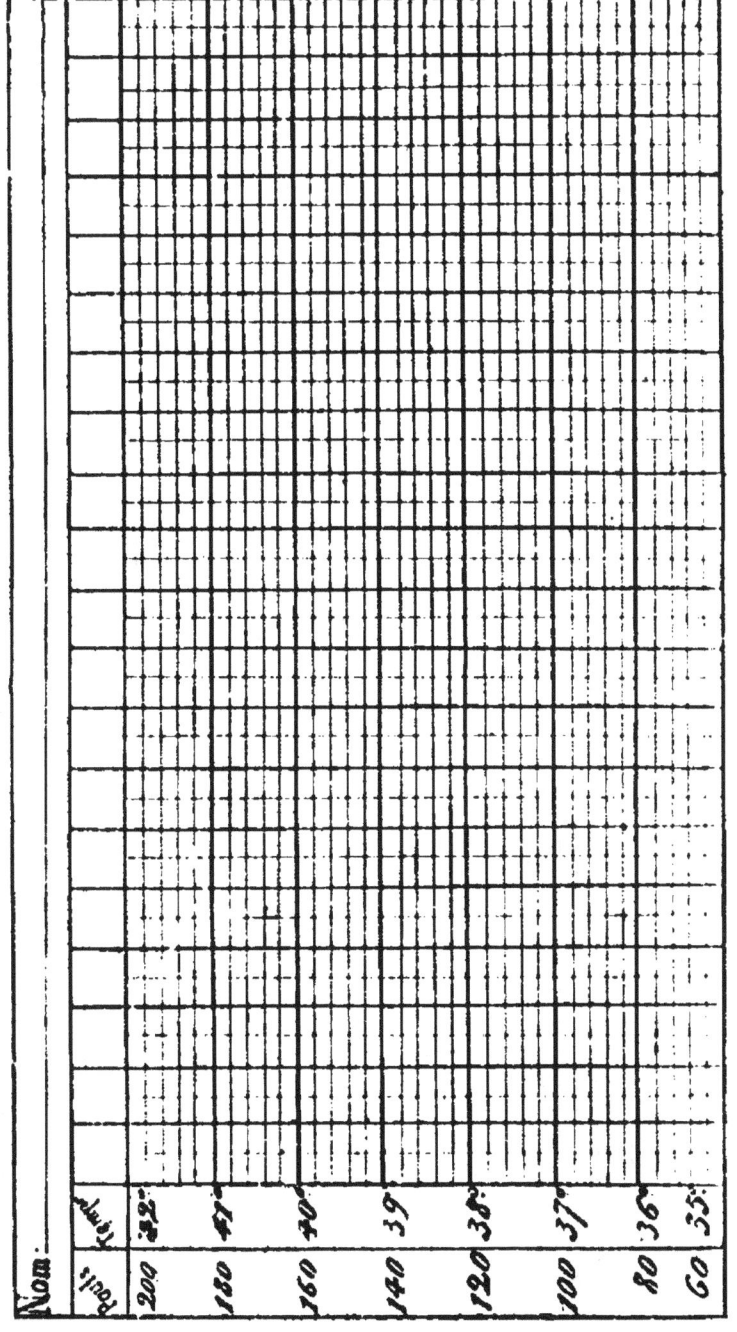

jours elle-même que le thermomètre est bien placé,

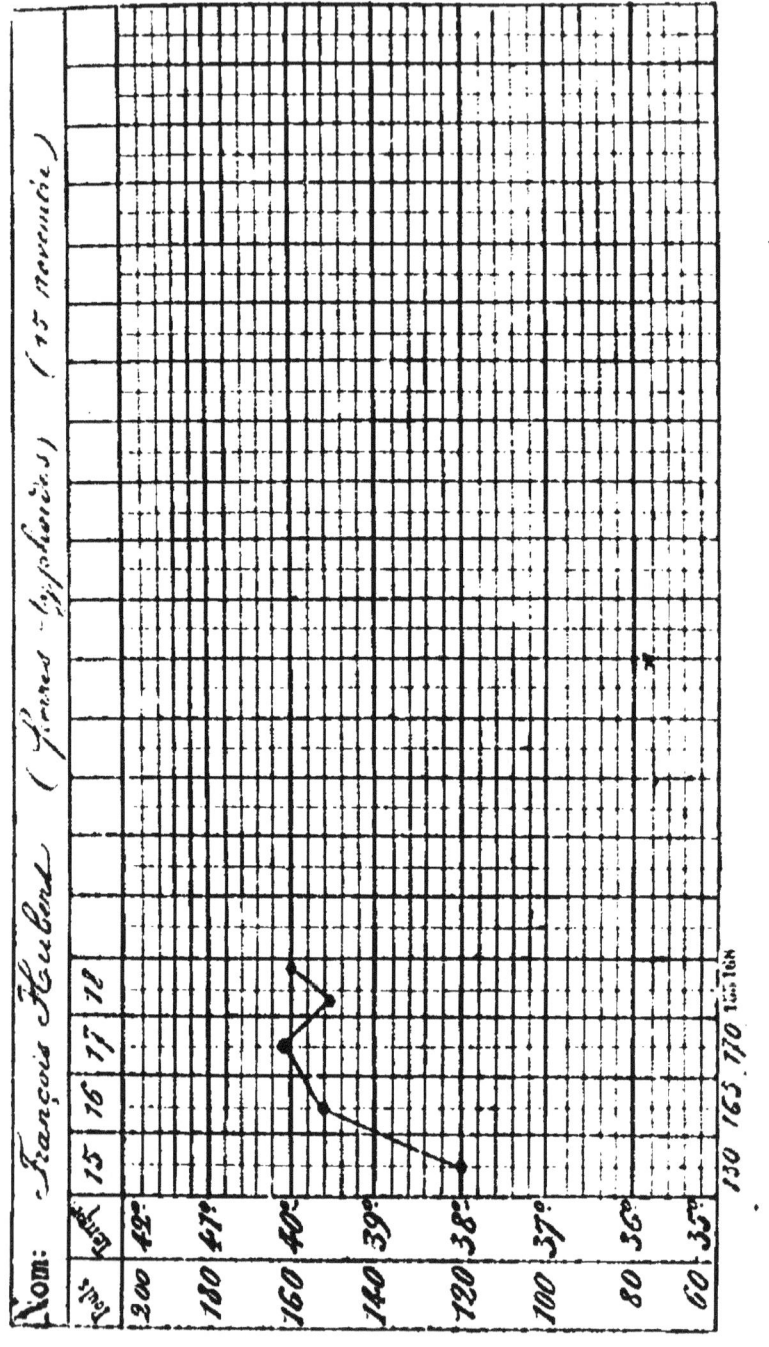

qu'elle ramène le bras du malade sur la poitrine et qu'elle le maintienne dans cette position, tant que l'instrument demeure sous l'aisselle.

Pour se rendre compte de la marche de la maladie, il est bon de prendre la température tous les jours à des heures fixes. Quelquefois les médecins demandent que l'opération se fasse le matin et le soir. C'est pour ce motif que chaque carré de la feuille est légèrement divisé en deux parties.

Les garde-malades n'auront pas toujours des thermomètres *maxima*, comme celui dont nous venons de parler. Elles se serviront alors de ceux qu'elles rencontreront sous leur main. Dans ce cas, elles auront soin de lire le degré pendant que le thermomètre est sous l'aisselle du fiévreux, car il descend aussitôt qu'on le retire.

Quelquefois la température se prend dans la main. Alors le tube de mercure se place à peu près au milieu de la main que le malade ferme aussi fortement que possible. Si le médecin désire la température dans une autre partie du corps, il place lui-même le thermomètre.

L'instrument devra être soigneusement lavé chaque fois qu'il aura servi.

DEUXIÈME PARTIE

LA MALADIE

La maladie est une perturbation survenant dans une ou plusieurs parties du corps et se manifestant par une modification de l'état normal des organes ou par le désordre des fonctions.

Lorsque cette perturbation est légère et doit être de peu de durée, elle s'appelle *indisposition*.

Un exemple éclaircira ce qui précède. La pneumonie ou fluxion de poitrine est une maladie; elle trouble le fonctionnement des poumons par l'inflammation du tissu pulmonaire. Alors la respiration devient plus difficile, ordinairement plus douloureuse; et cette gêne de la respiration manifeste au dehors l'inflammation du dedans.

Loin de nous la pensée de donner ici un traité des maladies. Ne serait-ce pas inutile pour des garde-malades dont le rôle se borne à être les auxiliaires dévouées des médecins et non leurs rivales? Nous demandons qu'on veuille bien avoir cette déclaration présente à la mémoire, dans ce qui va suivre, jusqu'à la fin de ce traité.

Fournir quelques notions utiles afin de faciliter la tâche d'une garde-malade, tel est notre unique but.

CHAPITRE PREMIER

DES CAUSES, DES SIGNES, DE LA MARCHE DES MALADIES

Les causes.

On nomme ainsi ce qui détermine la maladie. Ces causes sont tellement nombreuses et variées qu'il est impossible de les connaître toutes. Les unes sont en dehors de nous : le froid, la chaleur, l'air plus ou moins chargé de miasmes. Les autres sont en nous : le tempérament, la constitution de chacun, l'âge, les maladies antérieures, l'hérédité, etc. La plupart du temps, les premières se combinent avec les secondes. De là ces phénomènes étonnants qui se produisent sans cesse. Trois personnes sont également exposées au froid pendant le même temps : l'une résistera et n'éprouvera aucun malaise ; la seconde aura une fluxion de poitrine ; la dernière, une névralgie. Cette remarque est importante. Vous étudierez attentivement ce qui peut être nuisible à votre malade, afin de ne pas l'exposer au danger. Vous saurez encore que plus le malade est faible, plus aussi il est impressionnable et plus les causes extérieures lui sont funestes. Vous le garantirez avec plus de précautions ; vous lui éviterez surtout les changements brusques de température. Les miasmes ou microbes, qui sont rejetés sans peine par une constitution robuste, seront très nuisibles à une personne déjà affaiblie. C'est pourquoi vous aurez soin de ne rien conserver de malpropre ou de trop concentré qui les puisse développer. La poitrine des sanguins est plus délicate ; l'estomac des nerveux est plus sensible. Chez ces derniers, il est important de considérer les aliments qui sont mieux supportés et ceux qui le sont moins facilement. L'observation et l'habitude seront meilleurs maîtres que nous en pareille matière, où tout varie selon les individus et les circonstances.

Signes ou symptômes de la maladie.

Ce qui manifeste la maladie et en indique le plus ou moins de gravité est désigné sous le nom de *symptômes* ou *signes*. Les étudier, et par eux reconnaître les troubles de l'organisme, se former une idée aussi exacte que possible sur la nature de la maladie, c'est le *diagnostic* (1). Si, à l'aide de cette connaissance, le médecin prédit les phénomènes qui se produiront dans la maladie, sa marche, ses complications, c'est le *pronostic* (2).

Les symptômes sont si nombreux, si variés, si dif-

(1) *Diagnostic* vient de deux mots grecs qui signifient *reconnaître*.

(2) *Pronostic* vient de deux mots latins dont la signification est *connaître d'avance*.

ficiles à saisir parfois, à concilier, à dégager d'autres à peu près analogues, que le médecin sérieux hésite souvent avant de se prononcer. N'est-ce pas dire assez combien une garde-malade, sans la science de la médecine, serait dans l'illusion et y jetterait les autres, si elle s'aventurait sur un terrain qui n'est pas le sien.

Il vous sera utile toutefois, nécessaire même, de connaître la signification de certains symptômes pour les soins à administrer et les renseignements à donner.

La Langue traduit assez fidèlement les affections de l'estomac et des intestins. Or, ces affections sont communes : de plus, la fièvre, si fréquente sous toutes ses formes, réagit sur les fonctions de l'appareil digestif. C'est pourquoi il convient d'interroger la langue dont les divers aspects méritent une certaine considération, sans cependant présenter des signes infaillibles.

Sèche, pointue, rouge sur ses bords, fendillée sur le milieu, la langue dénote une inflammation des intestins ou de l'estomac.

Large et blanchâtre, elle annonce un état muqueux.

Recouverte d'un enduit jaunâtre, elle présage un embarras gastrique, un état bilieux.

Sèche et couleur de suie, elle indique l'adynamie (1), la corruption des humeurs, les fièvres graves.

(1) *Adynamie* vient de deux mots grecs qui signifient *sans force*. On nomme adynamie le plus haut degré de la faiblesse musculaire. Quand cette faiblesse est accompagnée de stupeur, d'une grande altération des traits, d'une couleur noirâtre aux dents, elle s'appelle *prostration*.

Dans la fièvre scarlatine, la langue est d'un rouge uniforme qui n'indique rien d'inflammatoire.

Le Sommeil. — Un sommeil paisible, qui se manifeste dans le cours d'une maladie aiguë, après une longue insomnie, est un indice très favorable. Il annonce la diminution de l'excitabilité. Si, à l'insomnie, succède un sommeil plus profond et plus prolongé que dans l'état normal, ou lorsque ce sommeil survient tout à coup sans être en harmonie avec les autres symptômes, c'est l'annonce d'un état grave qui met le cerveau dans l'impossibilité de recevoir les impressions, de réagir, de servir la volonté.

A propos du sommeil, je vous signalerai ce fait utile à connaître. Le sommeil brusquement interrompu trouble la digestion et peut causer des effets fâcheux chez les personnes en santé, à plus forte raison chez les personnes malades. Vous aurez donc soin de réveiller doucement quand il faudra prendre une potion ou pour tout autre motif.

Vomissements. — Les matières rejetées dans les vomissements fournissent des indications précieuses.

Dans la gastrite simple, elles sont épaisses, gluantes, mélangées de bile.

Dans les péritonites, elles sont vertes, couleur de porreau.

Dans les indigestions, elles ne sont que des aliments à demi-digérés.

S'il y a cancer de l'estomac, elles sont noirâtres, couleur chocolat.

CRACHATS. — Quand ils viennent des bronches, ils sont gluants; ils sont plus clairs au début qu'à la fin de la bronchite, où ils se montrent au contraire épais, jaunâtres ou verdâtres. Arrachés avec effort, ils renferment quelquefois de petits filets de sang; ce sang provient de tout petits vaisseaux déchirés et n'offre rien d'inquiétant.

Dans la fluxion de poitrine, les crachats sont très collants, teints de sang couleur de rouille (d'où le nom de crachats rouillés).

Si le sang domine ou s'il est rejeté pur, c'est l'indice d'une hémorragie du poumon.

Fournis par les tubercules ramollis, les crachats sont mélangés de pus.

Enfin, noirâtres (couleur de jus de pruneaux) et d'une odeur fétide, ils révèlent la gangrène du poumon.

DÉJECTIONS. — Fréquentes et liquides, elles annoncent l'irritation du tube digestif, quand elles ne sont pas toutefois la suite d'une indigestion.

Lorsqu'elles viennent à l'insu du malade ou involontairement dans les fièvres graves, elles indiquent un grand danger.

Elles deviennent très fétides dans la deuxième période des fièvres typhoïdes.

SUEURS. — L'absence de toute moiteur (la sécheresse de la peau) n'est point une chose favorable dans les maladies. Cet état est ordinaire dans la fièvre typhoïde, le diabète, les hydropisies, etc. Lorsque la moiteur lui succède, c'est de bon augure.

RESPIRATION. — Courte, étranglée, elle indique un obstacle à la dilatation des poumons, ce qui a lieu dans la pleurésie, etc.

Dans le croup, l'asthme, le conduit de l'air se trouve parfois rétréci et la respiration produit une sorte de sifflement; pour ce motif elle est dite *sibilante*. Elle est *crépitante*, lorsqu'elle cause un bruit assez semblable au bruit d'un morceau de parchemin légèrement froissé entre les doigts. Le médecin reconnait souvent à ce signe une fluxion de poitrine.

LE POULS. — En général, le pouls donne par minute, à l'état de santé, de 110 à 120 pulsations dans le premier âge, 100 vers trois ans, 80 vers quatorze ans, de 60 à 70 chez les adultes, de 50 à 60 chez le vieillard. Ce n'est pas toutefois une règle absolue. Certains sujets, sans éprouver aucun mouvement de fièvre, donnent 100 pulsations, tandis que d'autres, sous l'influence d'une fièvre assez intense, conservent une artère calme.

Le pouls précipité d'une manière permanente est un indice de fièvre. Il y a danger réel, lorsqu'il donne 150 pulsations à la minute.

Le pouls lent suppose l'épuisement des forces, l'appauvrissement du sang. Quand il descend au-dessous de 40 pulsations par minute, la mort est à craindre.

Le pouls intermittent, irrégulier, dénote des troubles

graves au cœur. Vers la fin d'une maladie, c'est un très mauvais signe.

La Peau. — La peau est terreuse dans les fièvres intermittentes ; jaune citron ou jaune sale dans les maladies du foie ; jaune paille dans le cancer.

Elle revêt une teinte bleue prononcée dans le choléra.

La peau bleuit encore chaque fois qu'il y a obstacle à la circulation du sang dans les veines.

Le Ventre est resserré dans les coliques nerveuses et violentes, dans le choléra, dans la colique des peintres. Il est développé dans les inflammations des intestins, du péritoine, du foie.

De la marche des maladies.

Par *marche* ou *cours* des maladies, on entend les différentes phases par lesquelles elles passent.

Ordinairement, elles croissent pendant quelques jours, puis demeurent stationnaires et enfin se terminent ou par le retour à la santé, en passant par la *convalescence*, ou par la mort précédée de l'*agonie*.

Il est important d'appeler le médecin dès le début. Souvent il peut ou arrêter la maladie ou l'enrayer et empêcher une issue fatale. Au contraire, négligées dans le principe, les maladies s'aggravent rapidement.

Il est bon de remarquer que le cours des maladies

est loin d'être régulier. De fréquents accidents se produisent ; la moindre des influences peut déterminer des rechutes, car l'organisme affaibli est rendu plus sensible. Votre devoir est de soustraire le malade à tous ces dangers par des soins assidus.

Vous remarquerez, lorsque des crises surviennent, le temps qu'elles durent, les accidents qu'elles produisent, et, quand elles se répètent, à quels intervalles elles reviennent, afin de renseigner le docteur au moment de sa visite.

En un mot, vous suivrez la maladie comme pas à pas. Étant sans cesse présente, vous fournirez beaucoup d'observations très utiles.

Pendant la maladie, ne prenez pas sur vous d'interrompre un traitement commencé pour en faire suivre un autre, ou ne médicamentez pas le malade à votre guise, mais tenez-vous-en aux prescriptions du médecin. Le fait suivant s'est passé sous mes yeux. Une personne ne donnait que peu ou point des remèdes indiqués : le docteur, remarquant l'inefficacité des doses ordonnées, les augmentait de jour en jour. Le mal faisait des progrès inquiétants : l'affection, qui avait empêché d'administrer les premiers remèdes, inspira de donner les doses complètes. Sans les judicieuses remarques du pharmacien, le malade eût été peut-être empoisonné.

La Convalescence est l'état intermédiaire entre la maladie qui cesse et la santé qui n'existe pas encore. A ce moment, les fonctions se rétablissent dans leur état normal et, comme elles sont actives, il importe de les surveiller et d'éviter toute imprudence. Il faut surtout ne point perdre de vue la partie qui a été le siège de la maladie.

À ce moment, les repas seront fréquents mais peu abondants. La nourriture sera proportionnée non à la faim du convalescent, contre laquelle vous aurez souvent à lutter, mais à la facilité avec laquelle il digère. Les aliments d'une digestion plus facile seront toujours choisis.

Le convalescent est sujet à l'œdème aux pieds, aux palpitations, à la constipation. Le premier est dû à l'appauvrissement du sang, les autres sont la conséquence de la faiblesse générale. De là vient encore cette espèce de mouvement fébrile, qui dure quelquefois longtemps après la disparition des symptômes du mal. Quant à la constipation, qu'il faut combattre par des aliments laxatifs, de légères purgations, des lavements, elle résulte de l'activité de l'absorption, qui s'empare rapidement des parties liquides contenues dans les aliments, après que les intestins ont été affamés par l'abstinence.

Signes d'une Mort prochaine. — Le nez effilé et blanchissant à son extrémité, les narines soufflantes ; les tempes contractées ; les yeux vitrés ou plus ouverts que de coutume, ou trop brillants, ou troublés ; les mains tremblantes, les ongles livides ; la face jaunissante et cadavéreuse ; le souffle fétide et froid ; la raideur du corps ; la sueur froide découlant du front ; le mouvement des mains pour chercher à ramasser la couverture et les draps ;

les extrémités glacées indiquent une *mort prochaine*.

Les signes d'une *mort imminente* sont : une respiration intermittente et moins sonore ; le pouls très intermittent ou même l'absence de pouls; la contraction et le grincement des dents ; les larmes qui coulent d'elles-mêmes ; la contraction de la bouche, des yeux et de tout le corps.

Vous observerez cependant : 1° Que ceux qui meurent par suite d'une blessure, d'un asthme, d'une pleurésie, d'un vomissement de sang, d'une angine, de rhumatisme, n'offrent quelquefois que peu des signes indiqués et expirent avec un pouls vigoureux et en parlant.

2° Ceux qui sont atteints de pleurésie sont sur le point de rendre le dernier soupir, quand ils respirent avec une très grande difficulté et quand leurs lèvres deviennent livides.

3° Les hydropiques sont mourants, lorsque le pouls leur manque, lorsque la respiration devient très gênée et qu'ils laissent échapper une certaine écume de leur bouche.

L'Agonie est la réunion des symptômes qui précèdent communément le trépas. C'est en quelque sorte le dernier combat de la vie contre la mort. Elle se reconnaît généralement par une altération profonde du visage, l'abolition progressive du sentiment et du mouvement, la perte de la parole, la sécheresse ou la lividité de la langue et des lèvres, le gargouillement des liquides dans la gorge, le râle, la petitesse et l'intermittence du pouls, le froid des extrémités qui gagne graduellement le corps. Cet état n'a lieu que dans les maladies où la vie s'éteint par degrés : la durée de l'agonie est variable, mais elle dépasse rarement vingt-quatre heures ou quarante-huit heures.

Souvent les parents désirent assister aux derniers moments du malade. Il serait cruel de les en empêcher.

Vous ne vous assurerez pas trop fréquemment si les extrémités sont froides, pour connaître l'approche de la mort. Le malade pourrait le remarquer et en être troublé.

Vous éviterez avec plus de soin encore de remuer le moribond. Ce mouvement pourrait hâter la mort à cause de l'extrême faiblesse.

Signes de la Mort. — Ne vous hâtez pas trop de fermer les yeux et la bouche des personnes que vous croirez mortes, ou de leur couvrir le visage : vous pourriez par là accélérer la mort de celles à qui il resterait quelque souffle de vie.

Les médecins donnent plusieurs signes d'une mort réelle, parmi lesquels nous signalons les suivants :

1° L'absence de la respiration. Pour s'en assurer il est d'usage d'approcher de la bouche et des narines une glace bien essuyée. Si la respiration existe encore, la glace se trouve ternie ; dans le cas contraire, aucun changement ne se remarque.

2° La froideur glaciale de tout le corps et même du cœur.

3° L'aspect du globe de l'œil. La cornée a perdu sa transparence et sa lucidité : elle est recouverte d'une humeur gluante. Le blanc de l'œil est devenu mat, flasque, humide.

4° Une brûlure, une incision, une piqûre pratiquée sur le corps, plus particulièrement sous la plante des pieds et dans le creux de la main sans réveiller aucune sensation.

Mais les deux signes principaux et incontestables sont :

1° La *raideur cadavérique*. Les membres sont devenus tellement inflexibles qu'il est impossible de les plier : ils se rompraient plutôt.

2° La *putréfaction*, c'est-à-dire la décomposition du corps, accompagnée presque toujours d'une odeur nauséabonde.

CHAPITRE II

Petit Dictionnaire des Maladies les plus communes.

L'ABCÈS ou PHLEGMON est un amas de pus, causé par des coups, des piqûres, la carie des os, etc. Il réclame des cataplasmes émollients. Dès que le pus est formé, le mieux est de faire ouvrir l'abcès. L'incision opère plus vite et plus sûrement.

On peut aussi hâter la maturité par *l'onguent de la Mère*, si l'abcès est petit ou si le malade redoute trop le bistouri.

Après l'ouverture de l'abcès, vous continuerez les cataplasmes émollients et vous ferez baigner, s'il est possible, la partie atteinte dans de l'eau tiède mélangée d'un peu d'eau boriquée.

Dans les AIGREURS D'ESTOMAC, l'eau de Vichy, ou un paquet de sel de Vichy dissous dans un verre d'eau procure quelquefois un soulagement immédiat.

L'ALBUMINURIE consiste en ce que *l'albumine*, un des éléments du sang, s'échappe à travers les reins et se mêle à l'urine. Le médecin la reconnaît par l'analyse des urines. Elle réclame le régime du lait, un air pur. Elle enlève promptement au corps sa vigueur et amène une excessive faiblesse.

L'Acoolisme est une affection causée par l'abus des liqueurs fortes. Que de victimes elle fait! Le quart au moins des cas d'aliénation, le vingtième des suicides, assez fréquemment une mort subite, en sont, d'après le docteur Maurin, la conséquence. Le premier remède consiste à supprimer la cause. Ensuite les douches, avec un régime assez fortifiant et cependant très sobre, produiront un heureux résultat.

Les Ampoules sont des grosseurs qui se forment surtout aux pieds et aux mains à la suite de travaux rudes ou d'exercices violents. Il suffit de les percer avec une aiguille pour en laisser sortir la matière renfermée. Il sera mieux encore d'y passer un léger fil de soie formant séton. L'eau contenue dans l'ampoule s'écoulera ainsi jusqu'à la fin et préviendra toute inflammation. Cette opération ne causera aucune douleur, si vous avez soin de ne percer que la peau soulevée.

L'Amygdalite est l'inflammation des amygdales. Les gargarismes sont fréquemment prescrits. Le médecin indiquera d'ailleurs le traitement à suivre.

L'Anémie est la grande maladie de notre époque. Elle consiste, nous l'avons dit, dans la diminution des globules du sang. Ses causes principales sont : une nourriture insuffisante, les chagrins, les fatigues, un air concentré. Vous la reconnaîtrez sans peine par l'inspection des gencives, qui sont devenues blanches. La pâleur de la peau, des palpitations, de la langueur, des troubles de la digestion en fournissent encore des symptômes. Les amers, les ferrugineux, le quinquina, le séjour et l'exercice au grand air en sont le seul traitement.

L'ANÉVRISME est une tumeur sanguine, produite par la dilatation d'une artère. Sa rupture cause promptement la mort.

L'ANGINE est l'inflammation de la gorge. Quand elle est accompagnée de peaux ou fausses membranes, c'est l'angine *couenneuse*. Si les peaux s'étendent au larynx, c'est le *croup* proprement dit. Le médecin doit être appelé de suite. Cette maladie est très contagieuse. Vous vous placerez le moins possible en face du malade pour lui toucher la gorge, afin de ne pas respirer son haleine. Vous ne laisserez approcher que les personnes dont la présence est utile, vous tiendrez surtout les enfants éloignés. Les cuillers, tasses et verres, dont vous vous servez, devront, chaque fois, être plongés dans l'eau bouillante ou lavés avec de l'eau très vinaigrée. (V. diphtérie.)

ANTHRAX *(clou, furoncle)*. — On donne le nom de *furoncle* à une tumeur, causée par l'inflammation de la peau et dont le centre fait saillie. De là son appellation vulgaire de *clou*. On le fait presque toujours avorter, en l'ouvrant avec une lancette, ou en appliquant une sangsue au milieu. Souvent on se contente de placer dessus un cataplasme émollient et, quand le furoncle est percé, on presse la base tout autour, pour faire sortir le *bourbillon*. Quelques purgatifs doux, quelques bains préviendront l'apparition de nouveaux clous. L'*anthrax* est un très gros furoncle, dans lequel se trouvent souvent plusieurs foyers de suppuration. Le docteur pratique une incision profonde et indique le traitement à suivre.

L'APHONIE est la perte plus ou moins complète de la voix, causée par le froid, une émotion vive, etc. Il importe d'éviter, avec le plus grand soin, le froid des pieds. Si l'aphonie se prolonge, le médecin doit être consulté.

Les APHTHES sont de petits points blanchâtres qui se forment dans la bouche. Il suffit de laisser tomber dessus une goutte d'alcool, d'eau de Cologne ou encore d'y déposer un peu de poudre d'alun.

L'APOPLEXIE est la perte complète ou partielle du sentiment, de la parole, du mouvement. Elle est *foudroyante,* si elle donne la mort à bref délai. Coucher le malade, en lui tenant la tête plus élevée ; maintenir toujours dans l'appartement un air frais, plutôt froid ; desserrer au plus vite les vêtements, surtout au cou et à la poitrine ; placer sur la tête des compresses d'eau fraîche ; promener des sinapismes sur les jambes ; c'est là tout ce que vous pouvez faire en attendant le médecin.

L'ARTHRITE est l'inflammation des articulations. Elle se traite par l'application de sangsues, les cataplasmes, les frictions, les massages.

L'ASTHME est une maladie nerveuse des organes de la respiration. Par lui-même il ne donne pas la mort, mais cause de violentes souffrances. Dans les crises, vous desserrerez le cou du malade et les vêtements qui peuvent gêner la respiration. Aspirer la fumée des poudres ou papiers nitrés ; fumer des cigarettes de datura et de belladone apportent du soulagement. La crise, survenant au premier moment, l'asthmatique fera sagement de porter toujours avec lui ces faciles remèdes.

Dans les ATTAQUES DE NERFS, vous couchez votre malade sur un matelas ou simplement sur un tapis ; vous desserrez ses vêtements pour faciliter la respiration ; vous aspergez d'eau froide la figure, puis ne vous en occupez plus, s'il n'y a point de danger qu'il (ou plutôt qu'elle) ne se blesse, surtout quand l'attaque a suivi une contrariété.

La BRONCHITE est l'inflammation des bronches. Ses causes les plus fréquentes sont : le froid humide, les changements brusques de température. Le froid doit être soigneusement évité. Les tisanes qui peuvent provoquer la sueur sont très utiles.

Si la bronchite n'atteint que les grosses bronches, c'est le *rhume de poitrine* : si elle atteint les très petites bronches, elle est dite *capillaire*. Elle est grave alors, car elle peut amener l'asphyxie. Le médecin indiquera le traitement à suivre.

La CACHEXIE est un état d'épuisement provenant d'un air vicié, d'extrêmes fatigues, de privations, de tristesse, etc.

Le CANCER est cette terrible maladie, que chacun connaît, et qui n'est bien définie nulle part. Les médecins se déclarent impuissants à la guérir ; et ceux qui veulent la combattre réussissent rarement. La plus grande vigilance pour atténuer l'odeur des plaies cancéreuses, une excessive propreté sont les seules recommandations qui puissent être adressées à la garde-malade.

CATARRHE. — Ce mot désigne communément une *bronchite chronique*. Un traitement vraiment efficace est difficile à rencontrer. Éviter les imprudences, surtout le froid humide, les variations brusques de température, est souvent la seule chose possible.

Le CHOLÉRA est de deux sortes : le *choléra sporadique*, s'il existe isolément et non à l'état d'épidémie, et le *choléra morbus* ou *épidémique*. Le premier est moins souvent mortel ; le second l'est presque toujours. Le seul remède consiste à employer tous les moyens capables de ramener la chaleur et la circulation. Prendre une cuillerée à café de rhum dans un quart de tasse de thé, toutes les cinq ou dix minutes, pendant plusieurs heures de suite, a quelquefois réussi. En temps d'épidémie, il est important d'isoler les victimes du fléau ; de prendre les précautions hygiéniques les plus minutieuses ; de désinfecter soigneusement tout ce qui sert au malade ; de se vêtir chaudement ; de s'abstenir de légumes et de fruits crus ; de boire peu ; d'aérer le plus possible les appartements, etc.

COLIQUES est un terme qui signifie généralement des douleurs de ventre. Réchauffer la partie malade avec des linges secs et chauds, des bouteilles d'eau chaude, un cataplasme de farine de lin laudanisé ou simplement d'avoine grillée dans une poêle ou encore de sable fortement chauffé ; — Prendre des infusions de bourrache chaudes, quelques cuillerées à café d'eau-de-vie ou de rhum dans de l'eau sucrée chaude ou dans une infusion de thé ; — Quelquefois donner des lavements d'eau, aussi chaude que l'intestin peut la supporter, — sont des remèdes conseillés.

Les *Coliques hépatiques* ou du foie sont causées par de petits graviers de bile durcie, qui obstruent les conduits par lesquels la bile se rend à l'intestin. La peau et surtout les yeux ont alors une teinte jaunâtre très accentuée. Des calmants sont habituellement recommandés et les boissons alcalines sont souvent prescrites, ainsi que les grands bains.

Les *Coliques néphrétiques* sont produites, par de petits graviers engagés dans les conduits de l'urine. Elles occasionnent de très vives douleurs, que vous pourrez calmer un peu par des inhalations d'éther. S'abstenir de liqueurs spiritueuses, de vin pur; suivre un régime sobre, hygiénique ; prendre un exercice modéré et régulier ; mettre pendant quelque temps un peu de bicarbonate de soude dans sa boisson fortement étendue d'eau ; puis cesser pour recommencer après une ou deux semaines, est le traitement indiqué. Un grand bain, au moment de la crise, peut procurer du soulagement.

La CONSTIPATION est le retard apporté à rejeter les résidus de la digestion. Elle doit être combattue, car elle est incompatible avec la santé, malgré son apparence inoffensive. Une selle ou deux sont nécessaires chaque jour. Si elles font défaut vous les provoquerez par quelques laxatifs : magnésie calcinée, rhubarbe, jus de pruneaux, lavements, etc.

La Coqueluche est une maladie épidémique et contagieuse, qui atteint surtout les enfants de 2 à 8 ans. Elle se manifeste par une toux violente et convulsive. Il est urgent d'isoler les autres enfants de celui qui en est atteint. Le changement d'air est très utile, à la fin de la maladie.

Pendant l'accès, vous assiérez l'enfant et lui ferez respirer avec précaution un peu d'éther versé sur un mouchoir. Les inhalations de goudron sont bonnes. Il en est de même du sirop de goudron. D'après un auteur (1), « le sirop suivant a donné de merveilleux effets : — Dans 3 litres d'eau faites bouillir, jusqu'à réduction d'un tiers, trois gros blancs de porreaux, tirez au clair, ajoutez une livre de sucre, faites bouillir de nouveau jusqu'à réduction d'un autre tiers et laissez refroidir. La dose est une cuillerée matin et soir. »

Les Cors-aux-pieds (*œils-de-perdrix, oignons, durillons*) résultent presque toujours de l'emploi de chaussures trop étroites. Ils causent des douleurs assez vives, surtout par les temps humides. L'expérience m'a prouvé que le remède appelé *le bon Diable* est employé avec succès (2).

Le Coryza (ou *Rhume de cerveau*) est *aigu*, s'il est

(1) *Le livre des Garde-Malades.*
(2) Le flacon se vend 0 fr. 75 à la Pharmacie, rue Bressigny, 15, Angers.

causé par un refroidissement, etc., ou *chronique*, s'il tient à la constitution du malade. Dans le premier cas, des bains de pied sinapisés, des fumigations de fleurs de sureau réussissent habituellement. (On pourra encore aspirer par les narines la fumée de fleurs de sureau, ou fumer ces fleurs, soit dans une pipe, soit en forme de cigarettes et renvoyer la fumée par le nez.) — Dans le second cas, on aspirera par les narines de l'eau salée ou boriquée.

La COURBATURE est une sensation de lassitude dans les membres et les muscles, une extrême lassitude. Le meilleur remède est le repos au lit.

Les CRAMPES sont des contractions douloureuses des muscles particulièrement de ceux du mollet. Elles ont lieu plutôt la nuit que le jour. Elles viennent le plus souvent d'une position gênée ou d'une fatigue morale. Pour les faire cesser, il suffira d'étendre fortement le membre ou de poser le pied nu sur le plancher.

Les CRAMPES D'ESTOMAC sont produites souvent par le besoin de manger. Alors un peu de bonne nourriture les calme.
Les frictions avec l'eau-de-vie camphrée ou avec l'éther sur le creux de l'estomac sont encore pratiquées avec succès.

Les DARTRES sont une maladie de la peau causée par l'altération du sang. Elles sont *sèches*, si elles présentent seulement un aspect farineux ; *humides*, si elles laissent échapper un liquide incolore ou jaunâtre comme du miel. Employer simultanément de l'eau boriquée, de la vaseline rosat, de la poudre d'amidon, etc. sur le mal et prendre des tisanes amères (de houblon, chicorée, douce-amère, etc.) est le régime usité.

DÉMANGEAISONS. — Se frictionner avec de la pommade camphrée ou goudronnée ; se laver avec de l'eau phéniquée ; semer de la poudre de camphre sur les parties malades les fait assez facilement disparaitre.

DIABÈTE. — Il en existe de plusieurs espèces : le plus commun est le *Diabète sucré*, caractérisé par la présence du sucre dans les urines, par la plus grande abondance de celles-ci, par la soif, et par un amaigrissement plus ou moins rapide. Le malade s'interdira les boissons et les aliments sucrés, les féculents, boira du vin rouge, du thé, du café, des tisanes amères et prendra beaucoup d'exercice.

La DIARRHÉE (ou *dévoiement*) consiste dans la production de selles abondantes, fréquentes et claires. Vous tiendrez le malade chaudement, dans le repos ; sa nourriture sera réglée ; vous ne lui donnerez ni légumes farineux, ni boissons froides ou en trop grande abondance.

DIPHTÉRIE. — On désigne, sous ce nom, des maladies qui ont pour caractère la formation de *fausses membranes*, principalement dans la gorge. La récente découverte du docteur Roux permet maintenant au médecin de combattre avec succès, ces affections autrefois si dangereuses. L'injection de serum se pratique au niveau du flanc. L'endroit est préalablement lavé avec de l'eau phéniquée à 2 0/0, ou avec une solution de sublimité au millième. Après l'opération, il doit être recouvert de coton antiseptique.

La Dyssenterie, inflammation du gros intestin, cause des coliques et un besoin fréquent d'aller à la selle. De votre part, le traitement sera celui prescrit plus haut pour la diarrhée, jusqu'à ce que le docteur consulté ait prescrit une médication plus énergique.

On appelle Dyspepsie une digestion habituellement difficile. Elle exige de légères et douces purgations pour combattre la constipation, si elle se présente. Éviter les graisses ; faire usage des amers, de bicarbonate de soude; prendre l'élixir, le vin ou les cachets de pepsine ; suivre un régime très sobre et très régulier est le conseil de la prudence en pareil cas.

L'Eczéma est une éruption qui se présente de préférence dans les endroits où la peau est plus fine, et laisse suinter des humeurs. Le plus souvent il tient à la constitution. Les dépuratifs sont recommandés. Il sera bon encore de saupoudrer de poudre d'amidon, etc.

L'Emphysème est l'infiltration de l'air entre les cellules du poumon. Le docteur seul peut indiquer la médication à suivre.

Les Engelures sont de petits engorgements de la peau produits par le froid. Se frotter les mains au moment de se coucher avec un peu de glycérine, plusieurs jours de suite, est peut-être le meilleur remède, surtout quand il est employé dès le début.

L'Enrouement est l'altération de la voix qui devient sourde et voilée. Évitez le froid, surtout le froid humide ; prenez de la tisane de mauve, chaude et bien sucrée, et vous en aurez très souvent raison.

L'Entérite est l'inflammation des intestins : elle réclame le repos et un régime doux et sobre. Il faut éviter les liqueurs fortes, la fatigue, les excès de tous genres.

L'Épilepsie, appelée aussi *mal caduc* ou *haut-mal*, est caractérisée par des mouvements convulsifs variés. L'épileptique pousse habituellement un cri en tombant ; il tient le pouce fléchi dans la paume de la main, et quelquefois l'écume paraît à la bouche. Vous vous contenterez de placer le malade en telle position qu'il ne puisse rien lui arriver de fâcheux ; vous éloignerez de lui les enfants et les personnes impressionnables. Ne cherchez pas à lui procurer quelques soulagements, vous ne feriez que lui nuire.

L'Érysipèle (*ou érésipèle*) est l'inflammation de la peau caractérisée par un rouge vif, une chaleur âcre et souvent par beaucoup d'enflure de la partie atteinte. S'il gagne le cuir chevelu, il occasionne presque toujours le délire et peut causer la mort. Les purgatifs sont conseillés ; recouvrir, soit de farine de froment ou d'amidon, soit de collodion, l'endroit malade ; placer des compresses d'eau sédative sur le front ; promener des sinapismes aux jambes ne peut être qu'utile. L'érysipèle est une maladie contagieuse et infectieuse. L'emploi des antiseptiques est très utile pour purifier les appartements. La garde-malade doit se laver soigneusement après avoir touché le mal.

Fièvre. — Quand la chaleur du corps est accrue, la circulation du sang excitée, le pouls plus fréquent ; quand il y a mal de tête, malaise général, courbature, absence d'appétit, c'est la fièvre. Ses causes principales sont : l'introduction dans le corps de miasmes ou microbes, l'altération du sang, une inflammation de quelque viscère.

Souvent elle s'annonce par un *frisson* qui varie en intensité, depuis le frissonnement jusqu'au claquement des dents, et, en durée, de quelques minutes à deux heures. Alors la peau, décolorée, présente le phénomène de la *chair de poule*.

Vient ensuite ce que l'on nomme communément l'*accès*. Il commence par des bouffées chaudes qui remplacent le froid du début ; puis apparaît une chaleur générale, et le thermomètre monte plus ou moins, selon la violence de l'accès. La peau est sèche, le pouls devient ample et fréquent ; la soif est vive, l'appétit fait défaut ; la respiration reste fréquente, mais l'oppression diminue. Les urines sont rouges et rares. L'accès dure généralement de deux à six heures.

Enfin, la température descend tantôt peu à peu, tantôt très rapidement et souvent la sueur vient. On dit alors que la fièvre *tombe*.

Le repos physique et intellectuel, la diète, les boissons fraîches et délayantes ; l'emploi du sulfate de quinine sont toujours recommandés.

Le plus longtemps possible avant l'accès, vous donnerez sans crainte, en deux ou trois doses, espacées d'une heure s'il est possible, de 50 à 80 centigrammes de sulfate de quinine, soit délayé dans du café ou mieux dans du jus de citron, soit en cachets préparés à l'avance par le pharmacien. Il faudra recommencer jusqu'à ce que l'effet soit produit. S'il est besoin, vous augmenterez la dose et la pousserez jusqu'à un gramme mais jamais sans ordonnance du médecin. Lorsque la fièvre est *coupée*, le remède se continue encore en petite quantité pendant une ou deux semaines.

Les FIÈVRES INTERMITTENTES sont celles dont les accès reviennent à intervalles fixes ; tous les deux jours (*fièvres tierces*), tous les trois jours (*fièvres quartes*).

La FIÈVRE TYPHOÏDE, due à l'empoisonnement du sang par les miasmes, est épidémique et contagieuse. Vous la reconnaîtrez sans peine du sixième au douzième jour, par l'apparition, sur la poitrine et le ventre, de petites taches semblables à celles produites par la piqûre d'une puce.

La FLUXION DE POITRINE ou PNEUMONIE est l'inflammation du tissu pulmonaire. Hâtez-vous d'appeler le médecin. Cette maladie réclame une médication énergique. Le frisson, avec claquement des dents, et une douleur dans le côté à chaque respiration en sont les symptômes.

La GALE est causée par un insecte nommé *acarus*. Il se loge dans la peau, la sillonne, s'y multiplie avec une extrême rapidité et cause de très fortes démangeaisons.

Un moyen simple de s'en débarrasser est d'étendre sur la peau, nettoyée auparavant par un bain ou un lavage, de l'huile de pétrole purifiée et de recommencer jusqu'à ce que les démangeaisons aient cessé. Cette opération doit se pratiquer de préférence pendant le jour. A la lumière d'une bougie, il y aurait danger de communiquer le feu au liquide employé. L'insecte est tué rapidement et l'odeur du pétrole le détruit dans les habits eux-mêmes. Il est mieux cependant de désinfecter les linges, hardes, etc. Vous isolerez le malade à cause de la contagion.

La GASTRALGIE est une affection nerveuse de l'estomac. — La GASTRITE est une inflammation de l'estomac. Toutes deux demandent que le malade évite ce qui peut accroître l'irritation, tels que les spiritueux, une nourriture trop forte et trop abondante.

Les GERÇURES sont de petites fentes peu profondes de la peau. Les enduire de glycérine, chaque soir, au moment du coucher, est le remède habituel.

GLANDES est le nom vulgaire donné aux engorgements du cou chez les personnes lymphatiques. Un régime fortifiant et des frictions avec de l'huile camphrée chaude ou avec des pommades iodurées sont conseillés.

Le GOÎTRE est une tumeur développée en avant de la gorge. Sa cause et son traitement semblent être à peu près ceux des glandes.

La GOUTTE est due à une trop grande abondance d'acide urique dans le sang. Elle cause, dans les petites articulations, de violentes douleurs, qui reviennent à intervalles indéterminés et produisent ce que l'on nomme *accès de goutte*. Cette maladie tient à la conslitution ; souvent elle est héréditaire. Un régime sobre, l'emploi de l'eau de Vichy, beaucoup d'exercice corporel, l'entretien de la chaleur, au moyen de ouate appliquée sur les parties malades, sont les remèdes ordinaires.

Les HÉMORROÏDES sont des tumeurs situées au pourtour de l'anus. Elles donnent lieu quelquefois à un écoulement de sang. Le médecin indiquera le traitement à suivre.

La HERNIE (*descente, effort*) est le passage de l'intestin ou du péritoine à travers les parois du ventre. Elle forme saillie à l'extérieur. Un bandage bien adapté, maintenu en place jour et nuit, prévient les accidents qui souvent seraient graves. Si le malade souffre ; s'il a de la constipation ; si la hernie, qui rentrait habituellement, ne rentre pas, le médecin doit être appelé sans retard.

N'écartez jamais les jambes pour lever un fardeau ; portez une ceinture que vous pourrez serrer, au moment de soulever votre malade ou un fardeau quelconque, et vous éviterez la hernie, devenue si commune par les imprudences commises.

L'HERPÈS est une espèce de dartre formée de très petites vésicules bientôt recouvertes de croûtes noirâtres. (V. dartre.)

Le HOQUET est arrêté par tout ce qui suspend un moment la respiration : avaler tout d'un trait un verre d'eau suffit. Le hoquet, dans les maladies graves, est un symptôme très mauvais.

Les Humeurs froides (*scrofule, écrouelles*) tiennent à l'hérédité, à une nourriture insuffisante, etc. Le tempérament lymphatique y prédispose beaucoup. Les tumeurs se forment au cou, à l'aisselle, à l'aine ; dures d'abord, elles finissent par se ramollir et s'ouvrent en abcès, qui laissent des traces ineffaçables. Le grand air, un régime fortifiant, des dépuratifs sont le meilleur remède.

L'Hydropisie est un épanchement d'humeur séreuse, dû quelquefois à l'appauvrissement du sang, à l'anémie, plus souvent peut-être au défaut de circulation du sang, à une maladie nerveuse. Les sudorifiques et les purgatifs sont conseillés. Il est prudent de se tenir en garde contre les remèdes des charlatans, destinés à faire *désenfler* promptement.

Hypocondrie. — Ce mot désigne des maladies nerveuses, caractérisées par une grande tristesse, le découragement, quelquefois le désespoir. L'hypocondrie accompagne souvent les maladies de l'estomac. Cherchez à distraire votre malade, ce sera le meilleur remède ; mais attendez-vous à voir souvent échouer vos efforts.

L'Hystérie est une névrose bien commune chez les femmes. La science n'y attache pas le sens mauvais donné par le peuple à cette maladie. Son symptôme le plus fréquent est la sensation d'une boule qui monte de l'estomac à la gorge.

L'Indigestion est due, soit à la qualité défectueuse ou à la trop grande quantité de la nourriture absorbée, soit à une mauvaise disposition de l'estomac. Entretenez la chaleur du ventre par des frictions ou des cataplasmes chauds. Un peu d'eau de seltz, un lavement surtout peuvent être utiles. Les infusions données communément entretiennent plutôt les vomissements.

L'INFLUENZA (*grippe*) est une affection d'un caractère spécial, épidémique et probablement contagieuse, accompagnée d'une faiblesse générale. La médecine conseille de se garantir du froid, de prendre des tisanes pectorales, d'éviter les imprudences qui amèneraient facilement des complications graves.

Contre l'INSOMNIE prenez, au moment de vous coucher, une tasse de lait, que vous aurez fait bouillir avec une feuille de laurier-palme. Un verre d'eau sucrée, avec une cuillerée d'eau de fleurs d'oranger, obtient encore un bon résultat.

L'IVRESSE se dissipe en prenant 15 à 20 gouttes d'ammoniaque liquide dans un verre d'eau.

La JAUNISSE ou ICTÈRE est ainsi nommée de la coloration de la peau. Elle vient de ce que la bile ne s'écoule plus assez librement dans l'intestin. Souvent elle n'est qu'un symptôme d'une autre maladie.

LARYNGITE. — Ce mot exprime l'inflammation de la muqueuse du larynx : le moindre froid des pieds l'augmente. Le traitement sera indiqué par le médecin.

On nomme LUMBAGO une douleur de nature rhumatismale, siégeant dans la région des reins et rendant les mouvements du tronc difficiles ou impossibles. Elle se traite par les frictions. Le procédé suivant, indiqué par le docteur Marquez, a produit de bons résultats : « Frictionner, avec un mélange de 200 grammes d'eau de Cologne et 100 grammes d'essence de térébenthine, la partie atteinte. »

La MIGRAINE est une affection nerveuse dont le siège est dans la région des tempes. Elle ne tient habituellement qu'un seul côté, dure de 12 à 30 heures et revient plus ou moins souvent. Des remèdes prônés le meilleur est le repos loin de la lumière et du bruit.

Le MUGUET est la production de petits boutons blanchâtres dans la bouche. Il est dû au développement d'une moisissure particulière. Il est contagieux. Lavez ces boutons avec un pinceau trempé dans une solution de borax ou d'alun.

La MYÉLITE est l'inflammation de la moelle épinière. Consultez le médecin, lui seul est compétent.

La NÉPHRITE est l'inflammation des reins. Elle déjoue bien souvent les efforts de la science. Le plus souvent les médecins prescrivent un régime lacté.

La NÉVRALGIE est une douleur vive et intermittente sur le trajet d'un nerf. De là ces noms de névralgie faciale, lombaire, intercostale, selon le nerf qu'elle affecte.

Le sulfate de quinine, les cachets d'antipyrine sont conseillés.

NÉVROSES. — Les abus de tous genres, du plaisir, du

travail, les peines, l'alcoolisme, l'hérédité surtout amènent ou développent ces affections d'ordre cérébral, aussi étranges que pénibles, connues sous le nom générique de *névroses*. Ceux qu'elles affectent en souffrent ; ceux avec qui vivent ces malades bizarres en souffrent peut-être davantage.

L'OPHTALMIE est une affection inflammatoire du globe de l'œil, avec rougeur de la conjonctive. Lorsqu'elle se borne à la conjonctive, on l'appelle *conjonctivite*, et on réserve le terme d'*ophtalmie* pour les inflammations attaquant à la fois plusieurs des tissus oculaires, en même temps que la conjonctive.

OREILLES. — Il s'y produit quelquefois de petites inflammations, qui donnent lieu à des écoulements, ou causent seulement des douleurs plus ou moins vives.

Des injections d'eau de guimauve, l'introduction dans l'oreille de boules de coton, imbibées de laudanum ou d'huile camphrée, sont des remèdes assez simples.

Les OREILLONS sont le gonflement et l'inflammation des glandes qui sécrètent la salive. Ils se produisent souvent d'un seul côté et deviennent parfois très douloureux. C'est une affection épidémique et contagieuse : elle sévit plus particulièrement sur les enfants.

Le repos, la diète, de légers purgatifs, des onctions avec le baume tranquille constituent tout le traitement de la maladie.

L'ORGELET est un petit furoncle du bord de la paupière : il disparaît après quelques jours.

On nomme PALPITATIONS DU CŒUR des battements

désordonnés de cet organe. Quand elles persistent, il est utile de consulter le médecin.

Le PANARIS est une tumeur de la nature du phlegmon. Elle se développe dans un point quelconque des doigts ou des orteils. Elle réclame des cataplasmes émollients, une incision, des lotions phéniquées. Le moyen d'éviter des accidents souvent irréparables est de l'ouvrir promptement.

La PARALYSIE consiste dans la diminution ou la perte du mouvement ou de la sensibilité, plus fréquemment des deux à la fois. Elle résulte souvent d'une lésion du cerveau ou de la moelle épinière et elle est à peu près incurable. Cependant l'électricité a été employée quelquefois avec succès : les frictions sont aussi ordonnées. Tantôt la paralysie ne prend qu'un côté du corps, tantôt elle n'affecte que les membres inférieurs. Votre rôle, jusqu'à la venue du médecin, consistera à appliquer des compresses d'eau froide sur la tête et à promener des sinapismes sur les jambes.

La PHARYNGITE est l'inflammation du pharynx. Lorsqu'elle est chronique, elle présente souvent de petites granulations.

La PHLÉBITE est l'inflammation des veines. Il y faut remédier sans retard : elle amènerait de graves désordres. De la part de la garde-malade, elle exige beaucoup de précautions. Des mouvements intempestifs peuvent déterminer une *embolie* avec mort subite.

La PHTISIE est la maladie produite par la présence des tubercules dans les poumons. La médecine est à peu près impuissante, quand la maladie est bien constatée. Ses ravages sont parfois si rapides qu'elle devient *phtisie galopante*, et amène la mort dans l'espace de 2 à 5 mois. La *phtisie commune* passe par différentes phases, plus ou moins longues, avant de conduire au dénouement fatal.

La PLEURÉSIE est l'inflammation de la plèvre, membrane qui tapisse les côtés de la poitrine. Elle veut un traitement énergique : vésicatoires, ventouses scarifiées, etc. Le médecin jugera ce qui convient.

POUX DE LA TÊTE. — La malpropreté les engendre ; les soins de propreté suffisent généralement pour les détruire. Vous emploierez encore avec succès ce moyen fort simple, qui consiste à huiler abondamment les cheveux. Les corps gras tuent les poux en les asphyxiant.

POUX DU CORPS. — Se laver avec de l'huile de pétrole les détruit.

« Ces poux se multiplient, dit Littré, avec une telle rapidité que deux individus suffisent pour en produire 18,000 en moins de 2 mois. »

Le RHUMATISME (*douleurs*) est une maladie sur laquelle la médecine n'a pas encore de données bien précises. Il siège dans les muscles (*rhumatisme musculaire*), ou dans les articulations (*rhumatisme articulaire*). Il est dit *noueux* ou *goutteux*, lorsqu'il se fait sentir dans les jointures et les déforme.

Éviter le froid humide, boire chaud ; entretenir la chaleur dans les parties douloureuses au moyen de la ouate, etc., paraissent être les meilleurs remèdes.

La ROUGEOLE est une petite fièvre épidémique et très contagieuse, surtout au début : elle s'attaque plus particulièrement aux enfants. Elle produit des éruptions sur la peau, ce qui lui a valu son nom. Donnez des tisanes pectorales, légèrement sudorifiques, entretenez une douce chaleur, exigez le repos au lit, procurez une nourriture légère et surveillez les enfants pour les garantir contre les imprudences : elles amèneraient de sérieuses complications.

SAIGNEMENTS DE NEZ (*épistaxis*). — Sont-ils peu abondants? Ne vous en préoccupez point. Quand ils ne cessent point d'eux-mêmes, levez le bras du côté où vous saignez ; reniflez de l'eau additionnée d'un peu de perchlorure de fer (0,01). Certains conseillent de placer quelque chose de froid dans le dos, une clef par exemple, mais ce procédé est inefficace et peut être dangereux.

La SCARLATINE est une fièvre éruptive. Au bout de 24 heures, apparaissent des taches rouges au cou et à la poitrine d'abord, puis par tout le corps. Cette maladie est épidémique et contagieuse, surtout lorsque la peau se détache par lambeaux, ce qui arrive après quatre à six semaines, au moment de la convalescence. Surveillez-la de près, à cause des complications qui mettraient très promptement la vie en danger.

SCIATIQUE, OU DOULEUR SCIATIQUE, OU GOUTTE SCIATIQUE. C'est le nom de la névralgie du nerf sciatique. Elle est très douloureuse et condamne à un repos forcé. (Voir Névralgie.)

Le Scorbut est un appauvrissement du sang, un état de langueur, de faiblesse générale, dû à la mauvaise qualité de la nourriture, à la misère. Il a pour symptôme principal la décoloration et le gonflement des gencives ; le visage prend une teinte plombée : l'haleine devient fétide. (V. Humeurs froides.)

La Suette miliaire est une fièvre épidémique et contagieuse. Elle occasionne une sueur très abondante, (d'où le nom de suette); et produit sur le corps de petits boutons rouges ou blancs, gros comme des grains de millet. Elle est quelquefois *bénigne* et dure peu de temps ; d'autres fois, elle est *maligne* et amène promptement la mort.

La Teigne est une maladie du cuir chevelu, causée par la présence d'une espèce de petit champignon, qui se propage sur la tête. Le traitement est abandonné au médecin et consiste principalement à épiler la tête (enlever les cheveux un à un). Cette maladie est contagieuse.

Le Tétanos désigne des convulsions musculaires. Elles commencent à la mâchoire et au gosier, puis s'étendent au tronc et aux membres. Le plus souvent, le tétanos survient à la suite d'une blessure et sa terminaison est la mort.

Le Torticolis est une douleur d'un côté du cou, qui empêche de mouvoir la tête. Un courant d'air, le froid en sont fréquemment la cause. Il exige la chaleur et les frictions avec l'huile camphrée.

La Tourniole est une des espèces de panaris. (V. ce mot.)

Les TUMEURS BLANCHES sont des grosseurs qui viennent au genou, au pied, à la hanche, au coude, au poignet, chez les tuberculeux et les personnes très lymphatiques. (Voir Humeurs froides.)

L'URTICAIRE est une quantité plus ou moins grande de petites taches blanchâtres, semblables à celles produites par les piqûres d'orties, d'où est venu le nom d'urticaire. Elles occasionnent de vives démangeaisons. On conseille de prendre des bains et de saupoudrer de farine fraîche la partie malade.

Les VARICES sont une dilatation des veines, occasionnant de petits nœuds bleuâtres. Elles se produisent surtout aux jambes, et réclament l'usage du bas élastique ou mieux du bas lacé. Ces bas peuvent être remplacés par un bandage de flanelle, partant de la naissance des doigts du pied et montant quelques centimètres au-dessus de la partie malade.

La VARIOLE (*petite vérole*) est une fièvre éruptive, épidémique et très contagieuse. Se faire vacciner est le moyen de s'en préserver. Il est prudent de se soumettre à cette petite opération. Une invention assez récente permet de la pratiquer très facilement et sans aucun danger. La renouveler tous les 5 ans (8 ans au plus), est une très sage précaution pour une garde-malade.

La variole produit des pustules qui laissent souvent des traces ineffaçables. Le moyen d'éviter ce désagrément est de huiler la figure pour empêcher le contact de l'air avec les boutons jusqu'à ce qu'ils soient desséchés. Le médecin indique le traitement à suivre.

— 100 —

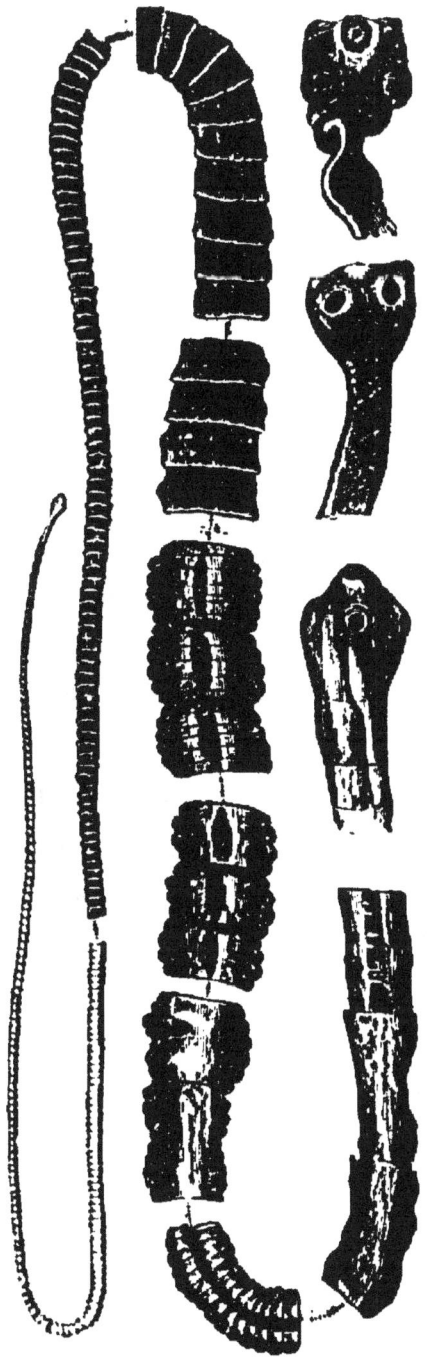

Fig. 25. — Tœnia ou ver solitaire.
La tête se trouve à l'extrémité de la partie la plus effilée.

Les VERS INTESTINAUX, appelés ASCARIDES, ont de 15 à 25 centimètres de longueur. Ils se trouvent surtout chez les enfants. Les pharmaciens fournissent des remèdes simples et sans danger pour les chasser. Une cuillerée d'huile d'olive, avec une cuillerée de jus de citron, prise le matin à jeun, réussit assez souvent.

Le VER SOLITAIRE (*tænia*) (V. fig. 25) est plat, long, articulé. La tête est petite, le cou très mince, et les anneaux vont en augmentant de volume quand ils s'éloignent de la tête. L'un est appelé *tænia solium;* sa tête est armée de crochets : l'autre, *tænia inerme;* sa tête n'a point de crochets, ses anneaux sont plus larges; c'est le ver commun.

Il est nommé ver solitaire parce que, le plus souvent, il n'y en a qu'un dans l'intestin. Cependant il peut en exister plusieurs à la fois. Le malade doit continuer à se surveiller, même après en avoir rejeté un entier. Tant que la tête du ver reste vivante dans l'intestin, elle reproduit peu à peu des anneaux, qui reconstituent un ver de 7 à 8 mètres. Plusieurs remèdes ont été inventés pour l'expulser. La fougère mâle forme la base de plusieurs.

Les VERS BLANCS dits OXYURES sont petits, minces, ont une longueur de 3 à 4 millimètres. Ils causent à l'anus, région où ils se rencontrent, de pénibles démangeaisons. L'eau salée, l'huile, le pétrole surtout leur sont contraires.

Dans les VOMISSEMENTS DE SANG, en attendant l'arrivée du médecin, vous donnerez des boissons froides, vous promènerez des sinapismes sur les jambes, vous appliquerez des ventouses sèches sur la poitrine. Quelques gouttes de perchlorure de fer dans un verre d'eau produisent encore de bons résultats.

Le ZONA est une éruption qui habituellement ne prend que la moitié du corps. Laver la partie malade, la saupoudrer de farine d'amidon, y appliquer des cataplasmes laudanisés est ce qui convient.

CHAPITRE III

Accidents.

Pour ce qui nous concerne ici, un accident « est un trouble fortuit, subit et fâcheux, survenant dans notre organisme et résultant d'une cause extérieure, comme chute, blessure, brûlure, etc. »

Indiquer les premiers soins à donner est d'autant plus utile que, ces cas étant imprévus, le médecin peut se faire attendre et que les personnes de l'entourage, sous le coup de l'émotion, perdent leur sang-froid et ne savent comment s'y prendre. Cependant le pauvre patient doit être soulagé.

Empoisonnements.

Lorsqu'une personne bien portante est saisie tout à coup, après avoir pris une boisson ou un aliment quelconque, de coliques violentes, de nausées et de vomissements, puis éprouve des troubles dans la circulation du sang, la respiration et enfin des désordres nerveux, il y a légitime soupçon d'empoisonnement.

Faire évacuer le poison au plus vite et administrer le contre-poison, telle est la conduite à tenir.

Pour obtenir le premier résultat, le moyen le plus

prompt et le plus simple est de toucher la luette doucement avec les barbes d'une plume, jusqu'à produire les vomissements, ou encore de faire absorber le plus possible d'eau tiède.

Le contre-poison, désigné par le médecin ou le pharmacien, chez qui on se rendra en toute hâte, s'administre ensuite.

Voici toutefois contre quelques empoisonnements plus fréquents les remèdes indiqués :

AU VITRIOL, A L'EAU-FORTE, A L'EAU DE JAVELLE, AU VINAIGRE, AU BLEU DE COMPOSITION, — Opposez l'eau de savon (50 grammes de savon blanc pour deux litres d'eau tiède) ; puis le lait en abondance.

A LA POTASSE, A LA SOUDE, AUX ALCALIS, A L'AMMONIAQUE, A LA CHAUX, — Opposez l'eau vinaigrée.

PHOSPHORE (*allumettes chimiques*). — L'empoisonnement par le phosphore se reconnaît à ce que les vomissements exhalent l'odeur d'ail. Vous éviterez l'emploi de l'huile qui dissoudrait le phosphore : vous ferez vomir à l'aide d'eau salée (50 grammes de sel par litre d'eau). Vous donnerez ensuite de l'eau albumineuse composée d'un blanc d'œuf, battu dans un bon demi-verre d'eau, sans faire mousser le mélange. Vous recommencerez de cinq en cinq minutes ou de dix en dix minutes pendant une ou deux heures.

AU VITRIOL VERT, (VERT-DE-GRIS), — Opposez le lait, l'eau sucrée, l'eau albumineuse comme plus haut.

A L'OPIUM, A LA MORPHINE, AU LAUDANUM, A LA BELLADONE, AU DATURA, AU TABAC, A LA JUSQUIAME, — Opposez l'eau vinaigrée et le café noir très fort, additionné d'alcool. Il est important d'empêcher le malade de dormir.

A LA POUDRE A TUER LES MOUCHES, A L'ARSENIC ET A TOUT CE QUI EN RENFERME, — Opposez l'eau sucrée pure, l'huile, le lait, l'eau de blancs d'œufs.

A L'IODE (*teinture d'iode, etc.*), — Opposez l'eau albumineuse comme plus haut, l'eau d'amidon, les lavements d'amidon.

A L'ANTIPYRINE, — Opposez l'alcool camphré sur du sucre, les frictions, les sinapismes.

A LA STRYCHNINE, — Opposez le café, la décoction d'écorce de chêne.

AUX MOULES, AUX HUITRES, AUX CHAMPIGNONS, — Opposez le café et le thé; ou encore une vingtaine de gouttes de laudanum dans un verre d'eau, à prendre par cuillerées, tous les quarts d'heure après cessation des vomissements. Si vous voyez survenir chez le malade des syncopes, de l'insensibilité et autres symptômes de prostration du système nerveux, agitez-le, secouez-le, faites-lui respirer de l'éther, de l'alcali volatil ou ammoniaque.

Le dictionnaire de médecine de Littré (17ᵉ édit.) émet cette proposition, qui doit faire réfléchir les amateurs de champignons : « La science ne possède aucun caractère certain qui établisse une limite tranchée entre les champignons comestibles et vénéneux. » Il ajoute à la vérité : « Il est possible de rendre inoffensifs les champignons les plus dangereux, » mais à certaines conditions dont on ne tient presque jamais compte.

Piqûres et Morsures d'animaux venimeux.

Piqures d'abeilles, de guêpes, de frelons. — Si le dard est resté dans la blessure, vous le retirez en le soulevant avec une aiguille. Il est bon encore de sucer fortement la partie piquée, et d'y appliquer une boulette de ouate imbibée d'alcali volatil ou de vinaigre.

Morsure des vipères. — Vous liez fortement le membre au-dessus de la piqûre, puis vous cautérisez rapidement avec un fer rougi à blanc, (ce qui cause beaucoup moins de mal qu'on pourrait le craindre d'abord) ; ou encore avec du nitrate d'argent (pierre infernale) ; ou avec de l'alcali volatil ; même, à son défaut, avec une ou deux gouttes de vitriol. Vous faites boire des infusions de thé, de camomille, etc., au malade.

Morsure d'un chien enragé. — Il faut de suite chercher à détruire le virus ou poison de la rage, sans lui laisser le temps de pénétrer dans l'organisme. Pour cela placez sans crainte sur la plaie un fer rougi au feu. La douleur sera presque nulle, si le fer est *rougi à blanc* et si vous avez soin d'appliquer, immédiatement après, un linge mouillé. Vous pouvez aussi employer l'ammoniaque ou alcali volatil. Toutefois le premier moyen est préférable au second. Il sera bon ensuite de faire les démarches pour l'admission du malade à l'Institut Pasteur.

Blessures et Fractures.

Coupures. — On nomme ainsi la blessure faite avec un instrument tranchant. Vous lavez la plaie à grande eau, et vous vous assurez qu'il n'y reste aucun corps étranger. Vous ferez bien de mélanger l'eau d'un peu d'alcool. La plaie étant nettoyée, vous l'essuyez avec un linge fin, vous rapprochez soigneusement les bords et les maintenez en place au moyen de bandelettes de taffetas d'Angleterre, ou de diachylon, ou même, en cas d'urgence, par un simple bandage toujours plus large que la plaie. (V. fig. 26.) Si vous avez sous la main du collodion, imbibez-en une

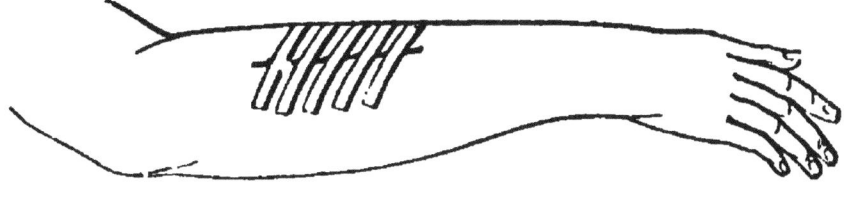

Fig. 26.

petite bande de toile et enveloppez la coupure. C'est un excellent procédé pour fermer la plaie.

Les Piqûres sont des plaies étroites et profondes, faites par un instrument aigu, aiguille, épingle, épée. Vous retirez autant que possible la partie qui a pénétré. Si la douleur est vive, par suite de la piqûre d'un nerf, vous cherchez à la calmer en plongeant la partie blessée dans de l'eau tiède, mélangée d'une solution phéniquée, ou en appliquant sur la piqûre des cataplasmes laudanisés.

Les Contusions sont des lésions produites par le choc d'instruments contondants, par une chute. Elles réclament des compresses d'eau froide souvent renouvelées, d'eau vinaigrée ou salée, d'eau blanche, d'eau-de-vie camphrée. Vous n'oublierez pas que de graves lésions internes (fractures, déchirures), peuvent exister sans que rien paraisse au dehors. Vous aurez soin de faire appeler le médecin, pour dégager toute responsabilité, si vous avez quelques motifs d'en supposer l'existence.

Blessures causées par les armes a feu (*fusil, revolver*). — S'il est entré des corps étrangers, tels que lambeaux de vêtements, etc., vous les enlevez, le plus possible, avec une pince. Vous appliquez ensuite, sur la blessure bien nettoyée, des compresses d'eau fraîche mélangée d'un peu d'alcool ou d'eau-de-vie, en attendant le chirurgien.

Dans les Entorses, plongez, le plus horizontalement qu'il se peut, la partie blessée dans de l'eau fraîche mélangée d'un peu d'alcool. Vous renouvellerez l'eau quand elle s'échauffera et cela pendant plusieurs heures. Si vous ne pouvez plonger dans l'eau l'endroit blessé, vous y appliquerez des compresses d'eau fraîche ou d'eau blanche.

Ce qui réussit le mieux est le massage. « Pour cela, dit le docteur Saffray, huilez ou graissez-vous les mains et pressez la partie gonflée de bas en haut, en l'encerclant le plus possible, comme pour faire remonter le liquide qui gonfle l'articulation.

« Au bout de peu de temps, le patient supporte, sans beaucoup souffrir, une pression toujours plus forte et plus rapide. Le massage dure de vingt à trente minutes ; au besoin on le renouvelle pendant deux ou trois jours et, après chaque séance, on enveloppe le pied d'ouate blanche, et on applique une bande roulée et modérément serrée, depuis les orteils jusqu'au mollet.

« Si le massage ne suffit pas, on le combine avec les applications de compresses froides, ayant soin de maintenir le pied élevé pour empêcher l'afflux du sang.

« Si, par suite de retard dans le traitement, l'inflammation s'est déclarée, on a recours immédiatement aux compresses d'eau froide. »

Il est prudent de marcher quelque temps la cheville bien serrée par un bandage.

LUXATIONS ET FRACTURES. — Si, par suite d'un accident quelconque, chute ou effort, les os d'une articulation sont déplacés sans être brisés, il y a *luxation ;* s'ils sont brisés, il y a *fracture*. Le médecin ou le chirurgien doit être appelé de suite: Il est assez difficile de savoir tout d'abord quand il y a fracture. Pour plus de sûreté, avant de relever le malade, vous mettez à découvert, autant que possible, la partie blessée. S'il y a plaie, vous lavez doucement et pansez avec des compresses d'eau fraîche alcoolisée. S'il n'y a pas plaie, vous appliquez des compresses d'eau-de-vie camphrée, d'eau blanche, etc. Dans l'un et l'autre cas, vous évitez de faire exécuter des mouvements à la partie blessée, quand ce n'est pas pour la ramener à l'état normal et, même alors, vous agissez avec les plus grandes précautions. Le pied est, je suppose, tourné en arrière de la jambe, vous le rapportez doucement à sa position ordinaire, puis vous immobilisez le membre en plaçant dessous, dessus et de chaque côté, de petites planches ou, à leur défaut, d'autres objets que vous avez sous la main, cannes, bâtons, parapluies. Vous les liez, sans trop serrer, un peu plus haut et un peu plus bas que l'endroit blessé. Si le malade doit être transporté, vous le placez avec précaution sur un brancard, que vous improvisez avec une échelle, sur laquelle vous mettez un matelas, de la paille ou du foin. Vous faites attention, lorsque la jambe est cassée, à ce que l'on monte les jambes les premières le long des escaliers, afin d'éviter que le corps glisse et foule la partie fracturée.

Votre principal soin sera, après que le médecin aura remis les os à leur place, de veiller à ce que le membre malade demeure dans l'immobilité la plus complète. Le moindre mouvement pourrait amener des complications et retarderait certainement la guérison.

En général le blessé doit être couché la tête assez basse et le membre fracturé est, s'il est possible, placé un peu plus haut que le reste du corps.

S'il s'agit d'un bras, vous faites, avec un grand mouchoir ou une serviette pliée en triangle, une écharpe suffisamment large pour garantir entièrement la blessure.

Lorsque votre malade paraît abattu, vous pouvez lui offrir à boire du thé ou du café. Lorsque vous remarquez la fièvre, vous lui donnez de l'eau froide acidulée avec du citron ou du vinaigre.

Asphyxie.

L'asphyxie est la suspension de la respiration. Elle peut avoir plusieurs causes ; voici les principales :

Submersion (*noyés*). — Ce n'est pas de l'eau absorbée, mais de la suppression de la respiration, que meurent les noyés ; c'est donc la respiration qu'il faut rétablir au plus tôt. A cette fin : 1° si le temps n'est pas trop froid, les secours s'administrent au grand air ; 2° la face et la poitrine restent découvertes ; 3° le noyé est couché sur le dos, la poitrine un peu élevée. Une personne appuie fortement sur les cuisses ; une autre le prend sous les bras et tire les épaules et la poitrine en haut et en arrière, puis les abaisse doucement et recommence cette opération le plus souvent et le plus longtemps possible. C'est la respiration artificielle. Ce procédé est généralement remplacé aujourd'hui par les *tractions rhythmées de la langue*. Cette méthode consiste à serrer la langue du noyé, à l'aide de pinces assez larges pour ne pas la blesser. On la tire alors en avant, puis on la laisse retourner lentement et on recommence ainsi d'une manière régulière, pendant dix, vingt, trente minutes, et même plus, s'il en est besoin. Souvent des personnes ont été rendues à la vie, après avoir passé plusieurs heures sous l'eau. Il ne faut jamais désespérer tant qu'il n'y a pas commencement de décomposition. Quand l'asphyxié fait quelques mouvements, vous le placez dans un lit bien chaud.

Strangulation (*pendus*). — Coupez au plus vite les

liens qui entourent le cou de l'asphyxié, sans vous croire obligée d'attendre les représentants de la justice; puis débarrassez-le des vêtements qui pourraient gêner la respiration ; frictionnez-le vivement sur le dos et les jambes, avec du vinaigre ou de l'eau-de-vie ; tenez la tête et la poitrine plus élevées que le reste du corps ; pratiquez, afin de rétablir la respiration, ce qui a été conseillé précédemment pour les noyés.

Congélation (*gelés*). — Vous évitez avec soin de mettre le malade dans un milieu chaud : vous le frictionnez fortement, pendant dix minutes, avec de l'eau froide d'abord, puis moins froide, puis un peu tiède, pendant le même temps. Quand il revient à lui, vous pouvez lui offrir une infusion de menthe, de tilleul ou de café chaud très léger.

Pour les asphyxiés par les gaz ou les vapeurs de charbon, il faut ouvrir de suite les appartements, placer le malade au grand air, et agir comme il a été dit plus haut, pour rétablir la respiration.

Accidents divers.

Les coups de soleil demandent des compresses d'eau sédative, des bains de pieds sinapisés, des tisanes rafraîchissantes.

Les brulures sont l'ensemble des lésions produites, sur le corps, par l'action du feu, ou par ce que l'on nomme les *caustiques,* tels que le vitriol, etc.

Les unes produisent seulement une rougeur de la peau. La douleur se calme par l'alcool, l'éther ou plus simplement l'eau froide, employée en bains, en irrigation continue, en compresses. L'eau blanche, le vinaigre, l'encre, le cérat, l'huile obtiennent encore de bons résultats.

Les autres forment des ampoules, que vous percez pour les vider, et vous réappliquez ensuite l'épiderme sur la peau. Vous empêcherez le contact de l'air, qui occasionne toujours une douleur assez vive, avec la gelée de pommes, de groseilles, la râpure de pommes de terre, une bonne couche de ouate.

Les troisièmes détruisent la peau et les tissus qu'elle recouvre. L'inflammation est adoucie par l'application de corps frais, de gelées de fruits, qui les préservent en même temps du contact de l'air. Le docteur indiquera les autres remèdes.

LA SYNCOPE est la suspension subite et momentanée des mouvements du cœur, avec interruption de la respiration, des sensations et des mouvements volontaires. Voici sur ce sujet les conseils donnés par le dictionnaire de médecine:

« Lorsqu'on est appelé auprès d'une personne tombée en syncope, le premier soin doit être de lui placer la tête de niveau avec le tronc, ou même sur un plan inférieur à celui où le corps repose. Cela suffit souvent pour que la connaissance revienne. Si ce n'est pas suffisant, il faut élever les jambes et les bras pour faire refluer vers le cœur, et de là vers le cerveau, les petites quantités de sang qui peuvent s'y trouver. On emploie en même temps les excitants extérieurs de la peau et des sens, les frictions, les aspersions avec l'eau froide vinaigrée, l'inspiration de l'éther ou des eaux spiritueuses.

Corps étrangers.

1° DANS LA GORGE : (morceau de pain, os, arêtes de poisson). Ils se retirent, s'il est possible, avec les doigts ou avec des pinces. On peut encore essayer de faire vomir, en touchant la luette avec les barbes d'une plume. S'il n'y a point d'inconvénients à ce que l'objet descende dans l'estomac, par exemple, s'il s'agit de pain, vous donnerez à boire au patient ou vous pousserez l'objet avec une tige de poireau, etc. Quelquefois, lorsque ce corps n'est pas beaucoup engagé, une forte secousse, un coup de poing entre les épaules suffit pour le faire rejeter.

2° DANS L'ŒIL : (grains de sable, petites mouches, etc). Vous écartez les paupières et passez un peu de papier bien roulé et mouillé de salive ou d'eau, pour entraîner plus facilement le corps étranger.

3° DANS LES OREILLES. — Les insectes sont expulsés par de fortes injections d'eau ou d'un liquide huileux, seringué à plusieurs reprises dans les oreilles.

Les corps durs ou mous sont enlevés avec le cure-oreille ou avec un petit crochet. L'attention et la prudence sont requises pour ne pas endommager le sens si fragile de l'ouïe, ou crever la membrane du tympan.

TROISIÈME PARTIE

LES REMÈDES

Nous comprendrons, sous ce titre, tous les médicaments à donner aux malades, tous les soins à lui prodiguer, afin de le soulager ou de le guérir. Nous traiterons successivement : 1° de l'hygiène du malade ; 2° des médicaments ; 3° des pansements et des diverses opérations à faire par la garde-malade.

CHAPITRE PREMIER

HYGIÈNE DU MALADE

La chambre du malade.

Lorsque vous arrivez auprès de votre malade, vous vous empressez de lui procurer les soins les plus urgents. Ensuite, une de vos premières occupations, surtout si vous êtes entrée dans la maison d'un pauvre, sera de faire régner l'ordre et la propreté dans la chambre, sans laisser croire cependant que tout y était mal avant vous. C'est une sage précaution d'hygiène : la malpropreté entretient et développe les miasmes ou microbes. De plus le malade se plaît à voir tout bien rangé : il lui semble qu'il en est mieux. Ce sera enfin le moyen de retrouver plus facilement ce dont vous aurez besoin.

La chambre doit être bien aérée. Un air pur est la moitié de la santé : un air vicié engendre des maladies. Il sera nécessaire d'ouvrir de temps en temps les fenêtres, surtout le matin et le soir, mais jamais la nuit. Pour éviter que le malade se refroidisse, vous le couvrirez auparavant, vous tirerez les rideaux sur son lit afin de le préserver ; au besoin vous placerez un rideau ou un drap devant la fenêtre. Il est facile de connaître quand l'air a besoin d'être renouvelé. Il vous suffira de sortir un instant et de revenir à la chambre du malade. Si l'air est vicié, vous vous en apercevrez de suite à l'odeur.

Tout ce qui sert au malade sera soigneusement nettoyé : verres, cuillers, tasses, vases de nuit, etc. Si le médecin désire visiter les évacuations du malade, vous couvrirez le vase et le placerez dans un endroit retiré, autant que possible en dehors de la chambre.

Un moyen simple de désinfecter l'appartement sera de faire brûler un morceau de sucre, entre les extrémités des pincettes rougies au feu ; de jeter un peu de vinaigre ou de goudron sur des charbons ou sur une pelle bien chauffée ; de brûler quelques chiffes de toile, etc.

Il sera bon de ne laisser dans la chambre que les objets utiles. Les vases ou pots de fleurs peuvent nuire par leur odeur.

Il serait à désirer que le malade demeurât toujours dans un appartement où se trouve une cheminée. Celle-ci établit un courant d'air. L'air échauffé de la chambre tend à monter, et l'air frais et pur du dehors s'empresse de le remplacer. Pour obtenir ce résultat, vous aurez soin de ne pas laisser le devant de cheminée et de lever le rideau de tôle, s'il est abaissé.

Lorsque plusieurs appartements se touchent, il est préférable d'ouvrir les fenêtres de la pièce voisine, en même temps que la porte qui communique avec la chambre de votre malade. De cette sorte l'air tombera moins directement sur lui.

Vous balayerez avec précaution afin de soulever le moins de poussière possible. Si vous pouviez remplacer le balai par des linges humides ou des éponges, ce serait préférable. Les objets de la chambre, chaises, meubles, etc., seront aussi nettoyés et essuyés.

La température sera modérée, ni trop élevée ni trop froide. Le chauffage le plus sain est celui de la cheminée. Les poêles donnent une chaleur plus forte, qu'il faut éviter de laisser monter trop haut. Il est utile de placer dessus un vase rempli d'eau, afin que l'air de la chambre ne soit pas trop desséché, ce qui serait malsain.

Une lumière vive gêne souvent le malade. Il préfère ordinairement une demi-lumière. Sauf avis contraire du médecin, vous obtempérerez à son désir.

Le lit.

Le lit du malade sera, autant que possible, placé de façon à ce que vous puissiez circuler tout autour. Vos soins seront ainsi rendus plus faciles. Le lit le plus hygiénique se compose d'un sommier élastique et d'un ou deux matelas. La paillasse est inférieure au sommier. Les lits de plume sont regardés comme mauvais pour la santé. Le traversin, les oreillers seront assez durs : il ne faut pas à la tête trop de chaleur. Les draps un peu usés sont préférables. Disons en passant que celui du dessous doit être bien tiré et ne faire *aucun pli* : c'est un moyen de prévenir la formation des escarres.

En faisant le lit, vous aurez égard au genre de la maladie et aux habitudes du malade. Tel veut avoir la tête plus ou moins élevée, le lit plus ou moins plat, plus ou moins en pente : n'y changez rien, si la maladie le permet.

Il est bon toujours, et nécessaire parfois, de *garnir* le lit du malade, c'est-à-dire de placer sous le siège ou sous le membre blessé, un drap plié en six ou huit, que vous pourrez enlever sans toucher au reste.

Les médecins trouvent mauvais les rideaux aux lits : ils les appellent « des réservoirs à poussière et à germes infectieux. »

Rien ne soulage, ne rafraichit, ne repose autant le malade que de faire son lit et de changer ses draps. Vous lui procurerez cette satisfaction, aussi fréquemment que sa situation et ses forces vous le permettront. S'il ne peut facilement se tenir assis, vous le poserez ou le ferez glisser doucement sur un autre lit approché du sien. S'il y a deux matelas, vous le prendrez sur le matelas, avec l'aide de quelqu'un et le placerez à terre. Le lit fait et chauffé suffisamment (mais non trop, ce qui serait mauvais,) avec une bassinoire, un chauffe-pieds, ou mieux avec des bouteilles d'eau chaude, vous reprenez le malade et le remettez sans secousse dans son lit. Il y a cependant certaines maladies, comme la fluxion de poitrine, où il serait dangereux de faire le lit, avant l'autorisation du médecin.

Il est imprudent de remuer un malade qui se trouve très mal ; évitez même, s'il est possible, qu'il se dresse ou qu'il se tienne assis.

— 119 —

Quelquefois, il sera utile de fixer solidement au plancher, au-dessus du lit et vers le milieu, une

Fig. 27.

corde, tenant à son extrémité inférieure un bois arrondi, placé horizontalement et soigneusement garni de linge : le malade s'en aidera pour se soulever plus facilement. (V. fig. 27.) Certains préfèrent une corde

Fig. 28.

attachée au pied du lit et garnie d'une poignée de

ouate recouverte par un linge. Les personnes atteintes d'une maladie de cœur s'en trouvent mieux, parce qu'elles n'ont pas besoin de lever les bras. (V. fig. 28.)

Afin d'empêcher les malades en délire de tomber, il suffira d'introduire, de chaque côté du lit, entre le rebord et le matelas, une planche suffisamment longue et large.

En cas de fracture, et quand le malade ne peut rien supporter sur une partie de son corps, vous placez en-dessous des draps, à l'endroit où vous voulez éviter qu'ils touchent le corps, deux ou trois demi-cer-

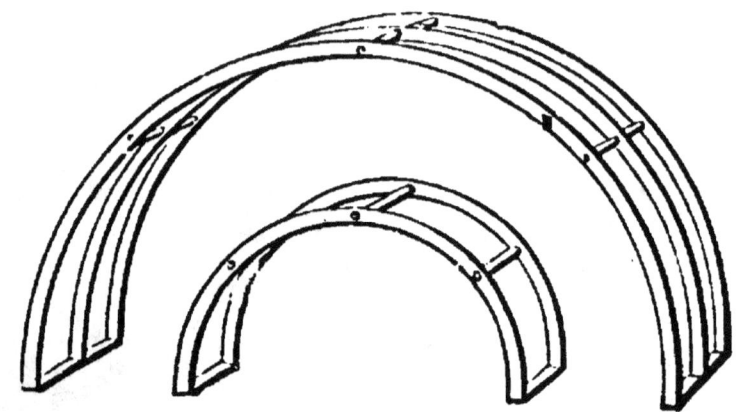

Fig. 29.

ceaux ou branches recourbées pour les tenir soulevés. (V. fig. 29.)

Le linge.

Le linge des malades sera toujours très propre et très sec. C'est une erreur de croire que le linge de lessive est contraire à la santé. Avant de le passer, vous le chaufferez plus ou moins, selon la saison et selon la chaleur du malade.

Pendant le changement de linge, mettez le malade à l'abri des courants d'air et opérez le plus promptement possible, afin d'empêcher un refroidissement. Il sera bon, à cet effet, d'avoir sous la main ce qui est nécessaire : linge et serviettes chauffés, eau tiède, poudre d'amidon, s'il en est besoin, éponge, etc. Changer le malade semble une opération bien simple, elle est cependant d'une grande importance et demande une certaine habitude. Il nous paraît utile de donner en détail ce que nous ont appris des personnes expérimentées. Quand le malade est en sueur, la garde lui passe, sans le découvrir, des linges secs et chauds sur le dos et la poitrine ; elle les fait revenir sur les côtés, afin de l'envelopper le plus possible. Ensuite elle le dresse ou le prie de se dresser un peu lui-même, s'il en est capable et, sans soulever les couvertures, elle remonte chemise et flanelle en ayant soin, si le bas est malpropre, de les rouler; fait passer le tout par-dessus la tête du patient, un peu incliné en avant, et dégage ensuite les bras. Puis, sans désemparer, elle remet le linge blanc en commençant par les manches, elle passe le reste, partie par partie, au-dessus de la tête du malade et évite de laisser des plis qui pourraient le blesser. Lorsque celui-ci n'est pas en sueur, il n'est pas nécessaire de le couvrir de linges chauds avant de le changer, sauf le cas où un refroidissement serait à craindre.

Le malade.

La toilette du malade, plus ou moins complète, selon que le permet son état, doit se faire chaque jour. Les mains, la figure seront lavées avec de l'eau tiède.

Le bruit fatigue le malade. Vous l'éviterez et le ferez éviter autour de lui. Vous ne laisserez pas entrer, ou vous trouverez le moyen de congédier promptement ceux dont les conversations pourraient le fatiguer.

Parlez suffisamment haut pour être entendue; autrement le malade s'impatienterait. Ne parlez pas trop haut, dans la crainte de le gêner.

Si vous ouvrez ou fermez une porte, accompagnez-la avec la main, jusqu'à ce qu'elle soit rendue à place, de peur qu'elle ne heurte trop fortement et avec fracas, ce qui surexcite le malade. Évitez de causer du bruit avec les objets dont vous vous servez; le mieux est de poser à terre la pelle à feu et les pincettes, dans la crainte qu'elles ne glissent et tombent. Ayez la main douce et forte pour ne point blesser le malade en le touchant, sans toutefois paraître embarrassée ou hésitante.

Aidez-le avec bonté chaque fois qu'il aura besoin; hâtez-vous de lui donner ce qui lui est nécessaire; prévenez même ses désirs. L'habitude vous les fera souvent connaître aux seuls traits de son visage.

Les mains du malade sont mal assurées. Vous ne lui donnerez point à boire, sans passer votre bras gauche sous l'oreiller pour lui relever la tête, pendant que votre main droite soutiendra la tasse. Vous irez le chaufferez plus ou moins, selon la saison et selon la chaleur du malade.

Pendant le changement de linge, mettez le malade à l'abri des courants d'air et opérez le plus promptement possible, afin d'empêcher un refroidissement. Il sera bon, à cet effet, d'avoir sous la main ce qui est nécessaire : linge et serviettes chauffés, eau tiède, poudre d'amidon, s'il en est besoin, éponge, etc. Changer le malade semble une opération bien simple, elle est cependant d'une grande importance et demande une certaine habitude. Il nous paraît utile de donner en détail ce que nous ont appris des personnes expérimentées. Quand le malade est en sueur, la garde lui passe, sans le découvrir, des linges secs et chauds sur le dos et la poitrine ; elle les fait revenir sur les côtés, afin de l'envelopper le plus possible. Ensuite elle le dresse ou le prie de se dresser un peu lui-même, s'il en est capable et, sans soulever les couvertures, elle remonte chemise et flanelle en ayant soin, si le bas est malpropre, de les rouler; fait passer le tout par-dessus la tête du patient, un peu incliné en avant, et dégage ensuite les bras. Puis, sans désemparer, elle remet le linge blanc en commençant par les manches, elle passe le reste, partie par partie, au-dessus de la tête du malade et évite de laisser des plis qui pourraient le blesser. Lorsque celui-ci n'est pas en sueur, il n'est pas nécessaire de le couvrir de linges chauds avant de le changer, sauf le cas où un refroidissement serait à craindre.

Le malade.

La toilette du malade, plus ou moins complète, selon que le permet son état, doit se faire chaque jour. Les mains, la figure seront lavées avec de l'eau tiède.

Le bruit fatigue le malade. Vous l'éviterez et le ferez éviter autour de lui. Vous ne laisserez pas entrer, ou vous trouverez le moyen de congédier promptement ceux dont les conversations pourraient le fatiguer.

Parlez suffisamment haut pour être entendue; autrement le malade s'impatienterait. Ne parlez pas trop haut, dans la crainte de le gêner.

Si vous ouvrez ou fermez une porte, accompagnez-la avec la main, jusqu'à ce qu'elle soit rendue à place, de peur qu'elle ne heurte trop fortement et avec fracas, ce qui surexcite le malade. Évitez de causer du bruit avec les objets dont vous vous servez; le mieux est de poser à terre la pelle à feu et les pincettes, dans la crainte qu'elles ne glissent et tombent. Ayez la main douce et forte pour ne point blesser le malade en le touchant, sans toutefois paraître embarrassée ou hésitante.

Aidez-le avec bonté chaque fois qu'il aura besoin; hâtez-vous de lui donner ce qui lui est nécessaire; prévenez même ses désirs. L'habitude vous les fera souvent connaître aux seuls traits de son visage.

Les mains du malade sont mal assurées. Vous ne lui donnerez point à boire, sans passer votre bras gauche sous l'oreiller pour lui relever la tête, pendant que votre main droite soutiendra la tasse. Vous irez doucement et vous l'engagerez à ne prendre que peu à la fois.

Malgré votre bonté, vous ne vous laisserez pas arrêter par les plaintes de certains malades, qui crient avant qu'on les touche et se refusent à prendre les remèdes indiqués. Encouragez-les, mais ne cédez point. Certaines petites ruses sont bien permises alors pour faire accepter les potions refusées d'abord.

CHAPITRE II
Médicaments.

NOTIONS GÉNÉRALES

1° Abréviations.

Voici les principales abréviations, usitées dans les prescriptions des médicaments et les formules des médecins.

a, ad, ana, placé à côté d'une accolade qui embrasse l'indication de plusieurs substances,	signifie :	de chacune de ces substances *ou* quantité égale de chaque substance.
ac.	signifie :	acide.
ad l.	id.	ajoutez.
b. a.	id.	bain de sable.
b. m.	id.	bain-marie.
b. v.	id.	bain de vapeur.
centigr.	id.	centigramme.
cochléat.	id.	par cuillerées.
coll.	id.	collyre.
com.	id.	comme.

conserv.	signifie :	conservation.
c.	id.	contre.
crist.	id.	cristaux.
cristal.	id.	cristallisé.
cyat.	id.	tasse ou verre.
déc. ou décoct.	id.	décoction.
empl.	id.	emplâtre.
ess.	id.	essence.
extr.	id.	extrait.
f.	id.	faites.
falsif.	id.	falsification.
garg.	id.	gargarisme.
gut. ou gt. ou gout.	id.	goutte.
gram. ou gr.	id.	gramme.
gran.	id.	granule.
inf.	id.	faites infuser.
inflam.	id.	inflammation.
injcct.	id.	injection.
lav.	id.	lavement.
m.	id.	mêlez.
m. ad.	id.	mode d'administrer le remède.
milligr.	id.	milligramme.
n.	id.	nombre.
N° 1. — N° 2	exprime:	le nombre (jaunes d'œufs n° 2 signifie deux jaunes d'œufs).
observ.	signifie :	observation.
p.	id.	pour.
p. ae ou p. é.	id.	parties égales.
pil.	id.	pilules.
pom.	id.	pommade.
pot.	id.	potion.
poud.	id.	poudre.

pug.	signifie :	pincée.
pulv.	id.	poudre *ou* pulvérisé.
Q. p.	id.	à volonté.
Q. s.	id.	quantité suffisante.
℞. ou R. ou P. au commencement d'une formule	id.	prenez.
T. au bas d'une formule.	id.	que le pharmacien doit transcrire au bas de l'étiquette du médicament la manière de l'administrer.
teint.	id.	teinture.
trait.	id.	traitement.
V.	id.	voyez.
=	id.	égal à.

2° Poids et Mesures.

Le litre	équivaut à	1 kilog.
Le demi-litre	id.	500 grammes.
Le verre ordinaire	id.	8 cuillerées ou 120 gr. (1)
La cuiller à bouche	id.	15 grammes.
La cuiller à dessert	id.	10 grammes.

La cuiller à café équivaut à peu près à 5 grammes.

Le nouveau *Codex* supprime l'évaluation de la *pincée* et de la *poignée*.

Voici une méthode simple d'improviser des balan-

(1) *Évaluation du Codex* (dernière édition, 1884).

— 128 —

ces, pour peser les médicaments d'une manière assez exacte, dans le cas où vous ne pourriez vous en procurer, dans la maison où vous êtes en garde.

Vous attachez au milieu d'une baguette ou bâtonnet de 20 à 30 centimètres de longueur un cordon ou fil. A chaque bout, vous adaptez trois fils ou cordons soutenant, à trois endroits différents, un petit plateau de papier ou de carton, de façon à ce que chaque plateau demeure à hauteur égale. (V. fig. 30.)

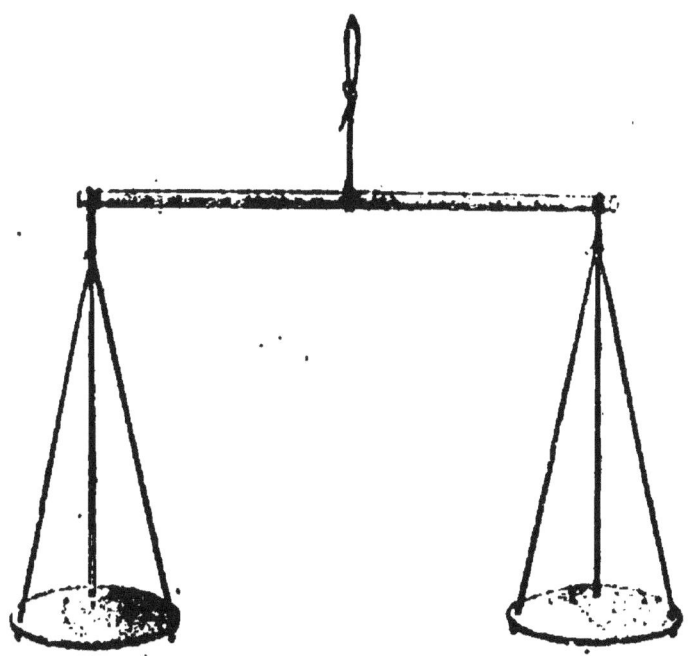

Fig. 30. — Balances.

En guise de poids, vous pourrez vous servir de pièces de monnaie, vous rappelant que :

1 centime	pèse :	1 gramme.	
5 centimes	id.	5 grammes.	Monnaie de Cuivre.
10 centimes	id.	10 grammes.	

0 fr. 50	pèse :	2 grammes 1/2.	⎫
1 franc	id.	5 grammes.	⎬ Monnaie d'Argent.
5 francs	id.	25 grammes.	⎭

3° Doses.

Les doses des médicaments varient, selon l'âge et le tempérament des individus. Il est bon cependant de donner un aperçu de ce qui peut être fait.

de 15 à 60 ans : dose entière.
de 10 à 15 ans : 1/2 dose.
de 5 à 10 ans : 1/4 de dose.
de 2 à 5 ans : 1/8 de dose.

4° Étiquettes.

Avant de donner un remède, examinez toujours l'étiquette de la bouteille ou du flacon qui le renferme. Sans cette précaution, vous vous exposeriez à commettre une erreur, dont les conséquences pourraient être très graves.

Tout médicament pour l'usage externe, délivré par un pharmacien, doit porter une étiquette rouge.

DIVISION DES MÉDICAMENTS

Les médicaments sont divisés :

SELON LEUR USAGE : 1° En *externes*, s'ils doivent être appliqués extérieurement, sur le corps. Ceux d'entre eux qui sont destinés à une partie très limitée du corps, (cataplasmes, emplâtres, etc.), sont désignés sous le nom de *topiques.*

2° En *internes,* s'ils doivent être pris en potions, en pilules, etc.

Selon leurs effets : 1° En *émollients,* dont la propriété est de relâcher, détendre, ramollir les parties enflammées. En voici quelques-uns : la bourrache, le chiendent, la laitue, la mauve, la guimauve, le lin, le son, l'orge, la carotte, le navet, la réglisse, la violette, le miel, la gomme, le lait, les limaçons, etc.

2° En *pectoraux,* employés à combattre les affections des poumons : le capillaire, la guimauve, la mauve, la réglisse, la violette, le goudron, les bourgeons de sapin, etc.

3° En *calmants,* dont le but est de faire cesser les douleurs, de diminuer l'irritation, l'inflammation : opium et laudanum, pavot, camphre, éther, digitale, laurier-cerise, chloroforme, tilleul, fleurs d'oranger, etc.

4° En *astringents,* dont la propriété est de resserrer les tissus : la ronce, le fraisier, le hêtre, le noyer, le bluet, le plantin, le sorbier, le riz (en décoction), etc.

5° En *laxatifs* ou *purgatifs,* destinés à l'évacuation des matières nuisibles, qui encombrent l'appareil digestif : l'aloès, la chicorée, le miel, les pruneaux, les poireaux, la rhubarbe, le séné, les huiles grasses, le petit-lait, les épinards, etc.

6° En *toniques.* Ils ont pour effet de ranimer, de rétablir les forces diminuées ou disparues : le café, les glands de chêne, le quinquina, l'écorce d'orange, le houblon, la racine de gentiane, l'armoise, le millefeuille, le noyer, le thym, la saponaire, la sauge, les différents ferrugineux, etc.

7° En *stimulants* ou *excitants*, qui augmentent rapidement l'énergie des fonctions, mais dont l'action est généralement de courte durée : le cresson, la menthe, le romarin, l'absinthe, le poivre, le safran, la cannelle, l'ail, l'alcool, etc.

8° En *rafraîchissants*. Le nom indique leur propriété : les framboises, les groseilles, les mûres, les oranges, l'oseille, les pommes, les cerises, le citron, etc.

9° En *diurétiques*, destinés à faire uriner : l'ache, l'asperge, la sauge, la bourrache, les queues de cerises, le genêt, le genièvre, le persil, la reine-des-prés, le pissenlit, la pervenche, l'écorce de sureau, la pariétaire, etc.

10° En *sudorifiques*, employés pour provoquer la sueur, faire transpirer : la bourrache, l'angélique, le coquelicot, la douce-amère, le noyer, le sureau, etc.

PRÉPARATIONS LES PLUS ORDINAIRES DES MÉDICAMENTS

MACÉRATION. — Elle consiste à laisser une substance tremper à froid, plus ou moins longtemps, dans un liquide, eau, alcool, etc., afin que ce liquide en absorbe les parties solubles. Cette opération se pratique surtout pour les racines, les écorces. Il est bon d'écraser, de couper ou de casser en très petits morceaux les substances à macérer. La macération demande souvent 24 heures au moins.

Solution. — Elle consiste à faire fondre, à froid ou à chaud, une substance solide dans un liquide, lequel est souvent de l'eau. La plupart des sels se font ainsi dissoudre.

Infusion. — Elle consiste à verser un liquide bouillant sur une substance, dont on veut extraire ce qu'elle renferme d'utile, et à laisser refroidir. Quelquefois l'infusion se fait en jetant la substance dans l'eau bouillante : on retire aussitôt le vase du feu et on le couvre bien. Dans l'un et l'autre cas, l'opération est terminée, lorsque la température du liquide permet qu'on le boive. C'est la préparation la plus employée : la plupart des tisanes se font par infusion.

Pour certains remèdes, on prolonge l'infusion, qui doit durer cependant tout au plus une demi-heure. Cette opération se nomme en pharmacie, *digestion*.

Décoction. — Elle consiste à faire bouillir dans un liquide, (l'eau généralement,) des plantes, des graines, des fruits ou autres substances médicinales, dont on veut retirer les matières qui peuvent se dissoudre. Les racines, les têtes de pavots, les écorces et toutes les plantes sèches et dures demandent de 25 à 30 minutes d'ébullition. Pour les fleurs et les feuilles, 10 à 15 minutes suffisent.

RÉCOLTE ET CONSERVATION DES PLANTES

1° Voici quelques conseils sur la manière et le temps de récolter les plantes médicinales et de les conserver.

Les *racines* s'arrachent à l'automne. Elles se lavent et se sèchent, par petits paquets, dans un appartement sec et bien aéré. Si elles sont grosses, elles se divisent dans le sens de la longueur.

Le *bois* se coupe généralement après la chute des feuilles.

Les *écorces* résineuses se ramassent au printemps, en pleine sève. Les autres, en automne.

Les *feuilles* se récoltent, quand elles sont dans toute leur vigueur; non quand elles commencent à s'ouvrir, ni au moment de leur chute.

Les *fleurs* se cueillent d'ordinaire lorsqu'elles sont entièrement épanouies.

Les feuilles et les fleurs s'enlèvent de préférence le matin, par un temps sec, après que la rosée est dissipée.

Elles se sèchent à l'ombre, dans un endroit très sec et suffisamment chaud pour que la dessication ne s'opère pas trop lentement. De temps en temps, il faut les remuer.

Le meilleur moyen de conserver les fleurs est de les renfermer, lorsqu'elles sont sèches, dans un bocal de verre, ou, à défaut de bocal, dans des sacs de papier, à l'abri de l'humidité.

Il est bon d'étiqueter tout ce que l'on conserve,

afin de ne pas commettre d'erreur au moment de s'en servir.

2° Pour aider la mémoire et empêcher les oublis, nous placerons sous les yeux de la garde-malade un

Petit Calendrier des Plantes a cueillir

Janvier. — Récolte nulle.

Février. — Récolte nulle.

Mars. — Pousses de ronces, primevères à fleurs jaunes *ou* coucous, fleurs de violettes, bourgeons de peuplier.

Avril. — Petites pâquerettes, fleurs d'ortie blanche, chélidoine *ou* grande éclaire, consoude *ou* oreilles-d'âne, bourgeons de sapin.

Mai. — Lierre terrestre *ou* herbe de Saint-Jean, cresson, ciguë, fleurs de muguet, fleurs de pensées sauvages.

Juin. — Millepertuis *ou* herbe aux piqûres, fleurs du lis blanc des jardins, fleurs de la rose rouge des jardins, verveine, armoise, ache, capillaire; feuilles de bourrache, de digitale, de fumeterre, de fenouil, de guimauve, de mauve, de laurier-cerise, de saponaire, de pissenlit; fleurs de coquelicot, de camomille, de genêt, de tilleul, de sureau, de bourrache.

Juillet. — Fleurs de bouillon-blanc *ou* molène, d'absinthe, de centaurée, de menthe; thym, sauge, romarin; feuilles de cassis; fleurs de bluets, de lavande, d'œillets.

Août. — Têtes de pavots; feuilles de noyer; fleurs d'althæa, de reine-des-prés; houblon.

Septembre. — Douce-amère, fougère mâle ; racines d'angélique, de chiendent, de chicorée, de guimauve, d'asperge.

Octobre. — Racines de fraisier ; rhubarbe ; genièvre ; feuilles de chêne.

Novembre. — Récolte nulle.

Décembre. — Récolte nulle.

LÉGISLATION

Sous ce titre, nous rappellerons brièvement à la garde-malade les devoirs imposés par la loi, et les peines édictées dans le cas où elle les oublierait.

1° Toute personne qui, sans avoir reçu de diplôme, exerce la médecine ou la chirurgie, sera poursuivie et condamnée à une amende pécuniaire par les tribunaux correctionnels.

2° Pour constituer le délit d'exercice illégal de chirurgie, il n'est pas nécessaire qu'il y ait d'exercice habituel : une seule opération chirurgicale suffit.

3° S'il résulte de l'exercice illégal de la médecine un préjudice, la personne, qui a exercé illégalement, doit en être responsable. Elle peut être condamnée, indépendamment du fait d'exercice illégal de la médecine, d'une part, à des dommages-intérêts envers la victime de ses soins et, d'autre part, aux peines portées par le code pénal, prison, etc.

4° Tout débit au poids médicinal (1) de drogues,

---

(1) C'est-à-dire au poids et aux doses auxquels les remèdes doivent être employés pour les malades.

de préparations médicamenteuses est sévèrement interdit. Est également interdite, à ceux qui ne sont pas reçus pharmaciens, la vente des remèdes magistraux (remèdes préparés sur le champ, par opposition aux remèdes qui se trouvent tout composés dans les pharmacies).

5° La garde-malade, comme toutes autres personnes, peut aider de ses conseils les malades qu'elle soigne ou qu'elle visite, toutes les fois qu'il ne s'agira d'aucun accident qui puisse intéresser la santé publique, et pourvu qu'elle ne se permette ni de signer des recettes, ni de rédiger des consultations.

Dictionnaire des principales substances employées comme remèdes et des expressions le plus en usage en Médecine et en Pharmacie.

Absinthe *(feuilles et sommités fleuries).* — Tonique, vermifuge et fébrifuge. — (*Tisane* : 5 grammes par litre. Laissez infuser pendant une demi-heure. Elle se prend froide, par tasse.) (*Vin* : un petit verre au dessert.)

Absorbants. — Remèdes employés à l'intérieur pour absorber les gaz développés dans les intestins (charbon végétal, etc.). A l'extérieur, pour enlever à la peau l'humeur qui suinte (amadou, amidon en poudre, etc.).

Acidules. — Médicaments à saveur modérément aigre et agréable. — Ils servent pour étancher la soif et rafraîchir (vinaigre, citron, orange).

Acide carbonique. — Est employé pour les boissons gazeuses (eau de Seltz, etc.).

Acide nitrique. — Connu communément sous le nom d'*eau-forte,* est un puissant caustique.

Acide phénique. — Antiputride et désinfectant. A l'état pur, il est cristallisé.

ACIDE PHÉNIQUE LIQUIDE. — (9 grammes d'acide phénique cristallisé dissous dans un gramme d'alcool). Il sert pour cautériser les piqûres et les morsures venimeuses.

Eau phéniquée. — Désinfectant à l'usage externe, sert fréquemment pour les plaies. Il est employé dans les proportions suivantes : de 5 à 10 grammes d'acide phénique sont dissous dans 60 à 80 grammes d'alcool et mélangés à un litre d'eau distillée ou bouillie. Vous mettrez plus ou moins d'acide phénique selon que la plaie peut en supporter plus ou moins.

Les Boissons phéniquées se prennent dans les temps d'épidémie (eau bouillie, un litre ; acide phénique, un gramme ; sucre à volonté ; un peu de rhum ou de cognac). On en boit un verre ou deux à chaque repas. Il faut avoir soin de faire d'abord dissoudre l'acide phénique dans le rhum, l'alcool ou la glycérine avant de le mélanger avec l'eau. L'acide phénique non dissous détermine des brûlures.

Pommade phéniquée, contre les engelures, les dartres, etc. (axonge 30 grammes; acide phénique, un gramme).

ACIDE SULFURIQUE (*vitriol ou huile de vitriol*). — Est un caustique liquide très puissant.

ACIDE TARTRIQUE (*cristallisé*). — Sert à préparer des boissons rafraichissantes très agréables au goût (2 à 4 grammes par litre ; sucre q. v.).

AFFUSION. — Action de se verser de l'eau sur le corps, le plus souvent sur la tête, d'une certaine hauteur et pendant quelques minutes seulement.

Agglutinatifs. — Sont de petites bandelettes destinées à tenir rapprochés les bords d'une plaie et à maintenir en place les pansements (diachylon, taffetas anglais).

Ail. — Est stimulant et vermifuge.

Albumine. — Matière qui forme la masse du blanc d'œuf. (*Eau albumineuse* : 4 blancs d'œufs par litre d'eau).

Alcali volatil (*ammoniaque liquide*). — Caustique employé à l'*extérieur* contre les piqûres d'insectes ou d'animaux venimeux ; à l'*intérieur* (10, 15 à 20 gouttes dans un verre d'eau) contre l'ivresse.

Alcool. — A défaut d'eau phéniquée ou boriquée, il est employé avantageusement dans le lavage des plaies, etc.

Alcool camphré. — (140 grammes de camphre par litre d'alcool), s'emploie à l'extérieur en lotions et frictions contre les entorses, les rhumatismes et les névralgies, etc.

Aloès. — Est tonique, stomachique ou purgatif, selon la dose, et excite l'appétit.

L'élixir de longue vie a pour base l'aloès.

Altérants. — Sont destinés à purifier le sang (le mercure, l'iode, l'arsenic, etc.).

Alun. — Est très employé en *poudre* dans les angines.

Amadou. — Sert pour arrêter le sang des piqûres de sangsues, des coupures, de la rupture d'une veine varice. On prend un tout petit morceau d'amadou qu'on introduit dans l'ouverture par où coule le sang, puis on fait trois rondelles d'amadou de trois grandeurs différentes. La plus petite s'applique la première, la plus grande se place en dessus : on bande ensuite assez fortement. S'il s'agit d'une veine varice, on bande depuis le pied jusqu'au genou.

AMERS. — Sont des remèdes qui agissent comme toniques, fébrifuges, etc. (absinthe, centaurée, saule, quinquina, colombo, etc.).

AMIDON. — Fécule du blé extraite d'une manière spéciale. Il est très employé comme absorbant pour saupoudrer les parties irritées, suintantes de la peau.

ANALEPTIQUES. — Substances propres à rétablir les forces (gelée, fécule, bouillon).

ANESTHÉSIQUES. — Substances qui abolissent la sensibilité générale ou celle d'une partie du corps seulement (éther, chloroforme, etc.).

ANGÉLIQUE. — Excitant, stomachique. — *Tisane :* une pincée de semences par tasse d'eau bouillante. Elle se prend après le repas.

ANTIAPOPLECTIQUES. — On nomme ainsi certains excitants du système nerveux, qui ont la vertu de ranimer les forces vitales (eau de mélisse, arnica).

ANTIDARTREUX. — Est le nom des remèdes contre les dartres (soufre, etc.).

ANTIDÉPERDITEURS. — Substances dont la propriété est de conserver les forces et l'embonpoint (café, etc.).

Antiphlogistiques. — Remèdes destinés à combattre les inflammations.

Antidote. — Contre-poison.

Antipyrine. — Est utile contre la douleur en général et plus particulièrement contre la migraine et les névralgies faciales et dentaires ; elle est très vantée pour le traitement de la fièvre typhoïde par certains médecins.

Antiscorbutiques. — Remèdes contre le scorbut (le cresson et tous les amers).

Antiscrofuleux. — Remèdes contre le scrofule (huile de foie de morue, feuilles de noyer, etc.).

Antiseptiques (*antiputrides*). — Substances destinées à prévenir ou arrêter la putréfaction.

Antispasmodiques. — Remèdes employés pour combattre les troubles du système nerveux, spasmes, convulsions, névralgies, etc. (éther, chloroforme, tilleul, feuilles d'oranger, camphre, etc.).

Apéritifs. — Remèdes destinés à exciter les excrétions (chiendent, pissenlit, etc.).

Armoise. — Les feuilles et les sommités fleuries de cette plante sont employées comme toniques, stimulants et contre les vers. (*Infusion* : 4 à 12 grammes par litre.)

Arnica (*fleurs et racines*). — Remède populaire contre les commotions, coups, blessures, chutes. (*Infusion* : 4 grammes par litre.)

Arsenic (*acide arsénieux*). — Poison très violent, se donne en potion ou en granules à la dose de 1 à 6 milligrammes. (S'en tenir strictement aux prescriptions du médecin.)

Asperges. — Sont diurétiques.

Astringents. — Remèdes internes ou externes qui resserrent les tissus (tanin, écorce de chêne, alun, etc.).

Atoniques. — Substances qui ont pour effet de diminuer l'excitabilité (opium, etc.).

Atropine. — Poison très dangereux extrait de la belladone. C'est un médicament qui ne doit être employé qu'avec les plus grandes précautions (granules de 1/2 milligramme). Le sulfate d'atropine est instillé par gouttes pour dilater la pupille de l'œil.

Aunée officinale (*racines*). — Est stomachique et expectorant. (*Vin :* un petit verre après le repas.)

Axonge. — Graisse de porc fondue et purifiée pour faire les pommades.

Balsamiques. — Substances qui tiennent de la nature des baumes ou qui possèdent leurs propriétés.

Bandelettes Agglutinatives. — (Voyez Agglutinatifs.)

Baumes. — Nom donné à des substances résineuses qui découlent de certains arbres et, par extension, à certains médicaments, qui s'emploient le plus souvent à l'extérieur et ont une odeur balsamique.

Le *Baume du Commandeur* est d'un usage fréquent pour cicatriser les plaies.

Le *Baume de Fioraventi* sert en frictions contre les douleurs rhumatismales.

Le *Baume de Tolu* est utilisé contre les rhumes et les catarrhes. — Le *Sirop de Tolu* est pris par cuillerées pour aromatiser le lait, les potions, les tisanes pectorales.

Le *Baume Tranquille* est d'un usage fréquent pour frictionner les parties douloureuses.

BÉCHIQUES. — Nom donné aux médicaments contre la toux, (fleurs de mauve, figues sèches, etc.).

BELLADONE (*plante entière*). — Très employée contre l'asthme, la coqueluche, les névralgies.

BENJOIN. — Baume en usage, sous forme de sirop, dans les catarrhes et les maladies de poitrine (2 à 4 cuillerées à bouche). Il est encore employé en *teinture* (dans les potions), en *cigarettes* contre l'aphonie.

BENOITE. — Sa racine sert en décoction ou en poudre, comme amer et fébrifuge.

BICARBONATE DE SOUDE (*Sel de Vichy*). — S'emploie avec succès dans les maladies du foie, de l'estomac, la gravelle, le rhumatisme (4 grammes dans 1 litre d'eau).

BIÈRE. — Boisson fermentée faite avec le houblon et la décoction d'orge germée.

BISMUTH. — Est pris pour absorber les gaz intestinaux. La poudre est délayée dans une quantité d'eau suffisante (1 à 4 grammes dans l'espace de 24 heures). C'est le meilleur désinfectant de l'appareil digestif.

Borax (*Borate de Soude*). — Antiseptique, très usité contre les aphthes, le muguet, etc.

Bouillon blanc. — Les fleurs en infusion sont pectorales, adoucissantes ; les feuilles servent en cataplasmes émollients, à défaut de farine de lin.

Bourrache (*feuilles et fleurs*). — Sudorifique et diurétique, est bonne dans les bronchites et les fièvres éruptives. — *Infusion* : feuilles ou fleurs, 10 grammes environ.

Brome et Bromure. — S'emploient contre les troubles nerveux. Il faut s'en servir avec précaution.

Café. — Excitant du système cérébral. Les personnes affectées de palpitations, surtout quand ces palpitations sont dues à quelque affection du cœur, doivent s'en priver.

Caféine. — Est en usage pour les injections hypodermiques (sous la peau).

Calmants. — Nom donné aux remèdes dont le but est de calmer la douleur.

Camomille (*fleurs*). — Remède stimulant, antiventeux. (*Infusion* : 2 à 4. grammes par litre.)

Camphre. — Agit comme sédatif et antiseptique. Il est surtout employé dans l'eau-de-vie ou alcool camphré et dans l'huile camphrée, pour frictions contre les douleurs.

CANNELLE (*écorce*). — Est un excitant général, recommandé pour stimuler la digestion.

CANTHARIDES ou MOUCHES CANTHARIDES. — Servent pour vésicatoires.

CAPILLAIRE (*petite fougère*). — Pousse le long des murs. Il donne une tisane expectorante.

CAPSULES. — Enveloppes destinées à recouvrir les médicaments plus ou moins désagréables à prendre.

CARMINATIFS. — Médicaments propres à expulser les gaz des intestins ou à les empêcher de s'y produire (camomille, anis, etc).

CENTAURÉE (*petite, sommités fleuries*). — Est fébrifuge et stomachique. — *Tisane :* une pincée en infusion dans une tasse d'eau bouillante. (Elle se prend après les repas.)

CÉRAT. — Est une pommade composée d'huile d'amandes douces (3 parties) et de cire blanche pure (une partie). Le tout est exposé à une douce chaleur au bain-marie, jusqu'à ce que la cire soit entièrement fondue. On laisse refroidir ensuite en agitant continuellement.

CÉRAT SOUFRÉ. — Est employé contre les dartres. (Cérat : 30 grammes ; fleur de soufre : 8 grammes.)

CHARBON VÉGÉTAL DE PEUPLIER. — Absorbe les gaz de l'estomac et de l'intestin (une à trois cuillerées de poudre de charbon après chaque repas).

CHAUX (*L'eau de*). — Est préparée en mettant 10 grammes de chaux éteinte et préalablement lavée dans un litre d'eau. Elle est utilisée contre l'ulcère de l'estomac, la gastrite, l'entérite ; elle se donne pure ou avec du lait dans la diarrhée et les vomissements chez les enfants.

CHICORÉE SAUVAGE (*racines, feuilles*). — Est amère, diurétique et laxative. — *Tisane :* feuilles sèches, 10 grammes pour 1 litre d'eau. Faites infuser pendant une demi-heure et passez.

CHIENDENT. — Est diurétique et apéritif. — *Tisane :* racine de chiendent coupée et écrasée, 20 grammes; Eau, Q. S. (environ 1 litre 1/2). Faites bouillir pendant une demi-heure.

CHLORE, CHLORURE DE CHAUX ET CHLORURE DE SOUDE. — S'emploient pour désinfecter. 50 grammes de chlorure de chaux, délayés avec un peu d'eau sur une assiette, purifient l'air d'un appartement dans une maladie contagieuse.

CHLOROFORME. — Sert surtout à endormir les malades dans les opérations. Son emploi est réservé au médecin.

CHLORURE DE SODIUM. — N'est autre que le sel marin ou sel de cuisine.

CIGUË. — Est très vénéneuse. Elle sert en cataplasmes dans les cancers et les squirres.

CITRON. — Coupez par tranches 2 citrons, dont vous enlèverez les pépins, laissez infuser pendant une heure; sucrez et passez : vous aurez ainsi la *limonade commune*.

CITROUILLE. — Les semences de citrouilles, de *courges*,

de *potirons* sont efficaces contre le ver solitaire. On en ramasse 200 graines ou pépins dont on enlève l'écorce et dont on pile l'amande avec un peu de sucre. Le remède s'administre à jeun ; une demi-heure après on prend 30 gr. d'huile de ricin.

Coca (*feuilles*). — Est tonique, diminue la sensation de la faim et soutient le voyageur durant une longue marche sans qu'il prenne de nourriture. — *Infusion :* 4 à 8 grammes par litre.

Cocaïne. — Sert principalement, à l'état de chlorhydrate dissous, en injections hypodermiques, pour produire l'insensibilité locale, tandis que le chloroforme produit l'insensibilité générale.

Cochléaria (*feuilles fraîches*). — Est antiscorbutique.

Codéine. — Est tirée de l'opium comme la morphine, mais elle a une action calmante plus douce que celle-ci. Le docteur Barbier l'a recommandée contre les douleurs d'estomac des femmes nerveuses. Elle est surtout employée à l'état de sirop pour provoquer le sommeil.

Coing. — Fruit dont on fait des confitures et un sirop qui ont du succès contre la dyssenterie.

Colchique. — Est diurétique, antigoutteuse, antirhumatismale.

Collodion. — Ce liquide, étendu sur la peau à l'aide d'un pinceau, forme une sorte de vernis adhérent et imperméable. Il est précieux pour les coupures, les brûlures, les érysipèles, pour arrêter le sang qui coule des morsures de sangsues.

Collutoire. — Est le nom donné à certaines préparations spéciales à la bouche. Il est employé ordinairement à l'aide d'un pinceau pour agir sur les gencives et le pourtour de la bouche, mais jamais dans la gorge. Le plus simple, dit *Collutoire antiseptique*, se compose de 10 grammes de sel de cuisine et de 2 grammes d'eau.

Collyre. — Est le nom général des remèdes destinés aux yeux.

Colombo. — Sa racine amère jouit de propriétés fortifiantes et apéritives.

Coloquinte. — Ce fruit est un purgatif puissant.

Concombre. — Son jus exprimé et mélangé à l'axonge forme une pommade adoucissante et cosmétique.

Consoude (*grande*). — La racine sert en décoction et en sirop dans les diarrhées. La racine fraîche grattée fait aboutir promptement les clous et les furoncles.

Coquelicot. — Ses fleurs sont émollientes et calmantes.

Tisane : une pincée par tasse d'eau bouillante (en infusion).

Cordiaux. — Substances propres à ranimer, à fortifier, à accélérer l'action du cœur (vin, quinquina, angélique, etc.).

Corne de cerf (*gelée de*). — Utile dans les maladies de l'estomac, dans la diarrhée persistante.

Craie (*carbonate de chaux*). — Est surtout employée pour les enfants, dans les diarrhées. Elle se prend en poudre, délayée dans l'eau ou enveloppée dans du pain à chanter, à la dose de 25 à 50 centigrammes.

Créosote. — Est employée surtout pour combattre et arrêter la carie des dents. Mettez-en une ou deux gouttes sur un morceau de coton que vous introduisez ensuite dans le creux de la dent, en évitant de toucher les gencives.

Cresson. — Est antiscorbutique.

Cuivre. — Les plaques de cuivre sont usitées contre les névroses, les crampes.

Datura. — Employé contre les névralgies et autres affections nerveuses. Les feuilles, roulées en cigarettes, se fument comme la belladone.

Délayants. — Remèdes liquides dont l'effet est relâchant et diurétique.

Dentifrices. — Poudres et eaux composées pour l'usage des dents. — *Poudre dentifrice* : charbon en poudre, quinquina, poudre de sucre. *àà*.

Dépuratifs. — Médicaments destinés à purifier les humeurs du corps, en particulier le sang (douce-amère, fumeterre, etc.).

Désinfectants. — Substances destinées à combattre les mauvaises odeurs.

DEXTRINE. — Produit de l'amidon, sert à confectionner les bandages inamovibles.

DIACHYLON. — Toile couverte de certaines substances résineuses. Elle sert pour tenir rapprochées les lèvres d'une coupure et pour fixer les vésicatoires.

DIACODE (*sirop de*). — Est employé efficacement pour calmer la toux.

DIÈTE. — Régime sobre imposé aux malades par le médecin.

DIGITALE. — Elle ralentit la circulation du sang, diminue et régularise les battements du cœur; en même temps, elle augmente la quantité des urines. Elle est fréquemment prescrite dans les fièvres, l'hydropisie, la pleurésie et surtout les maladies du cœur. Elle est un poison violent; son emploi doit être surveillé avec attention.

DIGITALINE. — Est le principe actif de la digitale. Elle agit d'une manière remarquable sur le cœur dont elle ralentit les mouvements. Elle ne peut être administrée qu'à des doses extrêmement fractionnées qu'il appartiendra au médecin seul de désigner.

DIURÉTIQUES. — Médicaments dont la propriété est d'augmenter la sécrétion de l'urine (pariétaire, asperge, chiendent, etc.).

DOUCE-AMÈRE. (*Tiges de l'année.*) — Sert contre la goutte et les dartres. Elle est dépurative et sudorifique. — En *décoction* : 25 grammes environ par litre d'eau.

EAU BLANCHE. — Extrait de Saturne : 20 grammes

dans un litre d'eau. Elle s'emploie pour les coups, chutes, contusions.

L'*Eau de Goulard* est de l'eau blanche à laquelle on a ajouté 80 grammes d'alcoolat vulnéraire par litre. Elle est en usage pour les plaies, les entorses, les luxations.

Eau des Jacobins. — Est un élixir antiapoplectique.

Eau de Mélisse des Carmes. — Est stomachique, stimulante, antiapoplectique, (quelques gouttes sur un morceau de sucre ou une cuillerée à café dans de l'eau sucrée).

Eaux minérales. — Est le nom général donné aux eaux de sources qui contiennent en dissolution des minéraux (eau de Vichy, de Vals, du Mont-d'Or, de Bagnoles, etc., etc.).

Élixir de Longue vie. — Est stomachique et purgatif (8 à 15 grammes).

L'Émétique. — Est un vomitif souvent employé. Il est surtout utile dans les cas qui demandent un effet complet et rapide. Les personnes atteintes de hernies, d'affections du cœur, d'anévrisme, de gastrite, ne doivent pas se faire vomir.

Épithèmes antiseptiques. — Préparations d'invention récente pour remplacer les emplâtres, sparadrap, onguents et pommades, dans les diverses affections de la peau.

Ergot de Seigle, Ergotine, Ergonitine. — L'ergot de seigle est un champignon qui vient sur les épis de seigle et même quelquefois sur le blé, l'orge et l'avoine. On l'utilise pour combattre l'incontinence d'urine, les hémorragies.

ESSENCES. — Sont des liquides volatils, obtenus par la distillation (essence de rose, de menthe, etc.). L'*Essence de Térébenthine* est assez souvent employée en frictions.

ÉTHERS. — Sont le produit de la distillation de certains acides avec l'alcool. Le plus employé est l'*éther sulfurique* pour combattre les accidents variés produits par les nerfs (spasmes, etc.). — *Inhalation d'éther* : elle consiste à respirer les vapeurs d'éther par la bouche ou par le nez. Elle est d'un usage commun dans les syncopes, les maux de nerfs, etc. L'éther s'administre encore par *injections* sous la peau; en *perles*; en *sirops*; en *potions*.

EUCALYPTUS. — Est antifébrile et anticatarrhal.

ÉVACUANTS. — Est à peu près synonyme de purgatifs.

EXALGINE. — Est usitée, comme l'antipyrine, contre les névralgies.

EXCITANTS. — Médicaments qui éveillent et élèvent le degré de sensibilité (café, quinquina, etc.).

EXPECTORANTS. — Nom donné aux médicaments qui facilitent l'expectoration (kermès minéral, lierre terrestre, lichen).

EXTRAIT DE SATURNE. — Sert à composer l'eau blanche ordinaire contre les brûlures, les entorses, etc.

Exutoire. — Est un ulcère établi et entretenu, pour déterminer une suppuration permanente et dérivative (cautère, etc.).

Fébrifuges. — Médicaments dont le rôle est de diminuer ou d'arrêter la fièvre.

Féculents. — Substances farineuses (pois, lentilles, pommes de terre, etc.).

Fenouil doux. — Sa racine est apéritive ; son fruit est stomachique et antiventeux.

Fer, Ferrugineux, Martiaux. — Les préparations dans lesquelles entre le fer sont d'excellents toniques et obtiennent d'heureux résultats, dans l'anémie et toutes les maladies, où le sang est appauvri. Ses préparations se présentent sous mille formes diverses dans les pharmacies.

Fétidité. — Odeur mauvaise exhalée par la sueur, l'haleine, les excrétions, etc.

Fomentations. — Applications sur la peau de médicaments liquides, chauds ou froids, au moyen de compresses, éponges, etc.

Fondants. — Médicaments externes dont le but est de dissiper les engorgements chroniques (teinture d'iode, etc.).

Fougère mâle. — Est efficace pour chasser le ténia non armé ; elle échoue contre le ténia armé. Pour expulser ce dernier, on emploie l'écorce de grenadier et le cousso.

Frêne (*feuilles*). — Est utilisé contre les maladies

articulaires, rhumatismales et goutteuses. — *Tisane :* une pincée par tasse d'eau bouillante.

Fucoglycine. — Est un produit végétal ayant toutes les propriétés de l'huile de foie de morue sans en avoir le goût et l'aspect désagréable. Aussi le préfère-t-on à cette dernière pour les enfants et les personnes délicates.

Fumeterre (*feuilles*). — Est un dépuratif précieux contre le scorbut, les scrofules, les dartres. — *Tisane :* 10 grammes par litre. (Infusion d'une demi-heure.) On en fait encore un sirop dont on peut prendre 3 ou 4 cuillerées par jour.

Genêt. — Toutes ses espèces sont évacuantes. — Les sommités fleuries et les graines du *genêt à balais,* si commun, sont purgatives et diurétiques.

Tisane : fleurs de genêt, 20 grammes par litre d'eau bouillante. (Infusion pendant 2 heures.) Elle se prend froide, par tasse, pour combattre l'hydropisie.

Genévrier. — Son fruit appelé *genièvre* est diurétique et stomachique. — *Infusion :* 20 grammes par litre.

Gentiane (*racine*). — Est stomachique et fébrifuge. Elle est utilisée dans l'anémie, les scrofules, le rhumatisme, en pilules, sirops, teinture, tisanes, vin.

Glace. — Est souvent employée contre l'inflammation du cerveau ou des méninges dans les fièvres. Souvent aussi on s'en sert comme réfrigérant des tisanes dans les vomissements, etc.

Glands (*fruits du chêne*). — Brûlés et réduits en poudre, ils sont fréquemment employés en infusions sous le nom de café de glands.

Gluten. — En pétrissant la farine sous un filet d'eau, celle-ci finit par entraîner tout ce qu'il y a de fécule et d'amidon. Il reste une substance grise, molle, élastique : c'est le gluten, dont on fait un pain spécial pour les diabétiques.

Glycérine. — S'emploie à l'extérieur contre les gerçures, engelures, crevasses, etc.; à l'intérieur, en lavements ou injections.

Gomme arabique. — Se prend en boissons dans la gastrite, les vomissements, l'inflammation des intestins.

Goudron. — L'eau, les capsules, les pastilles, etc., de goudron sont recommandées dans les maladies des voies respiratoires. A l'extérieur, il sert en pommades contre les dartres.

Gouttes amères de Baumé. — Se prennent (8 à 10 gouttes dans un peu d'eau) un quart d'heure avant les repas, dans les cas de faiblesse, d'épuisement nerveux.

Grenadier. — Son écorce est utilisée pour chasser le ténia.

Groseille. — Le sirop de groseille est rafraîchissant et d'un usage commun dans les tisanes.

Gruau. — Avoine dépouillée de sa balle. On en fait des décoctions ou des tisanes émollientes, que l'on prend coupées souvent avec du lait.

Guimauve. — La racine, la fleur et les feuilles jouissent de propriétés adoucissantes et émollientes.

Hémostatiques. — Moyens physiques ou remèdes employés pour arrêter l'écoulement du sang (compression, cautérisation ; alun, perchlorure de fer).

Hêtre (*Goudron de*). — On en tire la créosote pour l'usage interne.

Houblon (*fleurs*). — Est tonique et antiscrofuleux. *Tisane* : houblon, 10 grammes par litre d'eau. (Infusion d'une demi-heure.) — Elle se prend froide, soit aux repas, soit en dehors des repas, suivant l'indication.

Houx commun (*feuilles*). — Employées dans les affections articulaires, goutteuses ou rhumatismales. — *Tisane* : 10 grammes par litre. (Faire infuser pendant 2 heures et passer.)

Huile d'anis. — Excitant, antiventeux, employé pour stimuler les voies digestives et combattre les flatuosités.

Huile de Cade. — S'emploie en onctions, dans certaines maladies de la peau. (Onctions légères tous les deux jours sur les parties malades.)

Huile de Camomille. — Sert en frictions contre les rhumatismes, les douleurs, le ballonnement du ventre.

Huile camphrée. — Est employée pour les frictions.

Huile de Foie de Morue. — Est d'une incontestable

utilité dans la phtisie et l'appauvrissement du sang. C'est un remède de la saison froide.

L'exercice est utile quand on en fait usage.

Huile de Ricin (de 10 à 60 grammes). — Est un excellent purgatif. Elle purge mieux à dose modérée qu'à dose élevée.

Hypnone. — Liquide destiné à provoquer le sommeil (4 à 12 gouttes).

Hypophosphite de Chaux, de Soude. — Est employé contre la phtisie pulmonaire et dans l'appauvrissement du sang.

Hysope (fleurs). — Est bonne contre le catarrhe de l'estomac et des bronches chez les vieillards.

Ichthyol. — Antiseptique, favorise la cicatrisation des plaies, des brûlures.

Infectieuses. — Nom donné aux maladies qui ont pour origine une altération du sang par les miasmes, les microbes, et sont contagieuses.

Inhalation. — Respiration d'odeurs, poussières ou vapeurs diverses employées comme remèdes. (Inhalations d'éther, de chloroforme, de goudron, d'oxygène, etc.)

Injections. — Action d'introduire, à l'aide d'une seringue, un liquide dans une cavité du corps ou sous la peau.

Iode (Teinture d'). — Est très employée en badigeonnages, en injections.

Iodoforme. — Est un des composés de l'iode. Il sert en *pilules*, contre les scrofules, la phtisie ; en *poudre* et en *pommade* dans le traitement des plaies et des ulcères. — Il se fabrique, exprès pour les plaies, une étoffe très légère, nommée gaze iodoformée. Elle est fréquemment employée.

Iodol. — Antiseptique supérieur à l'iodoforme.

Iodure de Fer. — Excellent médicament qui participe des propriétés du fer et de l'iode.

Ipécacuana ou Ipéca. — Les pastilles d'Ipéca se prennent à la dose de 6 à 12 par jour, pour favoriser l'expectoration, dans les rhumes, catarrhes, bronchites.

Iris. — La racine sert à faire des pois à cautères.

Jaborandi (*feuilles*). — Produit une forte chaleur et excite la sueur.

Jalap (*racine*). — Est un purgatif énergique. La poudre se prend, à la dose de 1 à 4 grammes, dans un peu de café noir sucré ou dans une infusion de tilleul. A dose exagérée, le jalap peut déterminer une vive irritation.

Jujube (*fruits*). — Est pectorale.

Jusquiame. — S'emploie comme la belladone et dans les mêmes cas.

Kermès minéral. — Expectorant en usage dans certaines bronchites et dans les laryngites.

Kousso. — Sert contre le ténia.

LACTATE DE FER. — Est une bonne préparation ferrugineuse tonique et reconstituante.

LACTOPHOSPHATE DE CHAUX. — Est utile contre l'appauvrissement du sang et dans la phtisie.

LACTUCARIUM. — Suc de la laitue montée, très efficace dans les maladies de l'appareil respiratoire, et très employé sous la forme de *sirop d'aubergier*.

LAITUE CULTIVÉE. — Provoque le sommeil.

LARYNGOSCOPE. — Instrument muni d'une glace pour examiner le larynx.

LAUDANUM DE SYDENHAM. — Est efficace pour calmer les douleurs.

LAURIER-PALME (*feuilles*). — Est un calmant. Une tasse de lait, dans laquelle on fait bouillir une ou deux feuilles, provoque le sommeil.

LAVANDE. — On en retire une huile utilisée en frictions contre la paralysie.

LAXATIFS. — Médicaments destinés à relâcher les tissus de l'intestin et à provoquer doucement l'expulsion des matières fécales (pruneaux, huile, etc.).

LICHEN (*pâtes, sirops, tablettes, tisanes, gelée de*). — Est alimentaire et émollient. Il est en usage dans les maladies de poitrine.

LIERRE TERRESTRE (*feuilles et fleurs*). — Expectorant très usité dans la bronchite et la phtisie. — *Tisane :* une pincée par tasse d'eau bouillante.

LIN (*graines*). — La farine est très usitée pour les

cataplasmes émollients. Les graines forment une tisane (10 grammes par litre. Laisser infuser pendant une 1/2 heure et passer). Elle se prend tiède, par verre, dans les maladies d'estomac et d'intestins.

Liniments. — Médicaments destinés à oindre et à frotter la peau. On les étend avec de la flanelle, de la laine, de la ouate, ou à main nue.

Lycopode. — Sorte de mousse qui croit dans les bois et les bruyères et sert à préserver la peau attendrie des enfants et des malades. Il s'emploie en poudre.

Magnésie. — Purgatif doux et léger, à la dose de 10 grammes délayés dans un verre d'eau sucrée, qui se prend à jeun, en 2 fois, à une 1/2 heure de distance. Boire le matin un verre d'eau, avec une cuillerée à café de magnésie calcinée, est un moyen de se tenir le ventre libre, sans irriter les intestins.

Manne. — Est un purgatif doux. On fait fondre 30 grammes de *Manne en sorte* dans du lait, au bain-marie. Après l'avoir passé, on donne le remède en une ou plusieurs fois. Ce purgatif ne laisse pas de constipation comme la plupart des autres.

Maturatifs. — Médicaments pour hâter la suppuration d'un furoncle, d'un anthrax, etc.

Mauve. — Les feuilles s'emploient en décoction pour lotions et lavements émollients, et les fleurs en infusion pour tisane pectorale.

Mélisse (*feuilles*). — Est un excitant. — *Tisane :* une pincée par tasse d'eau bouillante.

Mélitot (*fleurs*). — Sert en infusion, pour lotions sur les yeux et compresses dans l'érysipèle.

Menthe poivrée (*feuilles et fleurs*). — Est stimulante, antiventeuse. Les pastilles de menthe sont très en usage, pour rafraîchir la bouche et surtout masquer la fétidité de l'haleine.

Mercure. — Combat utilement les inflammations des membranes séreuses, la péritonite, les tumeurs blanches, les maladies de foie, plusieurs maladies de la peau. S'il survient un goût de mercure dans la bouche, pendant que l'on se sert de préparations mercurielles, il faut en suspendre l'usage de suite.

Miel. — Est émollient et laxatif. Il sert assez fréquemment pour sucrer les tisanes.

Millefeuilles (*fleurs*). — Est diurétique et se prend en tisane froide par verre. (Millefeuilles : 20 grammes par litre. Infusion : 1/2 heure.)

Morelle (*plante entière*). — Est émolliente et calmante. Elle est utilisée en injections (50 grammes par litre d'eau).

Morphine. — Est extraite de l'opium. Son action est calmante. Elle s'emploie en *injections sous la peau* en *poudre, sirop, pilules*, etc.

Mouche de Milan. — Petit emplâtre qui doit tomber de lui-même et sert dans les névralgies, les douleurs, etc.

Moutarde noire (*farine*). — Sert pour les cataplasmes sinapisés.

Muguet (*plante fleurie*). — Est diurétique et son action se rapproche, paraît-il, de celle de la digitale pour régulariser les battements du cœur.

Musc. — Parfum extrêmement odorant, en usage quelquefois dans les maladies du système nerveux.

Myrrhe. — Tonique, excitant, employée dans les catarrhes chroniques, dans les premières périodes de la phtisie, dans le scorbut, les angines gangréneuses, etc.

Naphtaline. — Est utile dans les diarrhées chroniques, le choléra et la fièvre typhoïde. Elle désinfecte l'urine dans les affections des voies urinaires.

Naphtol. — Antiseptique employé dans les maladies de la peau et aussi à l'intérieur.

Narcéine. — Extrait de l'opium, dont l'action a beaucoup de rapport avec celle de la codéine. Elle se donne en pilules pour provoquer le sommeil.

Narcisse des prés (*fleurs*). — Est un calmant donné en pilules dans la grippe, l'asthme, la coqueluche, etc.

Narcotiques. — Médicaments destinés à calmer et à procurer le sommeil.

Nerprun. — Émétique et purgatif administré en sirop, par cuillerées, dans les hydropisies.

Nicotine. — Extrait du tabac ; poison extrêmement violent.

Nitrate d'argent. — S'emploie en *collyre*, dans les maladies d'yeux — en *pommade*, pour faire des onctions sur les paupières — en forme de crayon, dit *crayon de nitrate d'argent* ou *pierre infernale*, pour cautériser les plaies, faire disparaître les excroissances de chair. Il faut l'essuyer convenablement avant de s'en servir et après s'en être servi. Si on veut aiguiser son crayon, une lime douce réussira mieux pour cette opération. On fait d'abord au crayon quatre pans, puis on abat les arêtes.

Noix de Galle. — Excroissance que l'on rencontre sur les feuilles du chêne. Elle est très astringente. — *Infusion:* 4 à 16 grammes par litre d'eau, pour injections surtout.

Noix vomique. — Est un poison dangereux. Elle est très employée, à petite dose, contre la paralysie.

Noyer. — Ses feuilles sont antiscrofuleuses. — Le *brou de noix* sert à faire une liqueur stomachique.

Onguent gris. — Détruit les poux. On l'utilise aussi contre les punaises, en le délayant dans l'essence de térébenthine.

Onguent napolitain. — Sert pour faire dissoudre les glandes, les engorgements, pour arrêter le développement des panaris, etc.

Onguent populéum. — Est calmant, il s'emploie surtout pour les hémorroïdes.

Onguent rosat. — Calme l'irritation des lèvres et des narines.

Onguent samaritain. — Est le meilleur remède pour les plaies du siège.

ONGUENT SOUFRÉ. — Sert contre la gale.

OPHTHALMOSCOPE. — Instrument pour éclairer l'œil et l'étudier plus facilement.

OPIUM. — Est efficace dans la plupart des troubles nerveux. C'est de lui qu'on tire la morphine, la codéine et d'autres principes calmants. C'est à lui que le laudanum doit ses propriétés.

L'usage des préparations d'opium longtemps continué diminue l'appétit, altère les forces, produit l'hébètement ; il n'est pas de remède dont l'abus soit plus facile. La garde-malade sera ferme, sous ce rapport, envers ceux à qui elle donne ses soins et s'en tiendra aux prescriptions du médecin.

ORANGE. — Est un fruit rafraîchissant dans les fièvres et paraît très utile aux malades, pour les désaltérer et leur désinfecter la bouche.

ORANGER. — Les feuilles et les fleurs sont employées contre les spasmes, les vapeurs, les gastralgies, etc. *Infusion :* 6 feuilles ou 2 à 4 pincées de fleurs, par litre d'eau. — L'eau de fleur d'oranger sert à aromatiser les boissons et les potions.

ORGE. — Est très employée comme délayant et rafraîchissant, soit comme *orge mondé*, soit comme *orge perlé*.

ORME CHAMPÊTRE (*écorce des rameaux*). — Est diurétique, antiscorbutique et antidartreux. — *Tisane :* écorce d'orme, 125 grammes ; eau, 2 litres. Faites bouillir jusqu'à réduction de moitié ; laissez refroidir ; passez : la dose est de 2 à 4 verres par jour.

ORTIE BLANCHE. — Est utilisée contre les écrouelles, les irritations légères de la muqueuse du larynx. (Une pincée par tasse d'eau bouillante.)

OSEILLE COMMUNE. — Est diurétique.

OUATE. — Elle s'emploie pour le pansement des brûlures, pour envelopper les jointures dans le rhumatisme articulaire.

Le *coton absorbant* supérieur, dit *hydrophile*, sert dans le pansement des vésicatoires. On met d'abord sur la plaie un linge enduit de cérat, puis en dessus le coton absorbant.

Le *coton iodé* s'emploie pour faire dissoudre les glandes et les engorgements lymphatiques.

Le coton *phéniqué* est en usage dans le pansement des plaies.

OXYGÈNE. — S'emploie en inhalations dans l'asthme, la phtisie surtout, etc.

PALLIATIFS. — Médicaments ou soins donnés pour calmer les symptômes d'une maladie, qu'on ne peut guérir (opium, etc.).

PANCRÉATINE. — Substance employée contre la dyspepsie graisseuse.

PAPIERS MÉDICINAUX. — Les plus communs sont :

1° *Le papier Joseph* ou *papier à plaies*.

2° *Le papier épispastique*, pour l'entretien des vésicatoires ou cautères.

3° *Les papiers arsénicaux* ou *nitrés* dont on se sert en fumigations contre l'asthme.

4° *Le papier iodogène* qui remplace les badigeonnages à la teinture d'iode.

PARALDÉHYDE. — Remède utilisé pour procurer le sommeil chez les alcooliques, les aliénés, dans les insomnies nerveuses, le tétanos. Il s'administre après le repas.

PARIÉTAIRE (*feuilles*). — Diurétique, sert contre la gravelle. *Tisane :* 10 grammes. (Laisser infuser dans un litre d'eau bouillante pendant une demi-heure.) Elle se prend froide, par verre.

PASTILLES. — Sont une forme agréable et commode d'administrer les médicaments désagréables. (Pastilles d'Ipéca, de Kermès, de soufre, etc.).

PATES MÉDICINALES. — Ne sont autre chose que les bonbons pour les rhumes (pâte de jujube, de guimauve, de réglisse, etc.).

PATIENCE. — *Tisane* : racine coupée : 20 grammes par litre ; (infusion pendant 2 heures). Elle se prend tiède, par verre, comme apéritif.

PAVOT. — Les têtes de pavots jouissent de propriétés calmantes et servent journellement en décoction pour lavements, injections, gargarismes, cataplasmes.

PÊCHER. — Le sirop de fleurs de pêcher est employé pour purger les enfants.

PENSÉE SAUVAGE (*plante fleurie*). — *Tisane :* feuilles de pensées : 10 grammes par litre d'eau ; (infusion d'une 1/2 heure). Elle se prend tiède, par verre, comme dépuratif, dans les maladies de la peau.

Pepsine. — Elle est d'un usage commun, sous différentes formes, pour combattre la dyspepsie.

Peptone et Peptonate de fer. — Substances appelées à combattre la dyspepsie.

Perchlorure de fer liquide. — S'emploie contre les hémorragies tant à l'extérieur qu'à l'intérieur. Dans ce dernier cas, la dose est de 15 à 20 gouttes dans un verre d'eau sucrée.

Pervenche (*feuilles*). — Est utilisée dans les affec-

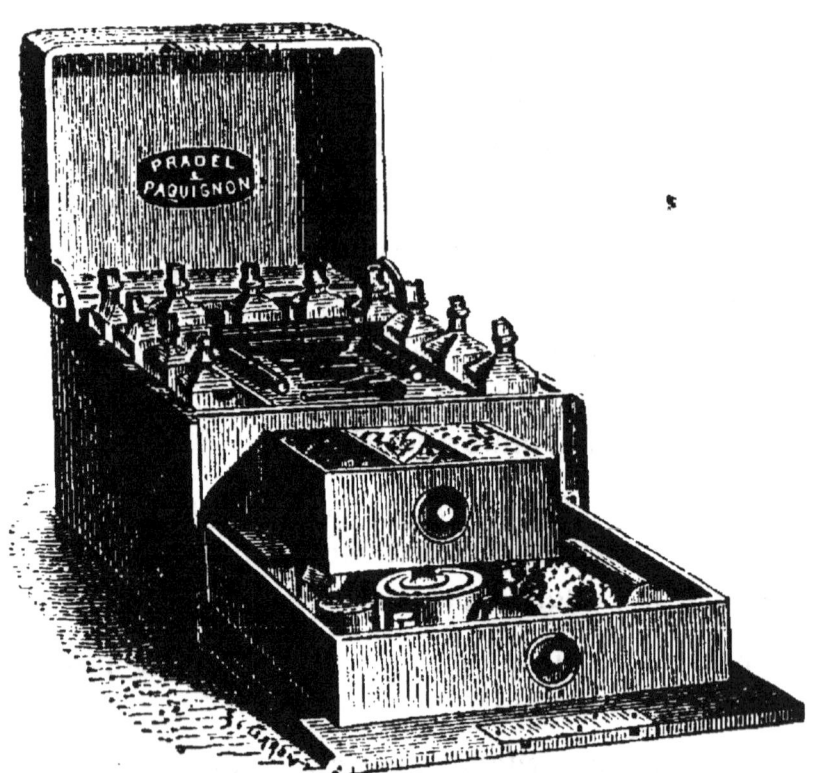

Fig. 31. — Pharmacie domestique.

tions aiguës de la poitrine. — *Infusion* : une pincée par tasse d'eau bouillante.

Pharmacie domestique. — On nomme ainsi des boîtes munies des remèdes les plus usuels, qu'il est bon d'avoir toujours sous la main dans les familles. (V. fig. 31.)

Phénol. — C'est l'acide phénique. (V. ce mot).

Phénol-Bobœuf. — Est un désinfectant destiné à purifier les appartements en cas d'épidémie, de contagion, etc.; à cautériser les piqûres, blessures ou morsures venimeuses; à laver les plaies. Il a sur le chlore l'immense avantage de pouvoir être respiré, non seulement sans danger, mais avec profit.

Phosphate de Chaux (*poudre blanche*). — Est en usage dans le rachitisme et la phtisie.

Phosphore. — Sert, à l'extérieur, sous forme de pommade et, à l'intérieur, sous forme d'huile phosphorée, (1 à 3 gouttes dans une potion), contre la paralysie et le rhumathisme.

Picrotoxine. — Violent poison administré en granules dans l'épilepsie, la paralysie agitante, etc.

Pied de Chat. — Remède assez populaire dans beaucoup d'indispositions.

Pierre infernale. — (V. Nitrate d'argent).

Piment. — Révulsif assez puissant contre les hémorroïdes, etc.

Pin. — La sève du pin maritime est vantée contre la bronchite chronique et la diarrhée.

Pissenlit. — Le suc des feuilles est dépuratif et laxatif.

PLANTAIN. — Est émollient et astringent. *L'eau de plantin* sert dans les maladies d'yeux.

PODOPHYLLE. — Plante dont la racine est purgative, à la dose d'un gramme. Elle s'emploie en poudre ou en pillules. La résine, nommée *podophyllin*, est utilisée contre la constipation.

POMMADES ÉPISPASTIQUES. — Excitent et entretiennent les plaies des vésicatoires.

POMMADE SOUFRÉE. — Sert dans les maladies de la peau (fleurs de soufre : 15 grammes ; axonge : 30 grammes).

POPULÉUM. — (V. onguent).

POTASSE CAUSTIQUE. — Sert à établir des cautères et à ouvrir des abcès.

POTION RIVIÈRE. — Est employée pour arrêter les vomissements. Elle se compose de deux parties séparées. Vous donnerez une cuillerée de chacune immédiatement l'une après l'autre.

PRUNEAUX. — Sont des laxatifs sans cesse en usage dans la nourriture des malades et des convalescents.

QUASSIA AMARA. — S'emploie comme amer, tonique, stomachique, apéritif, fortifiant.

QUININE. — (V. sulfate de quinine).

QUINQUINAS. — Grands arbres, dont l'Amérique donne de nombreuses variétés, parmi lesquelles on distingue trois types principaux : le *quinquina gris,* le *quinquina jaune* et le *quinquina rouge.* C'est un fortifiant précieux contre l'anémie, le scorbut, les scrofules.

Raifort sauvage (*racine fraîche*). — Antiscorbutique.

Raisin sec. — Fruit pectoral.

Réglisse. — Chacun connaît son usage dans les rhumes.

Reine des prés. — Les feuilles et les fleurs son diurétiques.

Résolutifs. — Nom donné aux médicaments propres à combattre les engorgements.

Révulsifs. — Moyens et remèdes employés pour arrêter ou combattre la maladie d'un organe, en produisant sur une autre partie, une irritation ou un écoulement d'humeurs (vésicatoires, cautères. etc).

Rhubarbe. — La racine est digestive et fortifiante; laxative à dose faible; purgative à dose plus élevée.

Ricin. — Ses semences donnent une huile purgative, qui convient très bien dans les cas où l'on craint d'irriter l'intestin (20 à 60 grammes.)

Riz. — L'eau de riz s'emploie contre les diarrhées.

Ronce sauvage. — Les feuilles et boutons de ronce servent, en décoction, pour gargarismes et injections contre les inflammations légères de la gorge.

Roses. — Les pétales de roses doivent à leurs propriétés astringentes d'être utilisées en médecine, pour faire le miel rosat et l'eau distillée de roses. Les roses rouges de Provins sont surtout recherchées.

Rubéfiants. — Remèdes appliqués sur la peau, afin

d'y produire de la rougeur et de la douleur, et d'opérer ainsi une action révulsive.

SABINE. — Sorte de genévrier dont les feuilles jouissent de propriétés vermifuges et fébrifuges.

SAFRAN. — Stimulant et excitant d'un usage commun.

SALSEPAREILLE (*racine*). — Sert en décoction et en sirop contre les dartres, la goutte, etc.

SANTONINE. — Est utilisée comme vermifuge en pastilles, dragées, biscuits. A haute dose, elle fait voir les objets colorés en jaune.

SAPONAIRE (*racine, feuilles*). — La tisane, bue tiède, est sudorifique et dépurative.

SAUGE. — Plante aromatique, amère, excitante. *Tisane* : une pincée par tasse d'eau bouillante.

SAULE. — Son écorce est tonique et fébrifuge. (poudre : 3 à 8 grammes).

SCAMMONÉE. — Excellent purgatif employé seul ou associé à d'autres.

SÉDATIFS. — Médicaments destinés à modérer l'activité d'un organe (opium, etc.).

SEIGLE ERGOTÉ. — (V. Ergot).

SCILLE. — Est diurétique et expectorante. A haute dose, elle est un poison irritant.

SEL DE SEDLITZ. — Purgatif connu. Le *Sedlitz Chanteaud* a le précieux avantage de ne pas irriter comme le Sedlitz pur.

Semen-Contra. — Vermifuge utilisé en poudre, en infusion, en sirop, en biscuits, en dragées.

Séné. — Est un des purgatifs les plus employés : habituellement, il n'est pas administré seul.

Sirop de Bourgeons de Sapins. — Se prend dans les catarrhes et la bronchite chronique.

Sirop de Capillaire. — Se donne contre la toux.

Sirop des cinq racines, (*ache, fenouil, persil, asperge, petit houx*). — Est administré à la dose de 5 à 6 cuillerées à café par jour, pour calmer la toux.

Sirop de Coings. — Est conseillé contre la diarrhée.

Sirop Diacode (*sirop de pavot blanc*). — Léger calmant très souvent employé dans les potions.

Sirop d'écorce d'orange amère. — Est tonique et stomachique.

Sirop de Gentiane. — Excellent tonique et antiscrofuleux.

Sirop Lamouroux. — Est prescrit dans les maladies chroniques de poitrine (1 à 4 cuillerées par jour).

Sirop de Limaçons (*Limaçons privés des intestins, amandes douces, amandes amères, sucre, eau de fleurs d'oranger.*) — Est excellent dans les maladies de poitrine.

Sirop de Gomme. — Est adoucissant et pectoral.

Sirop de Groseilles. — Une cuillerée dans un verre d'eau fait une boisson tempérante, appréciée dans les fièvres.

Son. — Le son est utilisé pour les bains, et pour préparer le *pain de son* contre la constipation.

Soufre. — Le soufre sublimé, ou fleur de soufre, sert à faire des pommades et s'administre à l'intérieur, principalement en pastilles, dans les maladies de la peau et les catarrhes. — *Mode d'emploi.* — *Soufre sublimé* ou *fleur de soufre*: 1 à 4 grammes dans du lait ou du miel comme expectorant et sudorifique. — 4 à 12 grammes comme purgatif. — *Pommade :* soufre sublimé, 3 à 6 grammes ; axonge, 30 grammes, pour frictions sur les dartres.

Sparadraps. — Ce sont des peaux, des étoffes, des tissus recouverts de substances médicamenteuses. Elles forment des bandes pour maintenir les emplâtres appliqués sur la peau ; pour tenir rapprochés les bords d'une plaie, etc.

Spécifiques. — Nom donné aux médicaments qui ont une action spéciale, déterminée, sur la cause de certaines maladies qu'ils préviennent, ou dont ils empêchent le développement.

Spéculum. — Instrument qui sert à regarder dans les cavités profondes du corps.

Sternutatoires. — Substances qui provoquent l'éternuement, dégagent les fosses nasales, réveillent les sens engourdis, (tabac à priser, etc.).

Stimulants. — Substances douées de la propriété d'activer la circulation, (alcool, éther, etc.).

Stomachiques. — Substances favorables aux fonctions de l'estomac.

STRYCHNINE. — Est un des poisons les plus redoutables que l'on connaisse : elle peut causer la mort à la dose de 5 centigrammes. Elle se donne en granules ou autrement, à des doses excessivement faibles, pour stimuler le système nerveux.

SUBLIMÉ CORROSIF. — Est un des poisons les plus énergiques. Il est de temps à autre utilisé en médecine. La plus grande prudence est requise dans l'administration de ce remède.

SUC D'HERBES. — Est un excellent liquide obtenu, en pilant, avec un instrument de bois, les feuilles fraîches de chicorée, cresson, fumeterre, laitue, mélangées à parties égales. (10 à 15 grammes par jour.)

SUDORIFIQUES. — Remèdes dont la propriété est d'exciter les fonctions de la peau et de provoquer la sueur.

SULFATE DE CUIVRE (*Couperose bleue* ou *Vitriol bleu*). — Est quelquefois administré comme vomitif, à la dose de 10 centigrammes, dans le croup. Il peut servir encore, nous l'avons vu, comme désinfectant.

SULFATE DE FER (*Couperose verte* ou *Vitriol vert*). — Ce sel est donné, à faible dose, comme astringent, fortifiant et fébrifuge. Il peut aussi servir comme désinfectant.

SULFATE DE MAGNÉSIE. — C'est un purgatif certain et inoffensif. La dose varie entre 15 et 60 grammes, selon l'âge et l'effet que l'on veut produire.

L'eau de Sedlitz, sulfate de magnésie, (40 à 60 grammes) qu'on fait fondre dans 1/2 litre d'eau, avec 2 grammes de bicarbonate de soude et 1 gramme d'acide tartrique. On bouche aussitôt et on assujettit le bouchon avec une ficelle. Elle se prend en trois fois, à une 1/2 heure de distance.

Sulfate de Quinine. — C'est le spécifique des fièvres intermittentes. Il sert encore contre le rhumatisme, la goutte, les névralgies. Donné à dose très élevée, il peut déterminer le mal de tête, la surdité, troubler la vue et même causer la mort. Pour couper les fièvres intermittentes de nos climats, la dose est de 20 à 80 centigrammes par jour. Dans les pays chauds et dans les fièvres graves, c'est par gramme que les médecins le donnent.

Sulfate de Soude (*sel de Glauber, sel d'Epsom de Lorraine*). — Ce sel est d'un usage fréquent, dans les mêmes cas et aux mêmes doses que le sulfate de magnésie.

Sulfate de Zinc (*Couperose blanche* ou *Vitriol blanc*). — Ne se prescrit que pour l'usage externe.

Sulfure de Potasse (*foie de soufre*). — Sert à préparer les bains sulfureux. On peut le faire fondre à l'avance dans une bouteille d'eau.

Sulfureux. — Nom donné aux médicaments à base de soufre, employés à l'extérieur, sous forme d'eaux minérales, de lotions, de bains, de vapeurs, contre les bronchites, les dartres, les rhumatismes, etc.

Suppositoires. — Petits cônes, formés généralement de beurre de cacao seul ou mélangé à d'autres médicaments, que l'on introduit dans l'anus, comme adoucissant ou au contraire pour provoquer des évacuations et exciter l'intestin. Les plus usités sont ceux à l'*aloès*, à l'*iodoforme*, au *calomel*, à la *belladone*, à l'*opium*, à la *morphine*, au *tannin*.

Sureau. — Les *fleurs* de sureau sont employées, en lotions, contre l'érysipèle, et, en fumigations, contre l'enrouement. L'*écorce moyenne* du sureau a eu du succès contre l'hydropisie. C'est un purgatif énergique.

Taffetas d'Angleterre. — Agglutinatifs des petites plaies. Il y a le rose et le noir : le premier sert pour la figure. (V. agglutinatifs.)

Tamarin. — Est laxatif et rafraîchissant.

Tanaisie. — Les fleurs sont vermifuges.

Tannin. — Est prescrit, comme astringent, à l'intérieur, dans la diarrhée, les hémorragies, la phtisie.

Tartre stibié. — Se donne comme vomitif. (Voir Émétique.) Il s'emploie aussi comme emplâtre, sous forme de pommade.

Tempérants. — Médicaments dont le but est de rafraîchir, d'apaiser la soif et de tempérer l'excitation.

Tétaniques. — Médicaments qui agissent sur la moelle épinière et provoquent des contractions musculaires.

Thapsia. — Sert, comme emplâtre, sur la poitrine, contre la bronchite, etc.

Thé. — Est un excitant du même genre que le café. Il convient à la suite de certains purgatifs et en cas d'indigestion.

Thym. — Quelques gouttes d'huile volatile de thym parfument les pommades et les rendent antiseptiques.

Thymol. — Essence de thym, est antiseptique et désinfectant. Il remplit, pour l'usage externe, le même rôle que l'acide phénique.

Tilleul. — Les fleurs servent, en infusion, dans les affections nerveuses, les refroidissements, les coliques intestinales. Elles sont encore en usage pour les bains dans les névroses.

Toniques. — Substances propres à activer les fonctions de la nutrition, à soutenir et à restaurer les forces musculaires (quinquina, vin, etc.).

Trèfle d'eau. — Est un tonique amer qui se rapproche de la petite centaurée.

Tussillage ou (Pas d'âne). — Les fleurs s'emploient, dans la proportion de 8 grammes par litre, contre la toux. (Infusion d'une heure.)

Uréthane. — Est prescrite contre l'insomnie chez les phtisiques, les alcooliques, les maniaques. Elle produit rapidement un sommeil calme.

Vaccin. — Est le produit direct de la picote des vaches. Il s'inocule à l'homme, pour le préserver de la variole. On conseille la revaccination, tous les 10 ans environ, et au début de toute épidémie de variole.

Valériane ou Valérianate. — Servent contre les troubles nerveux du genre des spasmes et des convulsions.

Vanille. — Stimulant et aromate très employé.

Vaseline. — Substance d'un usage fréquent dans les pommades où elle remplace très avantageusement l'axonge.

Vératrine. — Poison violent et dangereux, administré communément en granules, par milligrammes.

Vermifuges. — Substances dont la propriété est d'expulser les vers intestinaux.

Véronique. — Les feuilles s'emploient en tisane. (Une pincée par tasse d'eau bouillante.)

Verveine odorante. — La tisane de feuilles (une pincée par tasse d'eau bouillante), prise chaude, hâte la digestion et dissipe le mal de tête.

Vésicants. — Substances irritantes qui, appliquées sur la peau, forment des ampoules (cantharides, etc.).

Vienne (*Poudre de*) (*Caustiques de Vienne*). — Sert, nous l'avons vu, à établir des cautères.

Vinaigre. — Étendu d'eau, est rafraîchissant.

Vinaigre des quatre voleurs. — Est antiseptique et antispasmodique.

Violette. — Les fleurs sont pectorales. On en fait des infusions et un sirop. Il paraît qu'une pincée de fleurs par tasse d'eau bouillante dissipe l'ivresse et le mal de tête.

Vomitifs. — Médicaments donnés pour provoquer le vomissement.

Vulnéraire. — Est une préparation de plantes aromatiques, qui s'administre pure, à la dose de 2 à 6 grammes, ou dans de l'eau (8 à 20 grammes par demi-verre d'eau), à la suite de chutes, de contusions, pour ranimer la circulation et empêcher la syncope que peut produire la frayeur.

ZINC (*oxyde ou fleurs de*) — Est en usage dans l'épilepsie, les spasmes, la névrose. On l'associe souvent avec la poudre de valériane.

PRÉPARATION ET APPLICATION DES REMÈDES LES PLUS USUELS

1° Remèdes externes.

Ils sont appliqués à l'état solide, liquide ou gazeux.

1° REMÈDES EXTERNES SOLIDES. — Le *cataplasme* est une sorte de bouillie plus ou moins épaisse de fécule, de farine, de poudre, etc., délayée dans l'eau pure, le lait ou une décoction de plantes.

Appliqué à froid, il se nomme cataplasme *cru* et agit comme calmant; tiède ou chaud (cataplasme *émollient*), il relâche les tissus; très chaud (cataplasme *cuit*), il devient excitant. Le second est le plus communément employé. Voici comment il se prépare. Vous délayez dans l'eau froide la substance indiquée, de manière à former une bouillie très claire. Vous faites chauffer ensuite, en remuant avec une cuiller de bois ou simplement un petit bâtonnet, jusqu'à ce que la bouillie soit devenue épaisse. Elle se verse alors sur un linge assez fin (toile de fil ou, à son défaut, toile de coton à moitié usée) ; et s'étend avec la petite palette de bois. Aussitôt vous repliez un des bords de la toile sur l'autre, ou encore vous placez une seconde toile sur la pâte, de façon à si bien enfermer celle-ci qu'elle ne puisse s'échapper ; vous recourbez les deux bouts vers le milieu, puis vous prenez le cataplasme bien horizontalement, maintenant en dessus la partie destinée à être appliquée sur la peau, et vous le renversez promptement à l'endroit désigné, sans choc brusque et sans frottement. Avant de l'appliquer, vous vous assurez, en touchant avec le dos de la main, que ce n'est pas trop chaud, qu'il n'y a pas à craindre de brûler le malade au lieu de le soulager. Enfin vous tenez le tout en place à l'aide d'une bande, d'une serviette, d'un mouchoir attaché au membre où est placé le cataplasme.

Souvent, sur un cataplasme ordinaire on verse, du côté qui doit toucher la peau, quelques gouttes de laudanum (de 15 à 30). C'est alors le *cataplasme laudanisé*. Il ne doit jamais être appliqué sur une plaie, une écorchure, ni à la place d'un vésicatoire récemment enlevé, sans avis du médecin.

Quand il s'agit de changer un cataplasme, vous

avez soin, avant d'enlever le premier, d'avoir le second tout prêt sous la main.

Les pharmaciens vendent des cataplasmes tout préparés, dits *antiseptiques*. Il suffit de les tremper quelques secondes dans l'eau bouillante, de les égoutter, puis de les appliquer et de les recouvrir d'une étoffe imperméable. Ils peuvent rester plus longtemps que les cataplasmes ordinaires sans être changés. Ils ont de plus l'avantage de se conserver et de se transporter en voyage comme les papiers sinapisés.

Malgré ce progrès, nous ne croyons pas inutile de donner ici, d'après le docteur Bossu, les principaux cataplasmes en usage.

CATAPLASME ÉMOLLIENT	farine de lin, de seigle ou d'orge : 125 grammes ; eau commune, q. s. — On l'applique chaud et on le renouvelle au plus tard toutes les 5 heures.
CATAPLASME ÉMOLLIENT A LA FÉCULE	fécule de pomme de terre, 60 grammes. Délayez dans 90 grammes d'eau froide ; puis versez dans l'eau chaude près d'entrer en ébullition, q. s. — Ce cataplasme doit remplacer les précédents toutes les fois que l'inflammation est superficielle, comme les dartres et les érythèmes.
CATAPLASME ANTISEPTIQUE	se compose de farine d'orge (500 grammes) de camphre (4 grammes), de quinquina en poudre (30 grammes). Il se place sur les plaies de mauvais caractère.

CATAPLASME MATURATIF	farine d'avoine, de fève (4 grammes); eau de guimauve, q. s. Incorporez pulpe de lis et de feuilles d'oseille, 125 grammes; onguent basilicum, 30 grammes. On l'applique sur les tumeurs dont on veut hâter la suppuration.
CATAPLASME CALMANT	cataplasme ordinaire, 8 grammes; laudanum liquide, 2 à 4 grammes. — On peut porter la dose du laudanum à 8 et 15 grammes. — Poudres de feuilles de jusquiame, de ciguë, de morelle et de lin (de chaque), 15 grammes pour q. s. de décoction de tête de pavot.

Les *sinapismes* sont des cataplasmes de farine de moutarde délayée dans l'eau froide. L'eau chaude enlèverait à la moutarde son principe actif. Ils ne doivent demeurer que 7 à 9 minutes au plus sur la peau d'un adulte. S'il s'agit d'un enfant ou d'une personne dont la peau est tendre, ils resteront moins longtemps encore.

Ces sinapismes sont remplacés avantageusement par les *papiers moutarde,* tels que papier Rigollot, etc. Promenés sur le corps, ils produisent d'excellents révulsifs. Ils ont l'avantage de pouvoir se conserver longtemps. Leur application est des plus simples : il suffit de les mouiller dans l'eau froide, quelques instants avant de les appliquer.

On remplace quelquefois les sinapismes par des

cataplasmes sinapisés. Ce sont des cataplasmes ordinaires sauf que l'on verse sur le linge, du côté où le cataplasme doit être appliqué sur la peau, plus ou moins de farine de moutarde, selon l'effet que l'on veut obtenir. Ils peuvent se garder plus longtemps que les sinapismes. Ils ont, de plus, l'avantage de ne pas prendre sur les nerfs.

Les *vésicatoires*, fréquemment ordonnés par les médecins, se prennent chez le pharmacien tout préparés. Ils ont ordinairement de dix centimètres sur douze. Leur forme est ovale, ronde ou carrée, peu importe. Ils doivent souvent être entaillés un peu sur les bords, afin qu'ils puissent bien adhérer partout à la peau, s'ils s'appliquent, comme il arrive fréquemment, sur des surfaces qui ne sont pas unies. (V. fig. 32 et 33.)

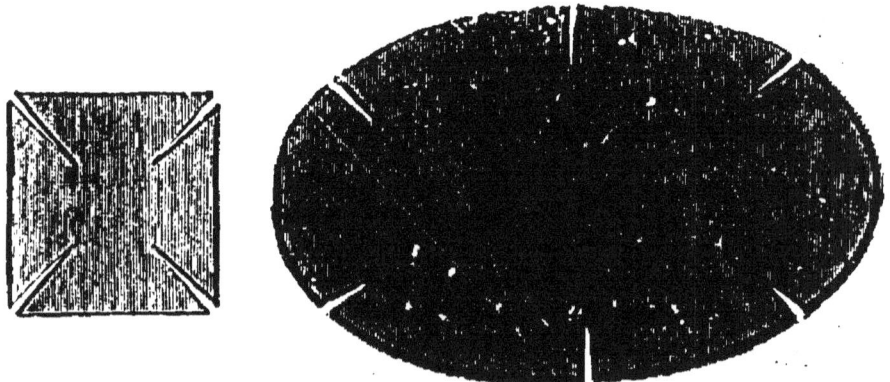

Fig. 32 et 33. — Vésicatoires entaillés sur les bords.

Il est nécessaire, avant d'appliquer un vésicatoire, de bien nettoyer la peau et de couper ou de raser les poils qui s'y rencontrent. Vous saupoudrez le vésicatoire de poudre de camphre, afin d'empêcher l'irritation de la vessie, et vous le placez ensuite à l'endroit voulu, en appuyant dessus avec la paume de la main, pour le faire mieux adhérer. S'il s'agit d'un enfant, dont la peau est plus fine, vous pourrez mettre, entre le vésicatoire et la peau, un papier huilé très léger qui diminue la douleur. Vous croisez sur le vésicatoire, pour le fixer, deux bandes de diachylon ou de sparadrap, qui viennent se coller sur la peau en dehors du vésicatoire ; puis vous placez un linge plié en quatre ou de la ouate, et vous fixez le tout par un mouchoir ou une serviette. Si le vésicatoire est grand, il est plus sûr d'ajouter une troisième et même une quatrième bande de sparadrap, surtout quand le malade remue beaucoup. (V. fig. 31.)

Fig. 31. — Bandes de diachylon fixant un vésicatoire.

La durée de l'application varie, suivant la prescription du médecin, de 6 à 20 heures chez les adultes et de 2 à 5 chez les enfants. Vous empêcherez le malade de se frotter à cet endroit ou d'arracher l'emplâtre.

Pour enlever le vésicatoire, vous déliez le bandage, vous soulevez doucement, par un des coins, la toile de l'emplâtre et la tirez avec précaution, jusqu'à ce qu'elle soit complètement décollée ; vous percez ensuite les ampoules pour les vider. Dans cette opération, ne touchez qu'à la peau soulevée, vous ne ferez ainsi aucun mal à votre malade. Si les ampoules ne se sont pas formées ou si elles renferment une liqueur gluante qui ne sort pas d'elle-même, vous placez, pendant quelques heures, un cataplasme de fécule qui permet d'enlever le tout sans faire beaucoup souffrir. Vous pansez ensuite, toutes les 12 ou 24 heures, avec du papier brouillard enduit de graisse ou de beurre. Ce papier est avantageusement remplacé par les feuilles de lierre ou même de chou dont on a soigneusement écrasé les nervures. Vous les faites chauffer un peu pour en rendre l'application moins pénible. Au bout de quelques jours, la peau s'est reformée ; il ne reste plus qu'une rougeur qui disparaît bientôt. Il est important, avant d'enlever le vésicatoire, d'avoir tout prêt sous la main ce qui est nécessaire au pansement.

On nomme *vésicatoires volants* ceux dont nous venons de parler, et *vésicatoires permanents* ceux que l'on continue à faire tirer, afin d'établir une suppuration durable. Pour ces derniers, après l'enlèvement de la toile, vous coupez tout autour la peau soulevée et, dans le pansement, vous remplacez le beurre ou la graisse par le cérat, que vous chauffez modérément afin d'éviter au patient la sensation du froid. Vous renouvelez le même pansement pendant deux ou trois jours, vous mettez ensuite une pommade préparée exprès par le pharmacien et vous faites le pansement toutes les 24 heures, le matin de préférence. En été, il est à propos de le faire 2 fois le jour à cause de l'odeur. Lorsque vous voudrez faire sécher le vésicatoire permanent, il vous suffira de cesser l'emploi de la pommade et de faire le pansement ordinaire.

Voici un moyen simple de suppléer l'action du vésicatoire ordinaire, lorsqu'on ne peut se le procurer facilement. Ce procédé est nommé *vésicatoire Mayor*. Il consiste à tremper un marteau dans l'eau bouillante et à l'appliquer ensuite sur la peau pendant quelques secondes.

Le *Cautère* établit une suppuration permanente pour tirer du corps des humeurs qui lui seraient nuisibles. Il se place plus communément au bras.

Vous prenez un morceau de sparadrap, vous pratiquez au milieu un trou de la largeur d'une pièce de 50 centimes. (V. fig. 35.) Après l'avoir un peu chauffé, vous le collez dans l'endroit destiné au cautère. Vous délayez ensuite un peu de poudre de Vienne, prise chez le pharmacien, avec quelques gouttes d'alcool, d'eau de Cologne ou d'eau simple, jusqu'à lui donner la consistance d'une pâte molle. Vous en placez une légère couche sur la peau laissée à découvert au milieu du sparadrap.

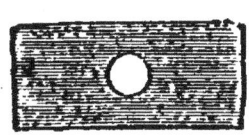

Fig. 35. — Morceau de sparadrap percé pour établir un cautère.

Au bout de 15 à 20 minutes, la pâte peut s'enlever à l'aide d'un couteau ; vous lavez alors l'escarre avec un peu d'eau alcoolisée ou vinaigrée et vous la recouvrez d'un linge sec. Le lendemain, l'escarre sera tombée. Dans le trou, vous placez un pois ordinaire traversé d'un fil, dont les bouts reviennent en dessus et sont destinés à le retirer plus facilement. Des morceaux de racine d'iris, taillés en forme de petites boules, remplacent avantageusement les poids ordinaires. Les pharmaciens vendent aussi des pois préparés pour les cautères.

Plusieurs établissent le cautère au moyen d'un petit vésicatoire ; les médecins déclarent mauvais ce procédé.

Le pansement se fait tous les jours, le matin de préférence. On change le pois et on recouvre le cautère d'une feuille de lierre ou d'un taffetas spécial fourni par les pharmaciens. Une bande attachée au bras maintient le tout en place. Pendant les grandes chaleurs, il convient de panser le cautère deux fois dans la journée, à cause de l'odeur.

Il se forme souvent des bourgeons charnus qui tendent à remplir la cavité et à chasser le pois. Vous vous y opposerez en serrant un peu plus le cautère avec le bandage, ou en détruisant ces bourgeons de chair avec la pierre infernale ou la poudre d'alun semée dessus.

Pour supprimer un cautère, il suffit de ne plus mettre de pois et de le panser avec un petit linge enduit de cérat. Cette suppression ne se doit point faire sans avis du médecin. Il ne la conseille qu'à bon escient et indique quelques précautions à prendre, tels que purgatifs, etc.

Poudres. — Différentes poudres sont employées comme remède externe. Les unes (la poudre d'amidon, par exemple), préservent la peau contre les liquides irritants, tels que l'urine, ou contre le frottement des draps, etc. Vous en saupoudrez les parties que vous voulez protéger.

D'autres poudres, comme l'alun, etc., sont semées sur les ulcères. Quelquefois elles doivent pénétrer au fond d'une cavité naturelle, le pharynx, etc., ou d'une cavité accidentelle, le trou d'une plaie. Pour les y pousser, le médecin se sert d'un insufflateur avec pomme en caoutchouc. La garde-malade à domicile n'aura pas cet instrument, elle pourra se servir d'une plume d'oie coupée de chaque bout, d'une paille ou d'une carte roulée. Elle soufflera vivement les poudres indiquées sur la partie malade et retirera la bouche au plus vite, surtout si elle insuffle dans la gorge, de peur que le malade ne lui retourne les poudres ou ne la gêne par sa respiration.

2° REMÈDES EXTERNES LIQUIDES. — La *teinture d'iode* s'emploie en badigeonnages, plus ordinairement sur le dos et la poitrine. Il suffit de prendre un pinceau en poil de blaireau, ou simplement une plume d'oie ou de poule. Vous trempez ce pinceau ou les barbes de la plume dans la teinture, et vous passez uniformément une, deux ou trois fois sur l'endroit désigné. Après une ou deux minutes, vous pouvez remettre les vêtements sans crainte de les tacher ou, pour plus de prudence, vous recouvrez la peau d'un linge ou de ouate.

Cette teinture, composée d'iode dissous dans de l'alcool, est très inflammable. Il serait imprudent d'approcher la lumière des vases qui la contiennent ou de l'endroit badigeonné.

L'huile de Croton s'emploie comme la teinture d'iode. Son but est de procurer une éruption sur la peau. Vous éviterez avec soin, et conseillerez à votre malade d'éviter également de toucher les endroits badigeonnés et de porter ensuite les mains à la figure : l'huile y produirait un effet peu gracieux.

Gargarismes. — Se gargariser, c'est promener dans la bouche et la gorge des liquides employés contre les maladies de ces parties. Le malade prend une petite quantité du liquide prescrit, qu'il évite d'avaler. Il se penche la tête en arrière, et chasse doucement l'air de la poitrine, lequel, en traversant le liquide, produit le glouglou connu de tous. Après quelques instants, il abaisse la tête en avant et rejette le liquide dans la cuvette. Il recommence l'opération de 10 à 15 fois le jour.

L'eau sédative est ainsi préparée : ammoniaque liquide, 60 grammes; alcool camphré, 10 grammes; sel de cuisine, 60 grammes; eau commune, 1 litre. Cette eau devient plus forte, si l'on augmente la dose d'ammoniaque. Elle se conserve dans des endroits frais et des vases bien bouchés, afin d'empêcher l'évaporation. Elle est employée en compresses contre la migraine, les névralgies, les rhumatismes. Avant de vous en servir, vous agiterez la bouteille.

Les *Lavements* sont des injections faites dans le gros intestin. Plusieurs instruments bien connus ont été inventés à cette fin. Quel que soit celui dont vous vous serviez, laissez jaillir quelques gouttes du lavement avant de l'administrer, afin de vous assurer que l'air est entièrement chassé. Son introduction dans les intestins produirait des coliques.

Les lavements sont dits *froids*, s'ils ont la température de l'appartement, — *tièdes*, lorsqu'ils atteignent de 20 à 25 degrés, — *chauds*, de 30 à 35 degrés ; il ne faut pas dépasser cette limite. Les lavements complets sont d'un demi-litre environ pour l'adulte.

Ils sont divisés : 1° en simples ou ordinaires — 2° en médicamenteux — 3° en alimentaires.

Les premiers sont composés d'eau pure ou d'eau avec une décoction de racines de guimauve, de graine de lin ou de son, afin de les rendre plus laxatifs. Administrés froids, ils sont plus actifs et plus stimulants.

Les seconds sont composés selon l'indication du médecin. Nous donnons ici les plus employés.

ÉMOLLIENTS.

Lavement d'eau de son. { son, forte poignée ou 60 gram.
{ eau, 1/2 litre.

Faites bouillir pendant quelques minutes et passez.

Lavement de graine de lin. { lin, forte cuillerée à bouche.
{ eau, grand 1/2 litre.

Faites bouillir 15 minutes et passez.

CALMANTS.

Lavement de têtes de pavots. { pavot, une ou deux têtes.
{ eau simple ou d'amidon, 1/2 lit.

Concassez les têtes de pavots, faites bouillir, laissez déposer et passez.

Lavement laudanisé. — Dans 2 verres d'eau ordinaire ou d'eau de guimauve tiède, versez de 10 à 20 gouttes de laudanum.

LAXATIFS.

Lavement de séné . { séné, 2 pincées.
{ eau, un 1/2 litre.

Faites infuser à froid pendant 3 heures et passez.

Lavement de savon. { savon ordinaire, 10 grammes.
{ eau, un 1/2 litre.

Faites fondre à chaud.

Les lavements *alimentaires* sont destinés à nourrir les malades. Ils sont au lait, à l'huile ou au bouillon froid et préalablement dégraissé. Le bouillon peut être mélangé d'un peu de vin.

Les lavements médicamenteux et alimentaires doivent être conservés le plus longtemps possible par le malade.

Habituellement ils sont précédés, pour préparer la voie, d'un lavement simple à rendre aussitôt.

Il est mauvais d'habituer l'intestin aux lavements. Toutefois il ne faut pas hésiter d'y recourir pour combattre une constipation opiniâtre.

Les *Bains* se divisent :

1. — *Selon leur température.* — 1° En bains *très froids*

(12 degrés au-dessus de zéro). Ils peuvent agir comme tonique chez des sujets peu irritables. En général, ils sont dangereux et à peu près abandonnés dans le traitement des fièvres typhoïdes.

2° En bains *froids* (12 à 18 degrés).

3° En bains *frais* (18 à 25 degrés). Les uns et les autres agissent comme toniques.

4° En bains *tempérés* (25 à 30 degrés). Ils ne sont ni toniques, ni débilitants, mais essentiellement hygiéniques.

5° En bains *chauds* (30 à 38 degrés). Ils augmentent la transpiration et déterminent une excitation générale, bientôt suivie d'une faiblesse d'autant plus grande que la température est plus élevée.

II. — *Selon leur composition.* — Ils sont *simples* (eau de rivière, de mer); ou *médicamenteux*, quand, à l'eau ordinaire, on ajoute des substances qui agissent comme remèdes.

Parmi ces derniers, les plus faciles à se procurer sont :

Bains savonneux. (savon blanc, un kilog.
(contre les inflammations). (eau, quantité suffisante.

Faites dissoudre le savon à chaud dans 5 ou 6 litres d'eau et mélangez avec l'eau du bain.

Bains de sel marin. (sel, un kilog.
(tonique). (eau, q. s.

Remuez l'eau pour bien faire fondre le sel.

Bains sinapisés. (farine de moutarde, un kilog.
(excitants). (eau tiède, q. s.

Placez la farine dans un sac de toile forte. Fermez le sac, mettez-le dans l'eau du bain et pétrissez la farine avec les pieds ou avec les mains. Recouvrez la baignoire d'un drap, pour protéger le visage contre les émanations irritantes de la moutarde.

Bains de son.   { son, un kilog.
  (émollients).   { eau, q. s.

Faites bouillir le son pendant un quart d'heure dans une quantité d'eau suffisante, et mélangez avec l'eau destinée au bain.

Nous terminerons l'article des bains par quelques conseils pratiques.

1° Jetez-vous précipitamment dans le bain froid au lieu de vous y mettre peu à peu, et, avec les mains, arrosez-vous la tête afin de l'empêcher de se congestionner.

2° Les bains de propreté ne doivent pas dépasser une demi-heure. Le médecin fixera la durée des autres.

3° Dès que vous commencez dans le bain à éprouver des frissons, hâtez-vous d'en sortir.

4° Ne demeurez pas immobile dans le bain, mais agitez-vous afin d'empêcher le froid.

5° Il est dangereux de prendre un bain immédiatement après avoir mangé. Laissez, entre le repas et le bain, un intervalle de 3 heures au moins et mieux de 4 à 5.

6° A la sortie du bain, les malades éviteront de laisser exposés à l'air le cou et les épaules : ils le essuieront promptement avec un linge sec et chaud et s'habilleront sans retard.

7° Après le bain, il est bon de marcher, ou de se coucher et de se bien couvrir, afin d'opérer une réaction indispensable pour le bon effet du bain.

8° Les bains froids ne conviennent pas aux personnes dont la poitrine est délicate, qui ont une maladie de cœur ou une tendance à la congestion.

9° Pendant les grandes chaleurs, il est prudent de prendre son bain le matin, de bonne heure, ou le soir après 4 heures, et non au milieu du jour où les insolations seraient à redouter.

10° Vous devrez surveiller les bains tièdes et chauds ; les premiers, dans la crainte qu'ils ne se refroidissent trop ; les seconds pour qu'ils ne dépassent point la température voulue, et aussi afin de remédier aux accidents qui parfois arrivent durant ces bains.

11° Il faut prendre garde que le malade s'endorme dans son bain, ce à quoi il est porté quand l'eau est tiède.

Bains de pieds. — Nous ne parlerons pas des bains de pieds de propreté ; leur usage s'impose.

Souvent les bains de pieds sont utilement pris pour détourner le sang qui se porte à la tête ou à la poitrine. Afin de les rendre plus actifs, vous pourrez y mettre une ou deux poignées de farine de moutarde. C'est le bain de pieds *sinapisé*. Dans ce cas, l'eau ne doit pas être très chaude, mais seulement tiède. L'eau trop chaude décomposerait la farine et lui enlèverait son activité.

D'autres fois, on jette une deux poignées de sel dans l'eau qui peut être aussi chaude que possible. C'est le bain de pieds *salé*.

Les *Douches* deviennent d'un usage fréquent. Des appareils permettent de les prendre à domicile. Elles doivent être prescrites par le médecin.

Vous observerez : 1° Qu'il ne faut pas éprouver le froid au moment de prendre les douches.

2° Qu'elles ne doivent à peu près jamais durer plus d'une minute. Il n'y a point d'inconvénient à être peu de temps ; il y en a toujours à les prolonger.

3° Qu'il est absolument nécessaire de produire après la douche une forte réaction ; pour cela de marcher autant que possible en plein air, même quand il fait froid, jusqu'à ce que l'on soit un peu en moiteur.

Un certain nombre de personnes prennent l'habitude de s'arroser le corps dès leur lever, avec une éponge américaine ou autrement. Nous ne conseillons pas cette pratique sans avis du médecin. Elle est utile aux uns, dangereuse aux autres.

3° REMÈDES EXTERNES GAZEUX. — *Bains de vapeur*. Ils consistent à plonger le corps dans de la vapeur d'eau pure, ou mélangée de quelques poignées de plantes désignées par le médecin.

Le moyen le plus simple, à défaut des boîtes fabriquées tout exprès, que vous ne rencontrerez pas chez les malades, est de superposer à 30 ou 40 centimètres de distance, 3 cercles dont le premier, plus près du sol, est plus grand, le second, un peu moins large et le troisième plus petit. Vous asseyez le patient à l'intérieur et l'entourez de couvertures qui retombent sur les cercles et ne laissent paraître au dehors que la tête du malade. Vous placez près de lui l'eau bouillante et la vapeur se dégage. (V. fig. 36.)

Si le malade ne peut se lever, vous approchez un lit tout près du sien. Vous prenez alors le patient avec son matelas, vous le posez sans secousse sur ce lit dont vous tenez les couvertures élevées, avec quelques cerceaux ou cercles, coupés par le milieu et vous disposez tout de telle sorte que le corps soit plongé dans la vapeur. Après quelque temps, vous reprenez le malade, vous l'essuyez avec un linge sec et chaud et le replacez, sans le matelas, dans son lit préalablement chauffé. Il est toujours mauvais de donner des bains de vapeur à un malade dans le lit où il doit rester, à cause de l'humidité dont matelas et couvertures seront nécessairement imprégnés.

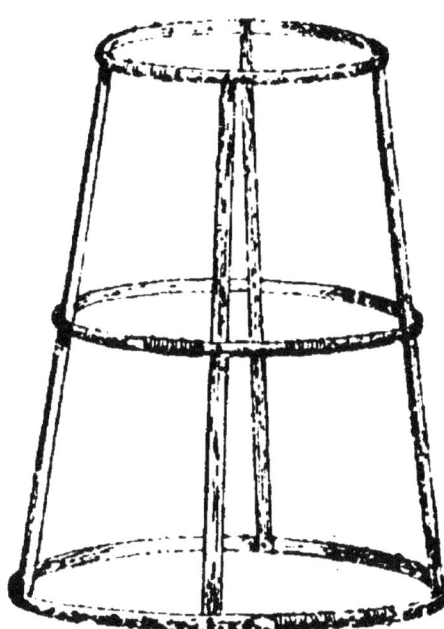

Fig. 36. — Cercles disposés pour un bain de vapeur.

Si, au lieu de plonger le corps entier dans la vapeur, on n'y plonge qu'un membre, une partie du corps, ce sont alors les *bains de vapeur locaux*.

Ces bains sont prescrits contre les douleurs rhumatismales, les névralgies, pour ramener la transpiration arrêtée.

Un moyen extrêmement simple et facile, à la campagne, pour exciter la sueur, est de mettre des feuilles d'aulne sécher au four, de les renfermer chaudes dans un grand sac où l'on se met soi-même.

Les *Fumigations sèches* consistent à jeter sur des charbons incandescents, placés dans un réchaud, des herbes ou autres médicaments, afin qu'en brûlant, ils répandent dans l'air quelques-unes de leurs propriétés utiles aux malades.

Les plus usitées sont : les fumigations de résine, de goudron, contre les maladies de poitrine ; de belladone, contre l'asthme. Toutefois, dans ce dernier cas, on emploie plus souvent la belladone en forme de cigarettes, qui se fument comme les cigarettes de tabac.

Les fumigations sèches sont d'un usage quotidien pour désinfecter la chambre du malade, comme nous l'avons vu précédemment.

2° Remèdes internes.

Nous les diviserons en deux catégories : 1° les remèdes proprement dits, destinés à combattre la maladie ; 2° les remèdes alimentaires employés pour soutenir le malade ou réparer ses forces.

1° REMÈDES INTERNES PROPREMENT DITS. — Les *Tisanes* sont des boissons qui renferment certaines substances médicamenteuses. Aider l'action de remèdes plus actifs et désaltérer le malade, tel est leur principal but. (V. fig. 37.)

Elles sont prises froides, si leur but est de calmer ;

Fig. 37. — Manière de boire la tisane sans se déplacer.

chaudes, si elles sont destinées à provoquer la sueur.

En voici quelques-unes d'un usage plus fréquent, avec leur mode de préparation et les effets qu'elles sont appelées à produire.

MATIÈRES EMPLOYÉES	MODE DE PRÉPARATION	QUANTITÉ P. 1 LIT. D'EAU	EFFETS PRODUITS
Camomille (fleurs de).	Inf. 15 minutes, passez et sucrez à volonté.	20 grammes.	Tonique - Apéritif.
Capillaire...	Inf. 1/2 heure 3/4 d'heure, passez et sucrez à volonté.	10 grammes.	Expectorant.

MATIÈRES EMPLOYÉES	MODE DE PRÉPARATION	QUANTITÉ P. 1 LIT. D'EAU	EFFETS PRODUITS
Frêne (feuilles de).	Inf. 15 minutes, passez et sucrez à volonté.	20 grammes.	Antirhumatismal.
Guimauve (fleurs de).	id.	20 grammes.	Expectorant.
Mauve (fleurs de).	id.	10 grammes.	Pectoral.
Menthe poivrée.	Inf. 1/2 heure 3/4 d'heure, passez et sucrez à volonté.		
Noyer (feuilles de).	id.	20 grammes.	Antiscrofuleux.
Quatre fleurs (fleurs de mauve, de guimauve, de violette, de coquelicot, parties égales.)	id.	10 grammes.	Expectorant.
Cerises (queues de).	Après avoir fait macérer pendant 1/2-3/4 d'heure, passez et sucrez.	10 grammes.	Diurétique.
Romarin	Inf. 1/2-3/4 d'heure, passez et sucrez à volonté.	5 grammes.	Stimulant.
Saponaire	id.	20 grammes.	Antidartreux.
Sauge (feuilles de).	id.	5 grammes.	Stimulant.
Séné	id.	10 grammes.	Purgatif.
Sureau (fleurs de).	Inf. 15 minutes, passez et sucrez à volonté.	4 grammes.	Sudorifique.

MATIÈRES EMPLOYÉES	MODE DE PRÉPARATION	QUANTITÉ P. 1 LIT. D'EAU	EFFETS PRODUITS
Tilleul (fleurs de).	Inf. 15 minutes, passez et sucrez à volonté.	10 grammes.	Calmant.
Reine des prés.	id.	20 grammes.	Diurétique.
Violettes (fleurs de).	id.	10 grammes.	Contre la toux.
Thym	Inf. 1/2-3/4 d'heure, passez et sucrez à volonté.	10 grammes.	Stimulant-tonique.
Lin (graines de).	macérez à froid.	20 grammes.	Émollient.
Orge mondé.	décoction.	20 grammes.	Rafraîchissant
Orge perlé.	id.	id.	id.
Pissenlit.	id.	30 grammes.	Dépuratif et laxatif.
Pruneaux.	Otez les noyaux et faites bouillir 1 heure, passez et sucrez.	1 poignée.	Laxatif.
Chêne (écorce de).	Faites bouillir 1 heure, passez et sucrez.	id.	Astringent.
Chiendent.	id.	1/2 poignée.	Diurétique et apéritif.
Figues.	Coupez en morceaux ; faites bouillir une heure, passez et sucrez.	id.	Pectoral.
Raisins secs.	Faites bouillir 1 heure, passez et sucrez.	id.	id.

Nota. — 1° L'eau de pluie ou de rivière est préférable pour les tisanes à l'eau des fontaines.

2° Il est important de ne pas faire beaucoup de tisane à la fois : elle perdrait de son arome et serait moins agréable au malade.

3° La tisane se sucre plus ou moins selon le goût du malade et l'avis du médecin. Celui-ci indique également si la tisane doit être prise froide ou chaude.

Les *Bols*, *Pilules*, *Granules* sont des remèdes en forme de petites boules destinées à être avalées par le malade. Les plus grosses sont dites bols ; les moyennes, pilules ; les très petites, granules.

Pour les donner, vous vous conformerez strictement aux prescriptions du médecin. Généralement, les remèdes ainsi administrés sont destinés à agir très énergiquement. Les donner moins fréquemment serait s'exposer à empêcher leur effet : les donner en trop grande quantité produirait un effet violent et pourrait amener un empoisonnement, ou du moins provoquer de graves désordres. Vous remarquerez attentivement leur action sur le malade, afin de renseigner le médecin.

Les *Potions* sont des médicaments liquides qui se prennent généralement par cuillerées.

Si elles sont exclusivement composées d'eau distillée et de sirops, elles se nomment *juleps*. Le julep se prend ordinairement, le soir en une ou deux doses pour provoquer le calme et le sommeil.

Lorsque les potions sont gommeuses, sucrées, et qu'elles renferment de l'huile d'amandes douces ou autre, elles se nomment *loochs*. Le médecin indique leur composition et le mode de les administrer.

2° REMÈDES ALIMENTAIRES. — Le *Bouillon* est l'aliment le plus commun des malades et des convalescents. Il est du ressort des livres de cuisine d'indiquer la méthode à employer pour préparer le bouillon ordinaire.

Nous donnerons cependant quelques recettes utiles à une garde-malade.

Bouillon de poulet : prenez un demi-poulet pour 2 litres d'eau ; mettez sel et bouquet. Faites bouillir pendant 1 heure. Chez les pauvres, vous pourrez remplacer le poulet par le lapin, dont le prix est moins élevé.

Bouillon de malade : hachez 200 grammes de maigre de bœuf : jetez dans un litre d'eau bouillante et salez. Tenez le vase bien couvert. Quand le bouillon sera refroidi, vous le passerez. Il se prend froid ou chaud. Après une hémorragie, il se donne *frappé*, c'est-à-dire froid avec de la glace.

Bouillon de Liebig : Jetez dans un demi-litre d'eau bouillante, assaisonnée d'un peu de sel et d'un léger bouquet, une cuillerée à café de l'*extrait de viande Liebig*. Vous aurez ainsi promptement du bouillon pour votre malade. Cependant, d'après certains médecins, le bouillon de Liebig n'est sain que quand il est joint à un bouillon aux légumes, carottes, poireaux, etc.

Thé au bœuf. Hachez menu 500 grammes de maigre

de bœuf et jetez dans un 1/2 litre d'eau un peu salée ; faites bouillir quelques minutes seulement et passez le tout dans un linge.

Le *Bouillon aux herbes* est une boisson laxative, prescrite fréquemment après les purgations. Il se prépare en faisant bouillir, à un feu doux, de l'eau avec de l'oseille, de la laitue, de la poirée et du cerfeuil. Vous ajoutez très peu de sel et de beurre.

Le *Lait de poule* fort usité dans les rhumes se prend le soir avant le coucher.

Voici sa composition : vous délayez un jaune d'œuf dans un verre d'eau chaude ; vous ajoutez une quantité suffisante de sucre et un peu de fleurs d'oranger. Une infusion de fleurs pectorales peut remplacer avantageusement l'eau chaude.

Panade. — Pour l'obtenir, mettez de la croûte de pain avec de l'eau, un peu de sel et un morceau de beurre frais et faites mijoter pendant 3/4 d'heure. Vous pouvez ajouter alors un jaune d'œuf délayé dans un peu d'eau ou de lait. Dans ce cas elle est plus nutritive et moins digestive.

On nomme encore *panade* une boisson nourrissante, qui consiste simplement dans de l'eau où ont séjourné des croûtes de pain grillées.

Les *Crèmes au café* ou *à la vanille* sont des mets que les malades digèrent sans trop de peine. Vous saurez les lui préparer à l'occasion.

Le *Petit-lait* est une boisson très rafraîchissante et

très agréable dans les maladies inflammatoires et contre les vomissements.

L'eau rougie est fréquemment recommandée. Le vin y entre en plus ou moins grande abondance selon l'état du malade.

Pour les personnes anémiques, vous pourrez mettre une poignée de clous dans une carafe, que vous remplirez chaque jour, à mesure que vous la viderez pour mélanger avec le vin. Cette eau est appelée *ferrée* ou *rouillée*. Le fer forgé est le meilleur.

Pour les personnes à poitrine délicate, vous pourrez ajouter un peu de goudron.

Assez souvent, on mélange avec le *vin* des substances médicamenteuses dont il prend le nom (*vin de gentiane*, *d'absinthe*, etc.). Leur nombre augmente tous les jours. Voici les plus en usage avec leur mode de composition :

Vin de quinquina. — Laissez macérer, pendant 24 heures, 60 grammes de quinquina gris ou 30 grammes de quinquina jaune dans un 1/2 verre d'eau-de-vie et mélangez avec un litre de vin rouge ou de vin blanc.

Il est employé comme fortifiant et contre la fièvre.

Vin d'absinthe. — Faites macérer, pendant 24 heures 30 grammes d'absinthe dans un 1/4 de verre d'eau-de-vie. Mettez le tout dans un litre de vin blanc, laissez encore macérer 2 jours et passez.

Il est employé comme tonique et excitant.

Vin de Noyer (antiscrofuleux). — Faites macérer.

50 à 60 grammes de feuilles fraîches de noyer dans un litre de vin, pendant plusieurs jours.

Vous veillerez avec soin à ce que votre malade modère son appétit. Une imprudence aurait souvent des conséquences graves. Les repas seront nombreux, mais peu abondants. Vous ne donnerez pas de nouveaux aliments avant que les premiers soient tout à fait digérés. Le pain frais, les boissons trop fortes, les fruits crus (pomme, poire, etc.) lui seraient nuisibles.

CHAPITRE III

PANSEMENTS ET OPÉRATIONS DIVERSES DE LA GARDE-MALADE

Pansements.

Les pansements sont l'application des moyens propres à guérir une plaie, en la protégeant contre les germes infectieux et contre les violences extérieures.

Nous étudierons successivement ces moyens.

I. — ANTISEPSIE signifie à peu près *désinfection*, expression plus facile à comprendre. Elle a pour but d'empêcher la multiplication d'insectes très petits

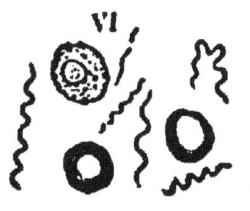

Fig. 38. — Microbes ondulés et arrondis.

Fig. 39. — Microbes associés et enchevêtrés.

nommés *microbes* et de les détruire. (V. fig. 38 et 39.)

Un objet en pourriture est assiégé par des milliers de mouches ou d'autres insectes. Ils y pullulent, surtout dans les chaleurs : chacun a pu le remarquer. Il en est exactement de même autour des plaies en suppuration, autour d'un malade atteint de fièvre. La seule différence est que, dans ce dernier cas, les insectes sont si petits qu'ils ne peuvent être découverts à l'œil nu. Ils n'en corrompent pas moins l'air : ils empoisonnent de plus en plus le malade, et peuvent causer la maladie aux personnes de son entourage. Ils se multiplient avec une rapidité que l'imagination a peine à se figurer. Un seul individu, d'après les calculs des savants, en peut produire jusqu'à 16 millions en 24 heures.

Pour les combattre, la science a inventé des *pulvérisateurs*. Ils imprègnent l'air d'une vapeur où les microbes ne peuvent vivre.

La garde-malade à domicile n'a pas ordinairement sous la main ces précieux instruments. Elle peut cependant se procurer sans peine des antiseptiques (eau phéniquée ou boriquée). Elle en mélangera dans l'eau qui servira à nettoyer le malade, à se laver les mains, etc.

Le sulfate de cuivre ou couperose bleue, le sulfate de fer ou couperose verte (50 à 100 grammes dans un litre d'eau) seront utilement employés pour désinfecter les cuvettes, les crachoirs, les vases de nuit, etc.

Vous comprendrez combien il est important de ne pas laisser dans la chambre les linges d'un pansement, mais de les enlever, de les désinfecter au plus tôt, à cause des miasmes infectieux qu'ils renferment.

A défaut d'eau phéniquée ou boriquée, vous emploierez l'eau pure, mélangée d'alcool ou d'eau-de-vie, pour laver les plaies. En temps d'épidémie, auprès d'un malade atteint de fièvre typhoïde, etc., il est bon de faire bouillir l'eau destinée à être bue ou à préparer les tisanes et les aliments.

Avant de commencer tout pansement, lavez-vous soigneusement les mains dans l'eau additionnée de quelque liquide antiseptique ou d'alcool. Recommencez chaque fois que vous aurez touché à quelque objet étranger au pansement, c'est nécessaire pour empêcher, autant que possible, l'introduction de germes infectieux dans une plaie.

Les médecins et surtout les chirurgiens sont, à ce sujet, d'une inflexible rigidité. Ils ont raison : le bien de leurs malades et souvent le succès des opérations en dépendent.

M. le docteur Lelièvre, à qui ses ouvrages et ses succès ont acquis une réputation méritée, a bien voulu nous communiquer ce qui suit sur l'antisepsie. Les garde-malades, en lisant ces lignes, partageront notre reconnaissance.

Principes de l'antisepsie chirurgicale.

« Les résultats merveilleux de la chirurgie contemporaine sont dus *à la cicatrisation prompte et sans suppuration des plaies fraîches, quelle que soit leur étendue.*

C'est une propriété inhérente à nos tissus de pouvoir se régénérer d'eux-mêmes chez un sujet sain.

Toute plaie suppurante est une plaie infectée par des microbes ou organismes microscopiques qui voltigent dans l'air ou sont fixés sur nos corps et nos vêtements.

La première règle consiste à détruire tous ces microbes sur les objets qui doivent entrer en contact avec une plaie.

Les linges ou tout objet de pansement; passé à la vapeur ou dans l'eau bouillante, est rendu *Aseptique*, c'est-à-dire est débarrassé de tout microbe infectant.

Aussi on fait bouillir les linges qui doivent servir pendant l'opération, et on les garde dans un vase hermétiquement fermé, jusqu'au moment de les utiliser. On doit également avoir soin de se bien laver les mains et de les passer dans une solution *Antiseptique* quand on doit toucher les plaies ou les instruments.

Les instruments eux-mêmes ont été passés à l'eau bouillante et conservés dans une boîte bien fermée jusqu'au moment de l'opération, ou disposés sur des linges ayant été préparés de la même manière.

On appelle *Antiseptiques* les préparations chimiques, douées de la propriété de détruire les microbes.

Les objets de pansement, imprégnés de ces substances sont doués de propriétés *antiseptiques*.

Le sublimé, les acides phénique, salicylique, borique, etc, l'iodoforme, le salol, etc., sont des substances antiseptiques.

On utilise comme objets de pansement des linges, gazes, coton, imprégnés de ces substances. On a de la gaze iodoformée, boriquée, au salol, etc., etc. Du coton phéniqué, boriqué, iodoformé, etc., etc.

On appelle coton ou ouate *hydrophile* celle qui a subi une préparation pour la débarrasser des substances grasses qu'elle renferme, et détruire tous les microbes, au moyen de la vapeur dans des étuves.

Elle est rendue hydrophile, c'est-à-dire qu'elle absorbe les liquides.

Elle est moins chère que la ouate *antiseptique* et peut la remplacer pour une partie des pansements.

Mais il faut toujours une substance antiseptique en contact avec la plaie, pour détruire les microbes qui, pendant l'opération, auraient pu souiller la plaie ou les objets de pansement *aseptiques*.

Dans les milieux où l'air est moins pur et où séjournent beaucoup de personnes, les chirurgiens ont soin de faire faire des pulvérisations *antiseptiques* afin de détruire les microbes qui voltigent dans l'air.

C'est ce qui a lieu dans les hôpitaux, dans les salles d'opération. »

II. — OBJETS NÉCESSAIRES AUX PANSEMENTS. — La *charpie* est préparée avec de la toile de chanvre ou, à son défaut, avec celle de coton, de 4 à 5 centimètres de largeur. La toile doit être blanche de lessive et effilée brin à brin. La charpie se conserve dans des boîtes en fer-blanc ou dans des bocaux bien fermés. Vous pourrez y joindre un peu de camphre pour l'empêcher de s'infecter. N'employez jamais de charpie dont vous pourriez suspecter la propreté.

Les *compresses* sont des linges de diverses grandeurs, sans pli et sans ourlet, pliés en un ou plusieurs doubles.

La compresse est souvent percée d'un ou plusieurs trous, pratiqués avec les ciseaux, afin de livrer passage aux humeurs qui s'échappent de la plaie. Elle prend alors le nom de *linge troué* ou de *compresse fenêtrée*. (V. fig. 40.)

Fig. 40. — Compresse fenêtrée.

La plupart du temps les compresses ne sont pas appliquées sèches. Elles sont imbibées d'eau pure ou de quelque autre liquide : souvent encore elles sont enduites de vaseline, de pommade, d'onguent.

Les *bandes* sont des morceaux de toile, de fil ou de

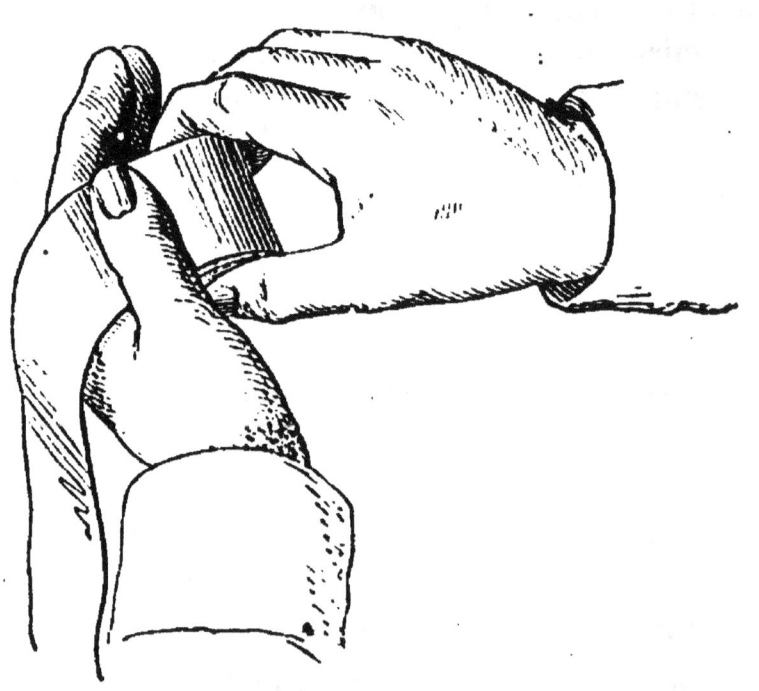

Fig. 41. — Comment on roule une bande.

coton à demi usé, ou encore de flanelle. Leur largeur

est de 5 centimètres environ : elles sont plus ou moins longues. Jamais elles ne doivent être ourlées. Elles se conservent roulées sur elles-mêmes comme si elles étaient dévidées sur une bobine. (V. fig. 41.)

Le médecin fait habituellement le premier panse-

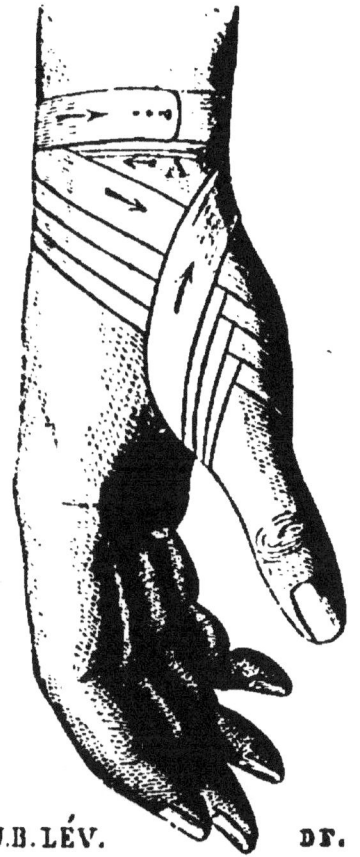

Fig. 42. — Main.

Bandage composé de plusieurs tours de bande enroulés autour du poignet et du pouce, pour les cas où celui-ci blessé doit être immobilisé.

Fig. 43. — Main.

Bandage composé de plusieurs petites bandes, qui isolent les doigts les uns des autres et les empêchent de contracter des adhérences entre eux, au moment de la cicatrisation d'une brûlure ou d'une plaie.

ment. Vous l'examinerez attentivement, afin de savoir vous-même comment vous devrez opérer.

Décrire les différents bandages serait, l'expérience

le prouve, s'exposer à être peu compris, tandis que la seule vue d'un bandage indique comment s'y prendre. L'attention et un peu d'expérience sont les meilleurs maîtres. (V. fig. 42, 43, 44, 45.)

Voici cependant quelques conseils pratiques : 1° Faites 2 ou 3 tours l'un sur l'autre, pour bien fixer votre bandeau au départ.

Fig. 44. — Pansement embrassant la main entière.

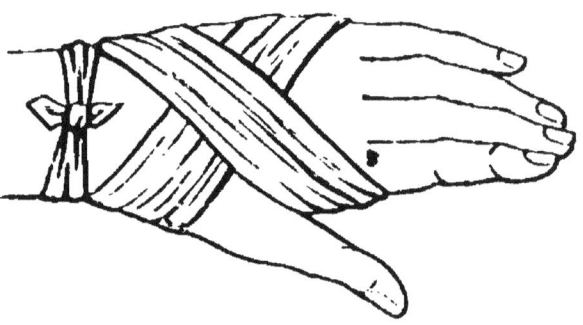

Fig. 45. — Pansement appliqué sur la main.

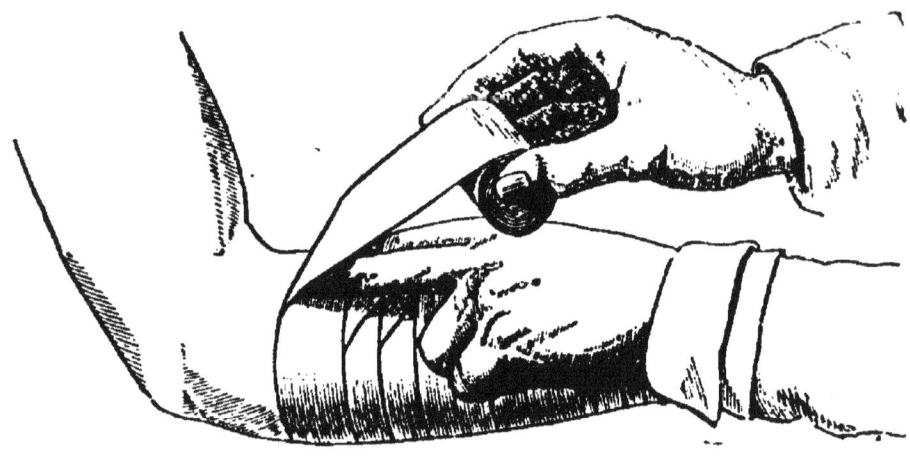

Fig. 46. — Bandage.
Manière de faire les *renversés* pour empêcher la formation des *godets*.

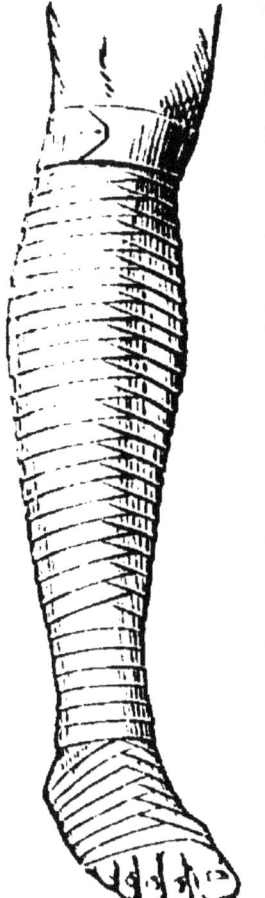

Fig. 47. — Bandage de la jambe.

2° Moulez votre bande sur la partie bandée par des *renversés*, si le membre est d'une grosseur inégale. (V. fig. 46, 47.) C'est le moyen d'éviter les *godets*, révélateurs d'un mauvais bandage.

3° Recouvrez chaque tour de bande à moitié, ou au tiers, par l'autre tour. La solidité du bandage le réclame.

4° Tout bandage qui produit un gonflement, un engourdissement de la partie voisine, une douleur sur un point, doit être défait aussitôt et réappliqué.

5° Commencez à bander les membres par les extrémités et remontez, afin de ne pas contrarier le retour du sang.

6° Serrez également sur tout le parcours, pour éviter que le membre se gonfle par endroits, ce qui amènerait de graves complications. Ne serrez pas trop afin de ne pas gêner la circulation ; ni trop peu, ce qui rendrait le bandage inutile.

Opérations diverses.

1° PIQURES DE MORPHINE. — Ces piqûres ou injections se pratiquent avec une petite seringue destinée à cet effet. La pointe, appelée *aiguille*, s'ajuste, pour l'opération, à l'instrument dont elle est tenue séparée habituellement pour plus de commodité et pour n'être pas brisée. La seringue, étant chargée du liquide à injecter, vous foulez un peu sur le bouton, pour chasser l'air qui serait resté dans la tige, ensuite vous prenez la peau à l'endroit voulu et la serrez entre le pouce et l'index de la main gauche, puis, de la droite, vous enfoncez l'aiguille verticalement de façon à ce qu'elle pénètre bien sous la peau et vous injectez la morphine. L'aiguille est ensuite retirée et, afin d'empêcher la sortie du liquide, vous placez le doigt à l'endroit de la piqûre.

Observations : 1° L'instrument, surtout l'aiguille, sera tenu extrêmement propre et pour cela nettoyé avec soin après chaque piqûre.

2° Pour empêcher l'aiguille de s'obstruer, vous y coulerez un petit fil d'argent.

3° Vous ne donnerez point d'injection de morphine sans l'assentiment du médecin. Il prescrira lui-même les doses et le nombre des piqûres.

4° Vous serez prudente dans l'emploi de la morphine. Elle produit peu à peu, chez les personnes qui en contractent l'habitude, un véritable empoisonnement.

2° LES VENTOUSES ont pour but d'attirer le sang à la surface du corps, dans une partie désignée, dos, jambes, etc.

La science a inventé différents systèmes de ventouses ; les unes à pompe, les autres en caoutchouc, ou en verre avec cloche en caoutchouc. La plupart du temps, vous ne les aurez pas sous la main chez vos malades. Voici le moyen d'y suppléer : prenez un verre à boire, faites-y brûler un léger papier, et renversez aussitôt le verre sur l'endroit désigné. La peau se soulève, se congestionne, devient rouge violacé. Vous laissez le verre quelques minutes puis, pour l'enlever, vous le faites basculer d'un côté avec la main gauche, pendant que, de la droite, vous appuyez sur la peau du côté où le verre se lève, de manière à permettre l'entrée de l'air. La peau reste violacée pendant quelque temps et reprend ensuite sa couleur habituelle.

Ce sont là les *ventouses sèches*. Nous ne dirons rien des *ventouses scarifiées*. Le médecin seul peut les appliquer.

3° LES SANGSUES s'emploient pour tirer du sang sur une partie quelconque du corps. Les pharmaciens en délivrent de deux espèces : les *vertes* et les *grises*.

Avant de les appliquer, vous lavez avec de l'eau tiède la peau où elles vont être placées. Vous essuyez les sangsues, laissées quelque temps, mais non plus d'une heure entière, à l'air afin d'exciter leur appétit. Vous les posez dans un verre dont vous imbibez les bords d'un peu de vin. Vous les appliquez en renversant le verre, à travers lequel vous remarquez quand elles prennent. (V. fig. 48.) Lorsque toutes tiennent au corps, vous le retirez. Si l'endroit où elles sont appelées à *travailler* est peu large, vous vous servez d'un petit verre ou vous les mettez une à une dans une carte roulée, ayant soin de placer le bout le moins gros, où se trouve la bouche, du côté de la peau.

Si elles refusaient de mordre, vous frotteriez la peau avec de l'eau sucrée ou du lait.

Les sangsues se gorgent de sang pendant une demi-heure, une heure, quelquefois deux heures, puis elles

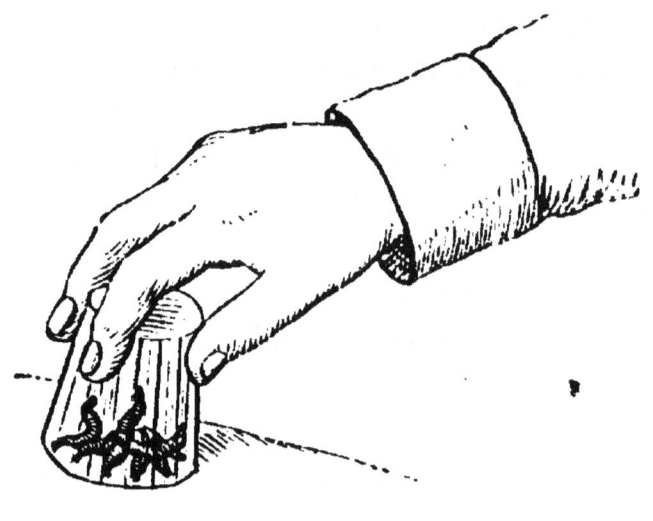

Fig. 18. — Application des sangsues à l'aide d'un verre.

se détachent d'elles-mêmes. Si elles restaient adhérentes, il suffirait de les saupoudrer avec un peu de sel de cuisine.

Elles doivent être surveillées tout le temps de l'application, de peur qu'elles ne se détachent pour aller piquer plus loin que l'endroit assigné.

Si elles venaient à pénétrer à l'intérieur du corps, dans la bouche ou ailleurs, il faudrait boire ou injecter de l'eau très salée pour leur faire lâcher prise.

Lorsque vous désirez que le sang continue à couler, lavez fréquemment les morsures avec de l'eau tiède. Lorsque vous voudrez au contraire arrêter le sang, souvent il suffira de laisser les piqûres exposées à l'air pendant quelques instants, ou de placer dessus un peu d'amadou, de linge brûlé, et de bien appuyer ces objets contre la peau.

Les piqûres se gonflent un peu les jours suivants et leur bord devient violacé. Il n'y a pas lieu de s'en inquiéter.

Pour conserver les sangsues, vous les faites dégorger avec le sel de cuisine, l'eau vinée ou vinaigrée. Vous les lavez ensuite avec soin et les placez dans de l'eau que vous renouvelez tous les 2 ou 3 jours. Il est peut-être plus simple de les mettre dans un vase au fond duquel se trouve de la terre glaise, recouverte de mousse imbibée d'eau. Dans l'un et l'autre cas, vous couvrez le vase et vous ne le placez point près d'une fenêtre, comme il arrive souvent, mais dans une demi-obscurité, au frais et dans une température peu variable.

Après un certain temps, les mêmes sangsues pourront servir de nouveau.

4° LA FRICTION est l'action de frotter, à main nue ou avec une flanelle, un linge, une brosse, etc., toute la surface du corps ou une partie seulement.

Les frictions sont *sèches* et *humides*. Le but des premières est d'exciter les fonctions de la peau. Pour cela, on se sert d'un gant de crin. (V. fig. 49.) L'effet est ainsi produit plus promptement et plus sûrement. Vous frotterez doucement d'abord et vous augmenterez peu à peu, tant que le malade n'en sera pas incommodé.

Il n'est pas rare que les personnes un peu nerveuses prennent un vrai plaisir aux frictions et les veulent à main nue. Vous n'accéderez point à ce désir.

Fig. 49. — Gant en crin pour frictions.

Les frictions humides se distinguent des premières, en ce qu'elles ont pour but souvent de faire absorber par la peau certains remèdes. Les liquides les plus employés sont : l'eau-de-vie, surtout l'eau-de-vie camphrée, l'eau de Cologne, le vinaigre, l'essence de térébenthine.

Fréquemment encore les frictions se pratiquent avec des *baumes*, dont l'un des principaux est le *baume tranquille*, destiné à calmer les douleurs rhumatismales et les névralgies.

D'autres fois, on emploie des *onguents*. Alors les frictions prennent le nom d'onctions. Un des plus employés pour hâter la maturité des abcès est l'*onguent de la mère Thècle*, dit simplement l'*onguent de la mère*.

Les *frictions électriques* consistent à frotter à nu, avec une brosse garnie d'un manche de verre, ou mieux peut-être à promener un conducteur électrique terminé par une boule d'eau, d'un volume médiocre, à une très petite distance de la surface du corps recouvert de flanelle. Tous les petits poils de la flanelle se hérissent et transmettent leur état d'électrisation. Il en résulte un léger fourmillement, une douce chaleur, une légère rougeur.

L'électricité est actuellement très employée contre les névralgies, les rhumatismes chroniques. Les instruments, dont on se sert à cet effet, sont accompagnés d'instructions qui en indiquent le maniement. Nous ne nous y arrêterons pas ici.

5° LE MASSAGE consiste à presser, à pétrir, pour ainsi dire, avec les mains certaines parties du corps. Cette opération se pratique avec succès dans les entorses, les engorgements articulaires chroniques.

Décrire la méthode à suivre serait de peu d'utilité. Il est d'autant plus nécessaire d'être témoin, au moins une fois, de cette opération, que le massage mal fait peut devenir dangereux.

6° EXAMEN DES URINES. — Quelquefois les médecins prient la garde-malade de s'assurer si les urines ne renferment pas de l'albumine.

Voici la manière de procéder, afin de répondre à cette demande :

1° Si vous pouvez vous procurer un peu d'acide nitrique, (eau-forte,) vous en versez avec précaution, goutte à goutte, dans un vase ou verre contenant l'urine du malade. Si celle-ci renferme de l'albumine, aussitôt des flocons blancs apparaissent.

2° A défaut d'acide nitrique, vous mettrez un peu

d'urine dans un éprouvette, (petit tube de verre,) ou dans une cuiller en fer, et vous ferez chauffer sur une lampe, sur une bougie. Un peu avant d'entrer en ébullition, l'urine albumineuse se trouble, l'albumine se sépare sous forme de flocons.

Opérations chirurgicales.

Chaque jour, ces opérations deviennent plus communes et le chirurgien exige presque toujours la présence d'une garde-malade, pour préparer ce qui est nécessaire, l'assister, surtout pour faire les pansements les jours qui suivent l'opération et s'assurer, par elle, que le régime prescrit est exactement suivi.

Il nous paraît utile, pour cette raison, d'indiquer ce qui convient avant, pendant, après l'opération.

1° AVANT. — *L'appartement* le plus commode, le plus aéré, le mieux éclairé de la maison est habituellement choisi par l'opérateur. Les rideaux, les cadres sont enlevés, les murs brossés, le parquet ou le pavé lavé et de plus des antiseptiques sont répandus dans l'atmosphère, à l'aide d'un pulvérisateur ou autrement.

Le lit, sur lequel le malade doit être placé après l'opération, se compose d'un ou deux matelas, d'un traversin et d'un petit oreiller, si le médecin le permet, de draps comme à l'ordinaire et de plus ou moins de couvertures selon la saison. Sur le matelas est étendue une toile cirée recouverte d'un drap plié en quatre. Enfin des bouteilles d'eau bouillante y entretiennent la chaleur. Souvent on ne peut faire le lit que 8 ou 10 jours après. C'est pourquoi il est bon d'y apporter le plus grand soin avant l'opération.

Le lit pour l'opération consiste en une table solide, de la longueur de la personne et placée en face d'une fenêtre. Dessus est posé un simple matelas aussi ferme que possible, avec toile cirée recouverte d'un drap plié en quatre, et d'une couverture destinée à protéger le patient contre le froid, pendant qu'on le chloroformise. Souvent une simple couverture, sur le désir de l'opérateur, remplace le matelas.

PRÉPARATIFS DIVERS. — Vous vous informerez de quel côté doit se pratiquer l'opération, afin de placer auprès du chirurgien, de façon à ne pas le gêner, le *seau* destiné à recevoir les tampons de coton hydrophile et l'eau qui a servi.

La veille au soir vous faites bouillir pendant vingt minutes, dans un vase bien propre, la quantité *d'eau* demandée par le médecin. Quand elle s'est refroidie, vous la filtrez dans des litres que vous bouchez soigneusement. Après vous être lavé les mains dans une solution de sublimé, vous préparez encore, en plus ou moins grand nombre, (de 30 à 100 habituellement,) selon l'opération, des *tampons* de coton hydrophile de la grosseur d'un œuf. Vous les faites bouillir quelque temps dans une solution phéniquée à 5 0/0. Le lendemain, avant l'arrivée des médecins, vous retirez les tampons, vous les pressez et les mettez dans une cuvette où vous les couvrez jusqu'à ce qu'ils servent.

Pour les grandes opérations, on emploie des *compresses* en gaze hydrophile de (15 centimètres de largeur sur 30 centimètres de longueur). Il est bon de passer un fil tout autour. Elles doivent demeurer dans l'eau bouillante, mélangée d'une solution phéniquée ou au sublimé, pendant une heure ou deux. Ensuite vous les mettez dans un mélange d'eau bouillie et d'acide phénique, de façon à ce qu'elles y restent plongées jusqu'au lendemain matin. Des bandes de flanelle ou de vieux linge seront préparées à l'avance d'après l'avis du médecin. Souvent on se sert aussi de compresses de linge ou de serviettes, que l'on fait bouillir dans l'eau, et l'on réserve la gaze médicamenteuse, dont nous avons parlé plus haut, pour le pansement.

Une table recouverte d'une serviette, ou deux tables, s'il doit y avoir deux opérateurs, sont placées près du lit d'opération, pour recevoir les instruments apportés ordinairement la veille. Le médecin prescrit souvent un bain et recommande un repas très léger pour le soir (potage et œuf par exemple,) et défend de prendre aucune autre nourriture la nuit, et, à plus forte raison, le matin.

2° PENDANT. — Vous vous trouvez auprès de votre malade avant l'arrivée des médecins : vous placez sous la main du chirurgien une cuvette avec de l'eau chaude, du savon, une brosse à ongles, une ou deux autres cuvettes avec une solution de sublimé, des tabliers pour vous et les opérateurs, des épingles de sûreté, etc. Vous tenez allumé dans la cheminée un petit réchaud au charbon de bois. Vous avez tout prêt un mouchoir de poche blanc pour celui qui chloroformise, du coton hydrophile, etc.

Le malade, les jambes couvertes de ouate en hiver, ou d'une ample flanelle en été, est placé sur la table avec une couverture pour le protéger. Si l'opération se fait à la poitrine ou au ventre, il sera revêtu d'une chemise ouverte sur le côté. La garde se tient, pendant toute la durée de l'opération, attentive au moindre signe du médecin, afin de lui venir en aide, si besoin en est.

3° Après l'opération. — L'opération finie, vous procurez de l'eau chaude pour laver votre malade ; vous aidez à le changer et le médecin le porte au lit préparé d'avance. Vous le surveillerez afin qu'il ne fasse aucun mouvement. Le chloroforme provoque des vomissements qui durent parfois deux jours entiers. C'est pourquoi il faut attendre quelques heures après l'opération, pour donner de la nourriture à votre malade. D'ailleurs le docteur indique ce qui convient. Vous accomplirez fidèlement ses prescriptions.

Il sera important de bien observer la manière dont le médecin pratique le pansement afin que, s'il vous demande de le faire ensuite, vous sachiez comment vous y prendre.

APPENDICE

I

Devoirs de la Garde-malade envers elle-même.

Le dévouement des garde-malades sait braver les plus grands dangers. La foi et l'amour divin leur donnent l'héroïsme de la charité. Dieu, à son tour, les couvre de sa protection, et peu succombent, même aux maladies contagieuses. Le Seigneur toutefois ne bénit pas les imprudences. Il est du devoir de chacune de prendre les précautions conseillées par l'hygiène, autant qu'elle le peut. Elle s'abandonnera pour le reste entre les mains de la divine Providence.

La Chambre sera aérée le plus possible. Même pendant les plus grands froids de l'hiver, il sera bon de laisser les fenêtres longtemps ouvertes. L'air pur est plus de la moitié de la santé ; l'air concentré est toujours nuisible.

Les Vêtements demandent à être tenus très propres. Les garde-malades auront un large tablier et des bouts de manches qui les recouvriront entièrement. Elles les mettront *toujours* pour donner leurs soins ; elles les quitteront *toujours* pour prendre leurs repas. Les chaussures seront chaudes. Le froid des pieds amènerait promptement des rhumes et des bronchites, etc.

Les Repas se prennent, autant que possible, en dehors de la chambre du malade, à heure réglée et posément. Voici à ce sujet les conseils du docteur Carrère insérés dans le *Manuel de l'Hospitalière* :

« La tempérance, soit dans les boissons, soit dans les aliments solides, est absolument nécessaire aux Hospitalières. Elles doivent éviter de surcharger leur estomac d'une trop grande quantité d'aliments qui rendrait leur digestion plus longue, plus laborieuse, moins parfaite ; il en résulterait des sucs mal élaborés et une plus grande disposition à recevoir les impressions des miasmes morbifiques.

« Elles ne doivent se nourrir que d'aliments légers et faciles à digérer ; les aliments chauds, âcres porteraient dans leur sang une disposition à l'échauffement et les rendrait plus aptes à recevoir les germes de la maladie. C'est par la même raison qu'elles doivent éviter *sévèrement* l'usage des liqueurs ardentes et spiritueuses. »

Le Corps réclame les soins de propreté les plus minutieux. Les garde-malades n'iront pas à jeun donner leurs soins, sans s'être lavé la bouche avec de l'eau vinaigrée ou de l'eau additionnée d'un mélange antiseptique.

Les mains seront soigneusement lavées chaque fois qu'elles auront rendu quelques soins à leur malade ; avant de faire un pansement et après l'avoir fait. Il est même utile alors d'additionner d'un peu de vinaigre l'eau dont on se sert.

Un bain de temps en temps, surtout pendant les épidémies, est recommandé.

Auprès du Malade. — Évitez de respirer les émanations qui s'échappent de la bouche ou du corps du malade. Il suffit pour cela de détourner un peu le visage ou de retenir son haleine, lorsqu'il faut se baisser sur le lit ou sur le malade lui-même. Si le service exige un temps plus long, vous détournerez un moment la tête pour reprendre haleine.

Les vapeurs et les gaz se concentrent davantage à l'intérieur du lit. Dès que vous le découvrez, ils se développent. Vous mettrez dans cette circonstance à profit les conseils donnés plus haut.

Pour lever ou transporter le malade, faites-vous aider. Surtout ne montez point sur les bords du lit. Des imprudences de ce genre occasionneraient facilement des accidents. Éviter de tenir les jambes écartées, et se serrer avec une ceinture pour soulever quelque fardeau trop lourd sont de sages précautions.

En temps d'épidémie, soyez plus fidèle que jamais aux recommandations précédentes. De plus vous mettrez en pratique les conseils spéciaux donnés par le médecin dans ces circonstances.

II

Rapports avec le médecin.

La garde-malade est, nous l'avons dit déjà, l'auxiliaire du médecin. Vous devez vous tenir prête à lui fournir les renseignements capables de l'éclairer au moment de sa visite.

Il vous posera souvent les questions suivantes :

La fièvre a-t-elle été forte ? Quand a-t-elle commencé ? A quel degré a-t-elle monté ?

Y a-t-il eu délire ?

Le pouls a-t-il été régulier ?

Comment sont les crachats ?

Le malade est-il allé à la selle ? Comment étaient les déjections ?

A-t-il eu des vomissements ? Comment étaient les matières vomies ? (Mieux vaut habituellement les conserver pour les montrer.)

L'urine est-elle chargée, dépose-t-elle ?

La nuit a-t-elle été calme ? Le malade a-t-il dormi ? A-t-il eu des cauchemars ?

Si vous avez remarqué d'autres symptômes utiles au médecin, vous les lui indiquerez, lors même qu'il ne vous interrogerait pas à ce sujet. Vous ne direz rien toutefois devant le malade qui puisse inquiéter celui-ci.

Ordinairement le médecin se retire dans un coin de la chambre pour écrire son *ordonnance*. Vous lui demanderez alors sans crainte les explications dont vous pourriez avoir besoin, soit pour le malade, soit pour les visites qu'il peut recevoir, soit pour l'administration des remèdes, etc.

Afin de ne pas oublier ses recommandations, mieux vaudra souvent les écrire.

S'il survenait quelques difficultés sur la manière dont le régime prescrit a été suivi, vous seriez plus sûre de vous pour les réponses à donner.

Il va, sans dire, que vous ne vous permettrez jamais de critiquer la manière d'agir du docteur, de blâmer ses ordonnances. Votre rôle est simplement de veiller à leur observation.

Dans les cas peu communs, où vous seriez appelée avant le médecin, vous vous hâteriez de le faire demander, dès que vous auriez le moindre soupçon sur la gravité de la maladie, afin de dégager ainsi votre responsabilité.

Vos devoirs envers le médecin peuvent se résumer, ce me semble, dans ces trois mots :

« Soyez toujours *respectueuse, docile* et *réservée*. »

Dans certaines circonstances, le docteur apporte des feuilles à remplir chaque jour.

Le meilleur moyen de vous indiquer votre tâche sera de placer sous vos yeux deux de ces feuilles (1), l'une à remplir, l'autre remplie. De la sorte, vous comprendrez sans peine le travail demandé.

---

(1) Elles ont été remises à une *nurse* par un médecin anglais. Le nom seul du malade y est changé.

MALADIE :

Nom du Malade :

Age :

...r de la Maladie :

...crriture :

...réviations :

N. B.

...te :

FEUILLE A REMPLIR PO... ECIN

HEURES	NOURRITURE			POTIONS		SOMMEIL		DÉTAILS PARTICULIERS
						heures	min.^{tes}	
TOTAL.								

FEUILLE A REMPLIR POUR LE MÉDECIN

MALADIE : *Fièvre typhoïde.*

Nom du Malade : Mme Destraits.

Age : 23 ans.

Jour de la Maladie : 31e

Nourriture : lait, eau d'orge et eau-de-vie.

Continuer la potion de 4 heures en 4 heures. Donner autant de lait qu'il est possible. (Soir). nouvelle potion, donner du Wisky au lieu d'eau-de-vie.
N. B.

ABRÉVIATIONS :
t. — tasse.
c. — cuillerée (grande).
p. c. — petite cuillerée (c. à café).

Date : 25 Juillet.

HEURES	NOURRITURE			POTIONS		SOMMEIL		DÉTAILS PARTICULIERS
	LAIT	EAU D'ORGE	EAU-DE-VIE	1re	2e	HEUres	MINtes	
10 matin.	1/2 t.		2 p. c.					Urine.
11	1/2 t.		2 p. c.					
12	1/2 t.		2 p. c.					
1 soir.	1/2 t.	1 c.	2 p. c.	1 c.				
2	1/2 t.	2 c.	2 p. c.			1		id.
3	1/2 t.	2 c.	2 p. c.					Transpiration abondante.
4	1/2 t.	2 c.	2 p. c.				20	Selle très peu abondante.
5				1 c.				
6	1/2 t.	2 c.	2 p. c.					
7	1/2 t.	2 c.	2 p. c.					Transpiration abondante.
8	1/2 t.	2 c.	2 p. c.					Vomissement.
9				1 c.				
10	1/2 t.		2 p. c.					
11	1/2 t.		2 p. c.				15	Urine. — Beaucoup de gaz
11 30					1 c.		45	
12 minuit.	1/2 t.	1 c.	2 p. c.				40	Vomissement.
1	1/2 t.		2 p. c.			1	15	
2	1/2 t.		3 p. c.					
3 30					1 c.		45	Sommeil calme. — Transpiration.
4	1/2 t.		2 p. c.					
5 30	1/2 t.	1 c.	3 p. c.			1	20	
6								
7	1/2 t.		3 p. c.				45	Urine.
7 30					1 c.			
8	1/2 t.	1 c.	2 p. c.					
9	1/2 t.		2 p. c.					
TOTAL.	21 1/2	16 c.	42 p. c.	3 c.	3 c.	7	5	

DEUXIÈME TRAITÉ

DE L'AME

Le malade n'a pas seulement un corps. La plus noble partie de son être est l'âme. Qui fera jamais admettre qu'entre l'homme et la brute il n'y a aucune différence ? Qui détruira cette conviction qu'une partie de notre être survit à la mort ? « C'est ce que la nature nous crie, dit saint Augustin, c'est ce qui est empreint au fond de nos cœurs par le Créateur ; c'est ce que tous les hommes connaissent, depuis l'école des enfants jusqu'au trône du sage Salomon ; c'est ce que les bergers chantent dans les campagnes, ce que les pasteurs enseignent dans le lieu saint, ce que le genre humain annonce à tout l'univers. »

Il y a dans cette âme, image de Dieu son Créateur, une tendance irrésistible vers l'infini. Ce qui est créé ne la peut satisfaire. Les jouissances et les plaisirs de ce monde n'arrivent point à la rassasier. Elle veut un bonheur plus grand. Dieu seul est capable de remplir l'immensité de ses désirs.

Serait-il permis de ne pas s'occuper dans ce manuel

de l'âme du malade ? Son rôle n'est-il donc pas assez important, son influence assez capitale sur le corps qu'elle anime et qu'elle régit ? Ses intérêts ne sont-ils pas supérieurs à tous les autres ?

Si, dans la santé, les affaires et les plaisirs ont pu la distraire de ses destinées et même les lui faire oublier ; si les passions ont jeté le doute chez elle et voulu étouffer le cri de la conscience, la maladie, avec la solitude forcée, la souffrance et peut-être la perspective de la mort, ramène les réflexions sérieuses et dispose l'âme aux sages conseils.

C'est là, ô garde-malade, que grandit votre ministère de dévouement !

C'est principalement sous ce rapport que votre présence est utile auprès de celui qui souffre.

Mais autant votre mission est sublime, autant elle est délicate, difficile. Puisse ce qui va suivre vous aider à la remplir dignement !

Ce traité comprendra trois parties. Le moral du malade, l'état religieux du malade seront les titres et indiqueront le contenu des deux premières ; la troisième renfermera différentes prières utiles au malade ou à celle qui le veille. Enfin dans un appendice seront résumés brièvement les moyens de sanctification que vous procure votre ministère.

PREMIÈRE PARTIE

LE MORAL DU MALADE

L'âme et le corps sont si intimement unis ensemble que le *physique*, c'est-à-dire le corps, influe sur le *moral*, c'est-à-dire sur l'âme, et réciproquement. Il est nécessaire d'en tenir compte pour le bien du malade.

CHAPITRE PREMIER

Connaissances à acquérir.

Avec tact et prudence, vous vous mettrez peu à peu au courant de ce qu'est votre malade, de son tempérament, de sa manière de vivre, de sa situation, en un mot de tout ce qui peut vous être utile pour diriger votre conduite, évitant ce qui ne servirait qu'à satisfaire la curiosité.

Avec un enfant, un jeune homme, une jeune personne, un vieillard, votre façon d'agir ne saurait être la même.

Le caractère est-il doux, calme, tranquille ; ou au contraire prompt, irascible, violent ?

Quelles sont les dispositions habituelles du malade par rapport à la vertu, à la religion ?

A-t-il eu quelques peines graves, des chagrins, des ennuis ? En a-t-il encore ?

Quel est l'endroit sensible par lequel vous pouvez espérer l'intéresser ?

Que sont ceux qui l'entourent, ceux qui le visitent ?

Les réponses à ces questions viendront comme d'elles-mêmes, si vous savez vous y prendre. Ne vous permettez jamais une demande qui semblerait tant soit peu indiscrète. Par votre dévouement, vous aurez vite gagné la confiance du malade ; par votre charité, celle de la famille ; par votre discrétion, vous aurez promptement provoqué les confidences. Qui peut tenir son âme fermée devant des soins assidus et dévoués ? Qui ne se laisse toucher par la simplicité et des procédés bons et charitables ? Alors un mot se dit, pourvu que l'on sache s'épancher dans une âme discrète. Il n'est pas rare à ce sujet qu'on vous mette à l'épreuve. Peut-être des questions vous seront posées sur les malades que vous aurez soignés, les familles où vous serez allée. Répondrez-vous à ces questions ? Cette conséquence sera aussitôt tirée : « Quand elle nous aura quittés, elle dira aux autres ce qui se passe ici, comme elle nous raconte ici ce qu'elle a appris ailleurs. »

Au contraire, vous tiendrez-vous dans la plus grande réserve, ne laissant rien échapper de ce que vous avez vu ou de ce qui vous a été confié ? on se dira : « Nous pouvons agir et parler sans crainte, elle est discrète. »

Et vous utiliserez toutes ces connaissances pour le plus grand bien de votre malade et de ceux qui l'entourent.

CHAPITRE II

Influence des Maladies sur le Moral.

La maladie agit sur le caractère, le modifie souvent. Il importe que vous connaissiez l'influence fâcheuse qu'elle exerce. Je dis *fâcheuse* car il est extrêmement rare qu'elle soit favorable.

Nous emprunterons en partie ce qui va suivre à l'excellent ouvrage du docteur Descuret « *La Médecine des passions* ».

Les modifications morales, apportées par les maladies, diffèrent suivant que celles-ci sont *aiguës* ou *chroniques*.

Au début des premières, souvent même quelques jours avant leur invasion, il n'est pas rare d'avoir déjà dans le caractère moins d'égalité et de douceur ; l'esprit est paresseux ; on éprouve une tristesse vague, de l'ennui, une sorte de découragement ; on est incapable de se livrer au travail, ni même à aucun jeu qui exige une attention soutenue. Le mal est-il parvenu à son plus haut degré d'intensité? l'intelligence s'affaisse, les idées se troublent.

Aux approches de la mort, les sens ainsi que les facultés intellectuelles se raniment d'ordinaire, comme une bougie qui s'éteint jette un dernier éclat. Ce n'est que l'affaire de peu de temps. Il sera bon d'en profiter.

Les maladies *chroniques* rendent le caractère inquiet, sombre, égoïste et irascible.

Les *paralytiques* sont émus pour la moindre chose; ils ont constamment les larmes aux yeux et parfois aussi le rire se produit sans une raison qui le puisse expliquer. Les personnes atteintes d'*idiotie* sont pour la plupart lascives, colères, susceptibles, orgueilleuses, entêtées et jalouses.

Les *hydropiques*, les *rhumatisants* et les *goutteux* sont presque tous inabordables. La plus petite contrariété, le plus léger mouvement imprimé à leur lit ou à leur fauteuil suffit pour déterminer chez eux un accès de colère.

Les *maladies de peau* excitent l'irascibilité du caractère.

Ceux qui *souffrent des intestins* sont particulièrement en proie à un ennui profond, à une tristesse mélancolique, à des frayeurs continuelles, à la haine et à la vengeance. Ils exagèrent leurs douleurs, en parlent sans cesse et en espèrent peu la guérison.

Il en est tout autrement du *phtisique*. Au début de sa maladie et quelquefois durant son cours, il a bien une inquiétude vague. Bientôt elle est dissipée par ses illusions, ses espérances et des projets d'autant plus chimériques qu'il est plus près du terme de son existence. D'un autre côté, exigeant dans le choix de ses aliments, il semble s'étudier à demander les plus chers, les plus rares, ceux surtout qui ne sont pas de saison. Également inconstant dans ses goûts et dans ses affections, il désire changer de lieu, de vêtements, de garde-malade, de médecin. Souvent aussi on le voit s'attacher à un étranger qu'il connaît à peine, et prendre en aversion ses parents ou les personnes qu'il a le plus de motifs d'aimer. Il espère encore quand la mort le saisit.

Dans les *maladies graves du cœur*, les malades sont continuellement agités par la peur de la mort et en parlent sans cesse.

« Qu'elle est donc merveilleuse, conclut le docteur Descuret, la solidarité de l'âme et du corps et qu'il faudrait être aveugle pour nier son existence ! A-t-on eu le courage de triompher d'une passion violente ? vient-on de faire une action vraiment vertueuse ? Aussitôt la conscience satisfaite verse en nous un sentiment de bien-être, un calme délicieux, propre à favoriser l'équilibre de nos fonctions. A-t-on, au contraire, commis quelque action coupable, un premier crime surtout ? Le remords, ce cri accusateur de la conscience blessée, vient retentir au cœur dont les battements se précipitent tumultueux, en même temps qu'un nuage de laideur s'étend sur le visage. »

« Par la répétition fréquente d'actes si différents, nous voyons la vertu entretenir joie, santé et beauté, tandis que le vice produit une sombre tristesse et des dérangements fonctionnels accompagnés de l'altération des traits, indice d'une âme qui a corrompu sa voie en laissant le désordre s'introduire dans ses affections. »

Il n'est pas inutile, avant de clore ce chapitre, d'engager la garde-malade à réagir le plus possible contre l'influence mauvaise de la maladie : elle aidera de tout son pouvoir le malade à combattre ces dispositions fâcheuses, conséquence du mal qui exerce ses ravages sur le corps.

CHAPITRE III

Moyens à employer pour soutenir le moral du malade.

De ce qui précède, vous concluez sans peine combien il est important de soutenir le moral de votre malade, de le relever s'il vient à s'affaisser.

Les moyens employés varient selon les circonstances. Le tact de chacune sera son meilleur conseiller, pour lui indiquer ce qui convient et l'aider à saisir les occasions.

Cependant certaines qualités sont nécessaires *toujours* et à *toutes* les garde-malades. Le bien du malade les réclame non moins que l'intérêt de celle qui lui prodigue ses soins.

Le calme, la patience, la propreté, la vigilance, la douceur et la gaieté sont les principales.

Vous avez d'autant plus besoin de bien vous posséder que souvent le malade, en proie à ses souffrances, et ceux qui l'entourent, troublés dans leurs affections, se possèdent moins. Le médecin est-il venu? Vous serez poursuivie de questions : le malade voudra connaître ce qu'il pense de lui, si son état est grave, s'il y a bon espoir de guérison. A défaut de réponse, il étudiera votre visage, cherchera à y lire ce que vous pensez. Vous veillerez à ne pas vous laisser surprendre et à ne faire connaître que ce qui doit être connu. Vous conserverez votre calme et, par vos paroles et par votre conduite, vous ramènerez la tranquillité dans l'esprit du malade. Ses inquiétudes, ses craintes pourraient être la cause de graves complications.

Il en sera de même après une crise, un accès de fièvre, etc. S'il y a eu délire, vous éviterez de lui parler de ce qui s'est passé durant ce temps, et serait de nature à lui occasionner du chagrin et de la confusion.

Votre patience doit être à toute épreuve. A chaque instant, elle recevra les plus violents assauts ; il lui faudra en triompher. Vous aurez souvent à lutter contre l'obstination du malade, contre ses répugnances à prendre certains remèdes, à se laisser rendre certains soins utiles. Vous demeurerez ferme autant qu'il sera nécessaire pour ne point céder à des caprices nuisibles ; mais jamais votre patience ne se démentira. Vous entendrez des paroles pénibles, des reproches, des injures peut-être ; vous mettrez tout sur le compte de la souffrance et vous ne vous fâcherez point. Le malade sera-t-il déraisonnable ? vous ne le rudoierez point. Sera-t-il en délire ? vous ne le contrarierez point et vous serez toujours de son avis, excepté pour lui permettre ce qui serait contraire à son rétablissement.

Le malade aime à se plaindre souvent, et souvent aussi il ne veut pas que les autres se plaignent : il lui semble qu'il est seul à souffrir et que les autres n'éprouvent avec lui ni fatigue ni incommodité. Ne lui faites pas trop sentir qu'il en est autrement et sachez le satisfaire autant que possible.

Bien des fois déjà la propreté a été recommandée comme nécessaire à l'hygiène du malade. Nous y insistons de nouveau pour une autre raison. Le malade aime à voir tout bien rangé dans sa chambre : le désordre le choque, l'impressionne péniblement ; l'ordre repose ses yeux et son esprit. S'il remarque que les tasses, verres ou cuillers dont on se sert ne sont pas rincés fréquemment, que sa garde n'a pas soin de se laver les mains avant de le servir, a des vêtements tachés ou en désordre, il éprouve une certaine répugnance pour ce qu'elle lui présente et cette répugnance se transporte assez souvent sur la garde elle-même. Il la prend à dégoût, et dès lors, elle ne peut exercer sur son moral une influence salutaire.

Votre vigilance doit toujours être en éveil. Le malade est généralement égoïste : il aime qu'on s'occupe de lui : il n'aime pas qu'on s'occupe de soi ou des autres. Rien ne doit échapper à votre observation. Un mot dit très bas, un signe, un geste, tout doit être compris ; autrement le malade s'impatiente. A force d'être attentive vous saisirez ce qu'il désire. Vous vous montrerez bonne, prévenante, dévouée, prête à recommencer plusieurs fois le même ouvrage. Cependant, trop d'empressement lui déplaît encore et l'ennuie. Il faut savoir saisir ce qui convient. Votre vigilance doit se porter aussi sur les personnes qui visitent le malade, pour écarter adroitement celles dont la présence lui serait désagréable ou nuisible. « Le malade repose en ce moment » est la formule usitée en pareil cas. Vous ménagerez au contraire les visites qui peuvent lui être salutaires. Il faut toutefois qu'elles ne soient ni trop prolongées ni trop multipliées.

La douceur et une certaine gaieté achèveront de vous donner sur le moral de votre malade une heureuse influence. La première met dans la voix quelque chose de suave, de bon, de pénétrant ; dans les manières, quelque chose qui plaît ; elle assouplit la main pour l'empêcher de blesser ; sans précipitation, elle arrive à tout à point nommé. Cependant si une parole sévère et des manières dures déplaisent, les paroles trop doucereuses et la lenteur n'ont pas meilleur succès.

Le malade est impressionné par un visage triste et sombre. Il s'imagine que son état inspire ce sérieux ou encore qu'il fatigue et ennuie. Au contraire, l'abordez-vous avec un visage aimable ; vous voit-il toujours le sourire sur les lèvres et d'une humeur égale ; ne paraissez-vous jamais contrariée, gênée des soins que vous lui rendez ; avez-vous de temps à autre le *mot pour rire* sans jamais aller jusqu'à la légèreté et la familiarité (elles détruiraient son estime pour vous) ? vous lui procurez un bien-être qui adoucit ses douleurs et le porte à mieux accepter ses souffrances. Un malade était en proie à une tristesse profonde, il se lamentait et se décourageait. La religieuse garde-malade lui raconta une de ces histoires amusantes, qu'elle trouvait sans peine en pareil cas. « Ah ! quelle sœur, s'écria le malade, elle ferait rire un mort ! » Ses noires pensées avaient disparu. Il devint aimable et gai. Il n'est pas nécessaire d'ajouter qu'une gaieté à contretemps, par exemple dans un moment de crise, dans un danger imminent, ne produirait plus le même effet.

Il est une excellente méthode, mise à profit avec le plus grand succès, pour empêcher le chagrin et l'ennui de s'emparer du malade ; sachez l'occuper, lui faire suivre un petit *règlement*. Ce mot paraîtra étrange : je l'expliquerai. Ce qui pèse au malade, surtout au malade actif et travailleur avant sa maladie, ce sont ces longues heures que double encore la souffrance. Il ne sait à quoi s'occuper. Son intelligence n'est plus capable d'application soutenue, son corps est impuissant à tout travail. Il importe donc extrêmement de le distraire, de l'empêcher de *songer* à son mal. J'ai connu des gardes qui s'en tiraient à merveille. Il y avait quelque chose à faire ou à prendre à toutes les heures et plus souvent, une prière, une lecture, etc. Le temps était si bien rempli que les journées passaient plus vite. Non seulement ce procédé était employé pour les moins malades et les convalescents, avec les plus malades eux-mêmes, elles s'en servaient, sachant ne point fatiguer et, cela va sans dire, changer et modifier selon les circonstances.

Si la maladie est grave, il sera souvent utile que le malade n'en connaisse pas le nom afin de n'être pas effrayé et découragé. Une attaque d'apoplexie s'appellera alors un simple étourdissement ; la phtisie, un catarrhe, etc.

Toute émotion forte, même de plaisir, sera évitée. Le moral impressionné réagirait fâcheusement sur le corps. Les bonnes comme les mauvaises nouvelles doivent être apprises avec précaution, par degrés.

Enfin ce conseil d'un auteur sera utilement rappelé en terminant. « Généralement parlez peu avec *un* malade. L'homme aime le calme et le silence. Avec *une* malade, parlez davantage. » Il est inutile d'en donner la raison.

DEUXIÈME PARTIE

L'ÉTAT RELIGIEUX DU MALADE

Vos devoirs varient selon la gravité de la maladie, l'imminence du danger, les dispositions religieuses de celui à qui vous prodiguez vos soins. Votre manière d'agir se conformera à ces diverses circonstances. Un zèle indiscret peut tout compromettre. La prudence et le tact, unis à l'amour de Dieu et des âmes, enfantent des merveilles et réussissent presque toujours.

Afin de vous aider à vaincre les difficultés, nous donnerons ici quelques conseils, quelques règles, quelques principes, que vous appliquerez ensuite à chaque cas particulier, en tenant lieu des modifications exigées par les circonstances.

CHAPITRE PREMIER

Le danger.

Lorsqu'il n'y a aucun danger ou lorsque le danger est éloigné, n'allez pas trop vite dans ce qui concerne l'âme. Trop de précipitation rend infructueux le zèle le plus ardent. Vous prodiguerez au corps tous les soins en votre pouvoir, et par là vous gagnerez la confiance de votre malade, généralement plus touché de votre attention à lui procurer quelque soulagement corporel que de l'empressement que vous auriez pour ses intérêts spirituels. Puis, vous profiterez d'un mot, d'une occasion favorable, pour élever l'âme vers les régions surnaturelles.

Le malade laisse-t-il échapper ce cri : « Oh! mon Dieu, que je souffre ! » Vous saisirez ce mot de *Dieu* pour l'engager à la confiance, pour obtenir une petite prière, un acte de repentir.

Peu à peu vous suggérerez ainsi de bonnes pensées, vous susciterez de pieuses réflexions et amènerez quelques pratiques religieuses. Ce seront autant de bons grains déposés dans ce sol : la grâce divine, attirée par vos prières, fera germer la semence.

Vous auriez moins besoin de précautions avec des malades habitués aux pratiques religieuses, avec des personnes pieuses. Cependant, même avec celles-ci, il est bon de s'observer, d'y aller prudemment, surtout si l'on remarque que les paroles ne semblent pas trouver d'écho dans l'âme.

Dans ses entretiens avec son malade, la garde trouvera toujours le moyen de glisser une bonne parole, utile à l'âme et, par là même, utile au corps. En effet, les médecins les moins religieux ne constatent-ils pas chaque jour la salutaire influence de la religion sur leurs malades?

Ainsi, quand le danger n'est pas urgent, le malade se prépare comme de lui-même, à mettre ordre aux affaires de son âme. Les obstacles qui l'arrêtent souvent sont : une sorte de crainte mal fondée qu'on le croira plus malade, le respect humain et le retard suggéré par le défaut de courage pour l'accomplissement d'un acte qui coûte.

Il ne vous sera pas difficile de réduire à néant ces objections et, le *pas* fait, le malade ne saura comment vous exprimer toute sa reconnaissance tant il goûtera de bonheur.

Lorsqu'il s'agit d'une opération à subir, il est bon de déterminer le malade à s'y préparer par la confession et, autant que possible, par la sainte communion. A cette fin, si vous ne restiez pas déjà auprès de votre malade, vous iriez le voir l'avant-veille et la veille afin de l'engager. C'est une sage précaution. Malgré les prodigieux succès obtenus par la chirurgie, les accidents sont encore fréquents.

Quand le danger est prochain, comment s'y prendre? « C'est une grande cruauté, disait Louis XIII blessé grièvement lors de son voyage à Lyon, de ne pas avertir un malade lorsqu'on le voit en danger. Comme celui qui est sur le bord d'un précipice sans l'apercevoir se perd sans ressource, s'il n'est pas averti, ainsi celui qui touche à sa fin, si on le laisse mourir sans le prévenir du péril où il est, peut tomber dans l'éternel abîme. » Quoi de plus vrai !

Le difficile est d'aborder une question si grave. La garde préviendra doucement la famille et l'engagera à demander le prêtre. Si des raisons graves l'en empêchent, elle y suppléera par d'autres moyens : mais elle aura soin que le curé de l'endroit, responsable de l'âme de ses paroissiens, soit prévenu ; ou encore elle fera avertir un prêtre connu de la famille et dont la présence sera plus agréable. Il faudra bien laisser voir au moribond, par degrés, si le temps le permet, afin de ne point trop l'effrayer, la gravité de son état et l'engager à penser à son éternité. Vous demanderez, par la prière, les lumières dont vous aurez besoin dans cette pénible circonstance et la grâce nécessaire au mourant.

La crainte de déplaire aux malades, de les effrayer ou de les contrister en leur parlant des derniers sacrements, est bien exagérée. Très souvent, (l'expérience le prouve,) ils n'attendent que cette proposition pour se déterminer à les recevoir ; ils désirent même qu'elle leur soit faite.

Oh ! qu'elle est terrible, cette prétendue affection de certains parents qui ne veulent pas que le prêtre approche, que le malade sache sa position ! Sous prétexte de l'aimer, ils risquent ce qu'il a de plus cher, le salut de son âme.

Si le temps presse, et si le malade est exposé à mourir avant l'arrivée du prêtre, demeurez calme et, par quelques bonnes paroles, ranimez ses sentiments religieux, cherchez à exciter dans son cœur le repentir de ses fautes et le désir d'en recevoir le pardon ; suggérez-lui des actes d'amour de Dieu.

Vous pourrez procéder ainsi : « Vous souffrez davantage : votre état est assez sérieux. En attendant le prêtre, demandez au bon Dieu le pardon de vos péchés. Dites avec moi : — « Mon Dieu, j'ai un grand regret de vous avoir offensé. Oh! qu'il me tarde de recevoir l'absolution! » — « Mon Dieu, je crois en vous. » — « Mon Dieu, j'espère en vous. » — « Mon Dieu, je vous aime de tout mon cœur. » — « Mon Dieu, votre sainte volonté soit faite! J'accepte tout ce qu'il vous plaira de m'envoyer. » etc.

Ces aspirations seront formulées lentement. Il y aura entre chacune un petit intervalle, afin que le malade les saisisse mieux, s'en pénètre plus facilement et aussi ne soit pas trop fatigué.

Si le temps le permet, vous ajouterez quelques invocations à la Sainte Vierge, à saint Joseph, etc.

Lors même que le malade semblerait n'avoir point sa connaissance, il serait utile d'agir ainsi. Il n'est pas impossible, en effet, qu'il vous comprenne encore et que vos paroles éveillent dans son âme cette contrition parfaite sans laquelle, s'il est en état de péché mortel, il n'y a pour lui aucun espoir de salut. Avant la récitation des prières des agonisants ou toute autre prière, ces exhortations s'imposent.

La miséricorde divine est infinie. Jamais nous ne devons perdre confiance ; mais, hélas! sans le repentir, cette miséricorde ne conduit point au ciel.

CHAPITRE II

Les dispositions religieuses.

Chaque malade a des dispositions particulières vis-à-vis de la religion. Cependant il est possible d'établir encore des catégories, dans lesquelles nous comprendrons les différents malades.

Ils seront ainsi classés : les hérétiques, les mauvais catholiques ou les impies ; les catholiques non pratiquants ou les indifférents ; les catholiques qui remplissent leurs devoirs religieux.

1° LES HÉRÉTIQUES. — Si vous n'êtes pas convaincue qu'ils sont de mauvaise foi ; si, au contraire, vous avez lieu de penser qu'ils croient vraie leur religion, il ne sera pas bon, au milieu de leurs souffrances et dans leur maladie, de vouloir discuter, de leur demander d'abjurer leurs erreurs. Il suffira de vous montrer dévouée, douce, bonne, très fidèle à vos devoirs religieux. L'exemple sera la plus éloquente prédication. Vous les exciterez ensuite de temps à autre au repentir de leurs fautes et vous chercherez à leur faire produire des actes de contrition parfaite. S'ils vous interrogent, vous répondrez simplement à leurs questions. Mais quand vous remarquerez (ce qui ne sera pas rare) que leur but est de vous embarrasser, de vous objecter des textes de la Bible, vous les prierez poliment de s'adresser à un prêtre, s'ils veulent en savoir plus long sur la religion catholique et vous leur proposerez d'en appeler un auprès d'eux à cet effet.

Lorsque les hérétiques sont visités par leurs ministres, qu'il s'agisse de prières à réciter ou d'administrer le soi-disant sacrement, une garde-malade religieuse doit toujours se retirer. Pour aucun motif, elle ne transigera là-dessus.

Lorsque vous soignerez des enfants non baptisés ou baptisés par des ministres protestants, vous consulterez le prêtre et suivrez ses avis. Si la mort est imminente, faites tout votre possible pour leur assurer la grâce du baptême.

Nous rappelons ici, pour le cas de nécessité, la formule du baptême. — On prend de l'eau ordinaire, on en verse sur la tête de l'enfant en prononçant ces paroles : « Je te baptise au nom du Père et du Fils et du Saint-Esprit. »

Si un premier baptême est douteux, (tel est celui administré par les protestants), on rebaptise sous condition en ces termes : « Si tu n'as pas été baptisé, je te baptise au nom du Père et du Fils et du Saint-Esprit. »

2° Les Impies. — Combien, reniant leur baptême, vivent en ennemis de la religion ! Leur éducation, leurs lectures, leurs passions, les milieux où ils se sont trouvés ont mis dans leur cœur la haine de Dieu; dans leur bouche, le blasphème et les horreurs de toute espèce contre le catholicisme ; dans leurs actions, ce qu'ils pensaient pouvoir lui nuire. La vue du prêtre excite leur rage. Peut-être même se sont-ils engagés à ne point le recevoir à leurs derniers moments, à ne point lui laisser conduire leur corps à sa dernière demeure.

Il est pénible à une garde, qui aime Dieu et les âmes, de se rencontrer auprès de tels malades. Va-t-elle se décourager ? Le vrai zèle ne connaît point d'obstacles ; les difficultés le grandissent ; rien ne lui semble impossible. Vous redoublerez d'attentions délicates ; vous vous multiplierez pour être agréable, vous prierez et ferez prier ; vous saisirez toutes les occasions pour arracher une âme à l'enfer. Dieu vous aidera et souvent changera vos peines en douces consolations. Un de ces impies avait employé tout ce que sa haute situation lui donnait d'influence pour travailler contre Dieu et son Église. Il tombe malade : il lui faut une garde pour les nuits. A chaque instant, le blasphème est sur ses lèvres. La religieuse ne dit rien, mais elle se dévoue et n'épargne ni travail, ni fatigues pour soulager ce malheureux. Il ne peut demeurer insensible à tant de bontés. — « Comment pourrai-je jamais, ma Sœur, vous témoigner ma reconnaissance ? » — « J'aime le Dieu que vous outragez, répond celle-ci. Le plus grand plaisir que vous puissiez me faire sera de ne plus blasphémer. » Il le promet. L'habitude le fait souvent manquer à sa parole : il le regrette aussitôt. C'est pour ce pécheur le commencement d'une éclatante conversion. Il appelle à son lit de mort tous ceux qui se trouvent sous ses ordres, il leur demande pardon du scandale causé par sa conduite, des mauvais conseils donnés. « Je regrette sincèrement mes torts, dit-il, et je vous engage à vous convertir comme je l'ai fait. Jamais je n'ai été aussi heureux, malgré mes atroces souffrances. »

Mais si le malade refuse les sacrements? — Mieux vaut alors ne pas trop insister, mais prier beaucoup, afin d'obtenir sa conversion.

Le zèle, dans ces cas difficiles, inspire la conduite. Il mettra en mouvement les parents du moribond, le médecin quelquefois; il tiendra très discrètement le prêtre au courant de ce qui se passe au sujet de l'âme du malade, il aura de ces pieuses industries dont les conséquences sont toutes à l'avantage du pauvre pécheur.

Si les derniers moments approchent, il sera bon de ne pas laisser ignorer au malade le danger qu'il court. Ce devoir rempli, n'insistez plus, mais priez avec une nouvelle ardeur, tout en continuant vos soins et vos attentions.

3° LES INDIFFÉRENTS. — Ils sont nombreux à notre époque. Les affaires ont fait oublier la *grande affaire;* les intérêts matériels, les intérêts spirituels. Pendant la maladie, la conscience reprend ses droits avec plus de force. Mais, hélas! il en coûte de revenir à des pratiques abandonnées depuis longtemps. On ne sait plus comment s'y prendre : on *voudrait* et on ne *veut* pas. Le malade cherche alors à se faire illusion; il se persuade qu'il n'est pas en danger, que rien ne presse, qu'il pourra se confesser plus tard, après sa guérison. Souvent aussi certains aveux lui sont pénibles.

Quand rien ne presse, ne commencez pas par aborder cette question. Il faut auparavant que vous connaissiez un peu votre malade et réciproquement ; il faut que les soins donnés au corps permettent d'atteindre l'âme. Vous chercherez à connaître le véritable obstacle et vous pourrez ensuite mieux le combattre.

La confession fait-elle peur ? Vous aurez à votre disposition quelques histoires afin de prouver combien cette crainte est mal fondée. Vous montrerez combien malheureuse est l'âme chargée de péchés et tourmentée par le remords ; l'absolution rend le calme et la paix. Vous pourrez comparer la confession à une corvée : la corvée faite, on est heureux. « Oh ! que je me sens à l'aise ! me disait un vieux pécheur après sa conversion. Quel poids de moins j'ai sur la conscience ! Je suis tout rajeuni. »

« *Que pensera de moi le prêtre ?* » — N'est-il pas dans la nature de s'attacher davantage à ceux à qui on a rendu un plus grand service ? Plus le confesseur vous aura su coupable, plus il sera heureux pour Dieu, pour vous, pour lui-même, d'avoir arraché une âme à un si grand danger. Les pénibles confidences engendrent une sincère compassion et une franche affection.

« *Mais je ne puis pardonner.* » — Si vous rencontriez cet ennemi mourant de faim ou blessé sur le chemin, lui refuseriez-vous secours ? Votre cœur est trop bon pour ne pas imiter le Samaritain de l'Évangile. Allons donc ! vous vous dites pire que vous êtes. Vous arrangerez cette affaire avec M. le curé.

« *Mais je suis mal avec M. le curé.* » — Qu'à cela ne tienne ! il y a d'autres prêtres. M. le curé serait le premier à vous proposer un confesseur s'il pensait par là vous être agréable.

Quelquefois, à bout d'arguments, votre interlocuteur vous répondra : « *Je ne suis pas si malade. Plus tard, quand je serai guéri, je me confesserai.* » — Vous deviez remplir ce devoir en santé, vous devez, à plus forte raison, le remplir pendant que vous êtes malade, puisque toute maladie peut devenir inquiétante. Ce sera d'ailleurs le moyen d'avancer votre guérison. Le calme de la conscience, la paix de l'âme réagissent toujours d'une manière très heureuse sur le physique. Nous l'avons vu précédemment.

« *Je ne puis pas m'examiner.* » — Demeurez sans inquiétude ; le prêtre s'en chargera.

Si le malade vous demande alors un délai et qu'il n'y ait pas un danger pressant, montrez-vous d'accommodement, accordez ce délai, mais ayez soin d'en déterminer la longueur, par exemple, il expirera le soir ou le lendemain matin, et vous préviendrez le prêtre de ce qui est décidé.

4° LES BONS CATHOLIQUES. — Dès que vous apercevrez le danger, vous les engagerez à mettre leurs affaires en règle. Le confesseur sera appelé et s'entendra avec eux pour la réception des sacrements.

Même avec ces personnes, il faut agir avec une certaine réserve, jusqu'à ce que vous connaissiez bien sur quel terrain vous marchez. Vous tiendrez compte tout d'abord de leurs habitudes, de leur plus ou moins de piété. C'est peu à peu que vous les amènerez au degré qu'elles sont capables d'atteindre.

Vous leur montrerez la maladie comme une expiation et une épreuve. Vous les porterez à la résignation et à la confiance en Dieu ; vous leur suggérerez de pieuses pratiques, des prières, des oraisons jaculatoires, en un mot, ce qui peut les aider à sanctifier leurs souffrances, à purifier leur âme et les disposer à une sainte mort.

Ce mot de *mort* effraye la plupart des malades au-delà de tout ce que nous pouvons croire. Les bons chrétiens eux-mêmes subissent cette impression. Vous agirez sagement, si vous le remplacez par une locution équivalente et mieux acceptée.

Raviver fréquemment les sentiments de foi, d'espérance, de charité, de contrition, porter à offrir à Dieu le sacrifice de sa vie, sont les principaux actes qui conviennent alors.

Avoir sans cesse devant les yeux le crucifix, pour s'exciter à unir ses souffrances à celles de Notre-Seigneur Jésus-Christ ; le baiser souvent, surtout quand les douleurs sont plus violentes ; porter la médaille de la Sainte Vierge ou de quelques Saints ; faire usage d'eau bénite, pour éloigner le démon et effacer les fautes vénielles, sont d'excellentes pratiques.

Même dans la chambre des malades dont nous avons parlé précédemment, un crucifix bien en vue et l'image de la Sainte Vierge peuvent faire naître dans l'âme de salutaires pensées.

CHAPITRE III

La Science religieuse.

Un autre titre conviendrait mieux. Qu'elle est commune et profonde, en effet, l'ignorance des personnes du monde par rapport aux vérités du salut, même des personnes qui pratiquent leur religion. Les notions les plus élémentaires demeurent inconnues. A vous de rappeler, *sans paraître le faire,* ces vérités, dans les prières ou petites oraisons jaculatoires que vous suggérerez.

Voici quelques exemples : « Je vous adore, ô Dieu un en trois personnes, Père, Fils et Saint-Esprit. » — « Je vous remercie, ô Jésus, Fils de Dieu fait homme pour mon salut. » — « Vous avez souffert ; vous êtes mort pour tous les hommes, pour moi, pauvre pécheur. » — « Vous m'aviez reçu dans votre Église à mon baptême ; combien de fois j'ai été sourd à la voix des ministres de cette Église ! » — « Vous m'aviez imposé des commandements ; combien de fois je les ai violés ! je vous en demande pardon. » — « Vous m'aviez laissé vos sacrements pour me sanctifier et j'en ai si peu profité ! » etc.

Afin de vous rendre plus facile cette tâche, nous placerons ici un abrégé, aussi succinct que possible, de la doctrine chrétienne. Il sera pour vous un guide. Quelquefois encore vous pourrez le donner à lire à vos malades.

Abrégé de la Doctrine chrétienne.

1° Vérités a croire. — Il y a un Dieu en trois personnes : le Père, le Fils et le Saint-Esprit. Ces personnes sont distinctes. Cependant elles ne sont qu'un seul et même Dieu, parce qu'elles ont toutes trois la même substance divine. Ce Dieu existe de toute éternité et possède toutes les perfections à un degré infini. Sa science pénètre nos plus secrètes pensées : sa parole est la vérité même.

Il a créé tout ce qui existe. Ses plus parfaites créatures sont : 1° Les *Anges*, esprits purs, c'est-à-dire sans corps. Les uns ont persévéré dans le bien et sont heureux avec Lui dans le ciel, tandis que les autres se sont perdus par leur orgueil et ont été précipités en enfer. Sous le nom de démons, ils nous portent au péché par leurs tentations.

2° L'*homme*, composé d'un corps mortel et d'une âme immortelle. Le premier homme fut Adam ; la première femme, Ève. Ils désobéirent à Dieu et perdirent ainsi les insignes faveurs dont ils avaient été comblés. Par suite de cette désobéissance, nous venons tous au monde avec le péché originel, qui suffirait pour nous exclure à jamais du ciel.

Le Seigneur a eu pitié du genre humain et, pour nous sauver, le Fils de Dieu a daigné se faire homme comme nous sans cesser d'être Dieu. C'est ce que nous appelons le mystère de l'Incarnation.

Jésus fut le nom de ce Dieu sauveur. Il naquit, il y a près de 1900 ans, le 25 décembre et passa sur la terre environ 33 ans, dans la pauvreté, l'humilité et la pratique de toutes les vertus. Il enseigna la doctrine du salut et prouva la vérité de cette doctrine par un grand nombre de miracles et par l'accomplissement, dans sa personne, de tout ce qui avait été prédit sur le Messie.

Le vendredi saint, sur les trois heures du soir, il mourut volontairement sur une croix, après avoir souffert, comme homme, et donné, comme Dieu, à ses souffrances un prix infini. C'est ce qu'on appelle le mystère de la Rédemption.

Le dimanche suivant, Jésus se ressuscita lui-même et, quarante jours après sa résurrection, il monta au ciel par sa propre vertu.

Auparavant, il établit son Église. Saint Pierre en fut le premier chef : le pape lui succède, revêtu des mêmes pouvoirs : les évêques sont les successeurs des apôtres. Nous devons au Souverain Pontife et aux évêques respect et obéissance.

Cette Église, malgré les persécutions, demeurera jusqu'à la fin des temps. Jésus-Christ l'a formellement déclaré.

Seule, elle a reçu le pouvoir de remettre les péchés par les sacrements.

L'Église, dans un sens plus étendu, renferme non seulement les fidèles qui sont sur la terre, mais aussi les âmes qui souffrent en purgatoire et les Saints du ciel. Ceux-ci sont nos intercesseurs auprès de Dieu. A notre tour, nous pouvons soulager les âmes du purgatoire par nos prières, nos aumônes, nos bonnes œuvres, surtout par le saint sacrifice de la Messe. Ce dogme est nommé la *Communion des Saints.*

Au moment de notre mort, nous paraissons tous devant Dieu pour être examinés et jugés selon nos œuvres. Le ciel est donné aux justes ; ceux qui n'ont pas assez fait pénitence de leurs péchés vont en purgatoire, où ils achèvent l'expiation de leurs fautes. Mais les impies, les blasphémateurs, les impudiques, en un mot, tous ceux qui meurent en état de péché mortel vont en enfer, où ils souffriront éternellement. A la fin du monde, nous ressusciterons tous et Jésus-Christ viendra nous juger d'une manière solennelle. A la face de tout l'univers, il glorifiera les justes et couvrira les pécheurs de confusion.

Parmi les vérités à croire, il en est quelques-unes si importantes que leur ignorance, même involontaire, empêcherait le salut. Elles sont dites pour cela de *Nécessité de moyen.*

1° L'existence d'un Dieu juste qui punira le péché et récompensera la vertu.

2° La foi en un Rédempteur, ou la croyance que Dieu fournit, à tout homme de bonne volonté, des moyens pour sauver son âme.

3° D'après plusieurs théologiens, la connaissance du mystère de la sainte Trinité ou d'un seul Dieu en trois personnes ; du mystère de l'Incarnation ou du Fils de Dieu se faisant homme pour notre salut ; du mystère de la Rédemption ou de Jésus-Christ mourant pour nous sur la croix.

Il importe donc extrêmement que la garde-malade

insiste sur ces vérités auprès des personnes très ignorantes ou très peu intelligentes.

2° PRÉCEPTES A OBSERVER. — Il y a dix commandements de Dieu.

Le premier nous oblige à nous instruire de notre religion ; à croire ce que l'Église nous propose comme révélé par Dieu ; à espérer en Dieu ; à l'aimer de tout notre cœur ; à l'adorer Lui seul, à le prier. Il nous prescrit encore d'aimer notre prochain comme nous-mêmes.

Le deuxième nous commande le respect du saint nom de Dieu et défend les serments vains, les blasphèmes, les imprécations.

Le troisième ordonne de sanctifier les dimanches par l'assistance à la messe et l'abstention des travaux serviles non nécessaires.

Le quatrième renferme les devoirs : 1° des enfants envers leurs parents (respect, obéissance, amour, assistance) ; 2° des parents envers leurs enfants (soins temporels, éducation chrétienne, bon exemple, vigilance et correction) ; 3° des époux entre eux ; 4° de tous les supérieurs envers leur inférieurs et réciproquement.

Le cinquième défend tout ce qui peut nuire au prochain dans son corps et dans son âme (haine, vengeance, coups, mauvais exemples, mauvais conseils).

Le sixième et le neuvième interdisent les désirs, les paroles, les actions contraires à la pureté.

Le septième et le dixième commandements condamnent les fraudes, les vols, tout ce qui peut causer injustement du dommage au prochain, et même le désir de commettre ces fautes.

Le huitième défend le faux témoignage, le mensonge, la médisance, la calomnie et le jugement téméraire.

A ces commandements l'Église ajoute, au nom de Dieu, certains préceptes : la sanctification des fêtes d'obligation, la confession annuelle, la communion pascale, le jeûne du Carême, des Quatre-Temps, des Vigiles, l'abstinence du vendredi et du samedi. Pour ce dernier il existe une dispense presque par toute l'Église.

Désobéir volontairement aux commandements de Dieu ou de l'Église, c'est commettre un péché. Si la désobéissance est légère, le péché se nomme véniel et mérite seulement des châtiments temporels, en cette vie ou dans le purgatoire ; si la désobéissance est grave, le péché est mortel et mérite l'enfer, quand on n'en reçoit pas le pardon par l'absolution, ou s'il est impossible de recourir au sacrement, par un acte de contrition parfaite.

Parmi les péchés, quelques-uns sont la source de plusieurs autres et nommés pour cela *péchés capitaux*. Ce sont : l'orgueil, l'avarice, la luxure, l'envie, la gourmandise, la colère et la paresse.

3º MOYENS DE SANCTIFICATION. — Les sacrements et la prière sont les principaux.

Les *Sacrements* sont des signes sensibles institués par Notre-Seigneur Jésus-Christ, pour nous communiquer la grâce, lorsque nous les recevons avec les dispositions convenables.

Ils sont au nombre de sept : 1º le Baptême, sans

lequel personne ne peut être sauvé. Il efface en nous le péché originel et nous rend enfants de Dieu et de l'Église.

2° La Confirmation nous donne le Saint-Esprit avec l'abondance de ses dons. Pour le recevoir, il faut être en état de grâce et suffisamment instruit de sa religion.

3° L'Eucharistie renferme réellement le corps, le sang, l'âme et la divinité de Notre-Seigneur Jésus-Christ, sous les espèces ou apparences du pain et du vin. Pour bien communier, il faut être à jeun, excepté pour le saint Viatique; exempt de tout péché mortel et déterminé à corriger ses mauvaises habitudes.

C'est au saint sacrifice de la messe, au moment de la consécration, que le pain est changé au corps de Notre-Seigneur et le vin en son sang : il ne reste plus alors du pain et du vin que les espèces ou apparences.

4° Le sacrement de Pénitence remet les péchés commis après le baptême. Pour qu'il soit profitable, il faut : 1° examiner sa conscience, c'est-à-dire rechercher les péchés commis depuis la dernière absolution reçue avec les dispositions requises ; 2° se repentir de ses fautes; 3° les confesser avec franchise et humilité; 4° être disposé à réparer l'injure faite à Dieu et le tort causé au prochain; 5° enfin recevoir l'absolution.

5° L'Extrême-Onction achève de purifier les malades des péchés dont ils sont encore coupables, leur donne la grâce pour sanctifier leurs souffrances et la force nécessaire dans les dernières luttes de la vie. Il faut, autant que possible, le faire précéder du sacrement de la Pénitence, et ne pas attendre à la dernière extrémité pour le recevoir.

6° L'Ordre donne aux prêtres le pouvoir et la grâce de remplir saintement les fonctions ecclésiastiques.

7° Le Mariage sanctifie l'union légitime de l'homme et de la femme, et leur donne des grâces afin d'élever chrétiennement leurs enfants. Pour bien le recevoir, il ne faut avoir aucun péché mortel sur la conscience.

Par la *prière*, nous rendons à Dieu nos devoirs d'adoration, d'expiation pour les péchés commis, de remerciement pour les bienfaits reçus et nous sollicitons de nouvelles grâces.

Les prières qu'un chrétien doit savoir avant tout sont : le *Notre Père* ou le *Pater*, enseigné par Notre-Seigneur lui-même, et le *Je crois en Dieu* ou *Credo*, qui nous vient des apôtres et contient en peu de mots ce que nous devons croire.

Après celles-ci viennent : 1° le *Je vous salue Marie* ou *Salutation angélique* en l'honneur de la Sainte Vierge, la mère de Notre-Seigneur Jésus-Christ et notre mère par adoption ; 2° *Je me confesse à Dieu* ou *Confiteor*. Cet humble aveu de nos fautes nous prépare à en recevoir le pardon ; 3° les *Commandements* de Dieu et de l'Église ; 4° les *Actes* de foi, d'espérance, de charité, les trois vertus fondamentales de la religion, et l'acte de contrition.

CHAPITRE IV

Les Sacrements.

Les grands remèdes de l'âme à nos derniers moments, pour la purifier de ses taches, lui assurer les forces dont elle a si grand besoin et lui ouvrir le ciel au sortir de la vie, sont la Pénitence, le saint Viatique, l'Extrême-Onction.

La Pénitence.

Tel est le nom du sacrement destiné à effacer nos péchés après le baptême. Il comprend quatre parties : la contrition ou le repentir des fautes ; la confession ou l'aveu des péchés ; la satisfaction ou la réparation de l'injure faite à Dieu et du tort causé au prochain ; l'absolution ou la sentence du pardon portée par le prêtre.

1° La plus importante est sans contredit la première. Sans repentir, Dieu ne peut nous pardonner. Le mal causé par le péché à notre âme, l'injure faite à Dieu toujours si bon pour nous, la passion et la mort de Notre-Seigneur, dont le péché a été la cause, sont des motifs que vous saurez inspirer toujours en forme de prières — « Mon Dieu, je vous ai offensé, vous si bon, si digne d'être aimé : je me repens, oubliez mes offenses. » — « Mon Dieu, vous m'avez comblé de vos bienfaits et je vous ai tant outragé, pardonnez-moi. » — « A quel danger le péché m'expose ! Il ouvre l'enfer sous mes pieds ; il me ferme le ciel : pardon, ô mon Dieu ! » — En montrant le crucifix : « O mon Dieu, c'est le péché qui vous a réduit à cet excès de souffrances et d'humiliations ! Pardonnez-moi mes offenses. Je veux désormais vous aimer de tout mon cœur. »

2° La Confession ! que ce mot cause de frayeur ! Cependant que de douceurs il ménage ! Qui ne connaît cette boutade du célèbre Tissot, protestant ? Après avoir épuisé inutilement toutes les ressources de sa science éminente, il se déclare impuissant. Alors le malade se prépare à la mort, se confesse, reçoit les derniers sacrements. Le lendemain, le médecin revient : un mieux très sensible s'est manifesté dont il devine de suite la cause : « Quelle est donc, s'écrie-t-il, la puissance de la confession chez les catholiques ! » La guérison de l'âme avait heureusement réagi sur le corps et bien des fois ce protestant avait constaté le même résultat.

Pour ne point fatiguer, le prêtre se charge habituellement de l'examen de conscience et interroge le pénitent. Il n'est pas rare toutefois que ce dernier désire connaître auparavant ce qu'il devra accuser. S'examiner serait d'ailleurs un devoir si la maladie n'en rendait incapable. Pour répondre à cette légitime demande, nous plaçons ici un examen très succinct.

Examen de Conscience.

Combien y a-t-il de temps que je suis allé à confesse?

Ai-je reçu l'absolution en de bonnes dispositions?

Étais-je bien résolu à ne plus commettre de fautes graves?

N'avais-je point caché volontairement quelque péché?

Ai-je fait chaque jour ma prière?

Ai-je blasphémé?

Ai-je manqué à la messe par ma faute, travaillé ou fait travailler sans nécessité, les dimanches et fêtes d'obligation?

Ai-je rempli mes devoirs envers mes parents, mes enfants, mes supérieurs ou mes inférieurs?

Ai-je causé du scandale par ma conduite?

Ai-je de la haine contre quelqu'un?

Ai-je péché contre la pureté en consentant à des pensées ou à des actions indécentes?

Ai-je fait tort au prochain dans son corps, dans ses biens, dans son honneur?

Ai-je menti?

Ai-je manqué à faire mes pâques?

Ai-je observé l'abstinence et le jeûne, autant que mes travaux et ma santé me le permettaient?

Ai-je péché par orgueil, jalousie, colère?

Ai-je fait des excès dans le boire et dans le manger?

Ai-je négligé les devoirs de mon état?

Ai-je mis de l'ordre dans mes affaires temporelles

et songé à l'usage qui sera fait après moi de ce que je possède ?

3° et 4° Pour la Satisfaction, le pénitent s'entendra avec son confesseur. Il en sera de même pour l'absolution.

Il est très important, lorsque le prêtre pénètre auprès du malade, que vous vous retiriez de suite et engagiez à sortir les personnes présentes. La discrétion le veut ainsi, afin de laisser entière liberté au prêtre et au malade de s'entretenir ensemble. Toutefois, si une potion était à prendre en ce moment, vous la donneriez d'abord et vous vous retireriez ensuite.

Le saint Viatique.

Ainsi est désignée la communion donnée aux malades en danger de mort. Le mot *Viatique* signifie provision pour le voyage : il exprime admirablement, dans la circonstance, les effets du sacrement. Il soutient le malade et le fortifie dans le pénible voyage du temps à l'éternité. Le recevoir, quand cela est possible, est une obligation de conscience. Elle s'étend aux enfants eux-mêmes, dès qu'ils ont l'usage de la raison et sont en état de distinguer la sainte Eucharistie du pain ordinaire et matériel.

C'est assez dire que votre devoir est de ne rien négliger pour exciter dans vos malades, avant qu'ils soient à l'article de la mort, le désir du saint Viatique. Bien plus, vous les exhorterez à la sainte Communion, quand même la vie ne serait pas menacée, lorsqu'une fête considérable se rencontrera, à l'occasion d'une neuvaine pour leur guérison, etc. Ils ont tant besoin de grâces pour supporter leurs peines avec patience et profiter de leurs souffrances ! et ces grâces il faut les chercher avant tout dans les sacrements. Il est même fort désirable qu'ils puissent communier de temps en temps.

Si votre malade éprouvait des vomissements, et s'il y avait lieu de craindre qu'il ne rejetât la sainte hostie, vous lui donneriez, pour essayer, une hostie ou une partie d'hostie non consacrée. Quand il peut l'avaler sans vomir, il est capable de communier.

Dans tous les cas, vous vous souviendrez que ce n'est point à vous à décider ces sortes de questions mais au confesseur : vous le préviendrez toujours et vous vous entendrez avec lui : il verra ce qui convient dans la circonstance.

Le malade s'imagine que la visite de Notre-Seigneur dans l'Eucharistie est l'annonce d'une mort prochaine. Vous lui rappellerez ce qui suit : — « L'Eucharistie, dit saint Cyrille d'Alexandrie, chasse les maladies et guérit les infirmités. »

Saint Grégoire de Nazianze raconte que son père recouvra la santé, aussitôt après avoir reçu la sainte Communion.

Le général Drouot était dangereusement malade. Un jour, vers midi, son médecin arrive : « Je suis bien, lui dit aussitôt le célèbre guerrier, j'ai reçu la visite d'un médecin qui m'a entièrement guéri : je suis sauvé. » Le docteur étonné cherche le mot de cet énigme ; le général ajoute : « Ne soyez pas jaloux : j'ai communié ce matin. »

Si les effets de la sainte Eucharistie ne se produisent pas toujours de cette façon sur le corps; sur l'âme, ils sont infaillibles : consolation, force, espérance, charité, tout s'y trouve en abondance.

Afin de préparer l'âme de votre malade à recevoir son Dieu, vous lui suggérerez, de temps à autre, quelques pieuses réflexions ; surtout vous l'exhorterez à offrir ses douleurs à cette intention.

Il sera bon de l'engager encore à demander, avant de communier, pardon des mauvais exemples qu'il aurait pu donner : il assurera en même temps qu'il pardonne lui-même de grand cœur à ceux qui l'auraient offensé.

Après la Communion, vous l'aiderez à remercier Notre-Seigneur.

Afin de faciliter votre tâche, nous placerons ici quelques actes très courts. Vous pourrez les lire lentement à votre malade, avant et après sa Communion.

AVANT LA COMMUNION

Acte de Foi. — Dans quelques instants, ô mon bien-aimé Rédempteur, vous devez venir en moi. Je crois, augmentez encore ma foi.

Acte d'humilité et de contrition. — Qui suis-je, ô mon Dieu, pour vous recevoir? J'ai tant péché ! Ayez pitié de moi, Seigneur, selon votre grande miséricorde.

Acte de confiance. — Comment n'aurais-je pas confiance ? Vous m'avez aimé, ô Jésus, jusqu'à mourir pour moi sur une croix ! Je m'abandonne entre vos mains ; je vous confie mes misères.

Acte d'amour et de désir. — Venez, ô mon Sauveur, venez prendre possession de mon cœur : je vous le donne à jamais.

APRÈS LA COMMUNION

Adoration. — Oh! oui, mon Dieu, vous êtes en moi. Je le crois ; je vous adore, je m'anéantis devant vous!
Reconnaissance. — Que vous rendrai-je pour un tel bienfait? Je vous offre mes souffrances, je vous fais le sacrifice de ma vie, si vous me le demandez. Votre sainte volonté soit faite !
Demande. — Vous connaissez mes besoins, ô mon Dieu. Secourez-moi! Donnez-moi la patience et la résignation! Faites que je ne perde pas le mérite de mes peines, de mes ennuis, de mes douleurs !

Voici ce que vous devrez préparer pour recevoir aussi dignement que possible Notre-Seigneur.

1° La chambre, l'escalier, les abords de la maison seront tenus très propres. Il convient de faire cette préparation dès la veille de peur que le temps manque le lendemain matin.

2° Vous ne laisserez dans la chambre rien d'inconvenant, qui puisse choquer les regards et paraître un manque de respect à Notre-Seigneur.

3° Vous couvrirez entièrement le lit d'un drap blanc, et vous étendrez, devant le malade, une serviette très propre.

4° Vous préparerez une table recouverte d'une nappe. Au milieu, vous placerez le crucifix; deux chandeliers aux deux côtés, avec leurs bougies ou cierges allumés ; une assiette ou une soucoupe avec de l'eau bénite et une branche de buis bénit ; un verre rempli d'eau et une serviette. Vous pourrez ajouter des vases de fleurs et ce qui est capable de donner à

Fig. 50.

cette auguste cérémonie toute la solennité possible. (V. fig. 50.)

5° Vous veillerez à ce que les portes soient tenues ouvertes quand le prêtre arrivera. Vous vous mettrez à genoux avec les personnes présentes.

6° Vous aurez tout prêt un bol de tisane, dont vous pourrez donner quelques cuillerées au malade, quand il aura communié, surtout s'il avale difficilement la sainte hostie.

7° Vous reconduirez Notre-Seigneur jusqu'à la porte extérieure, si votre présence n'est pas indispensable dans la chambre. Vous retournerez ensuite à votre poste, vous offrirez quelque chose à votre malade et l'aiderez dans son action de grâces, comme il est dit plus haut.

Si un accident arrive, si aussitôt après le départ du prêtre, le malade vomit, ne vous troublez pas : vous couvrez ces éjections de cendre et les jetez au feu.

L'Extrême-Onction.

Ce sacrement achève de purifier les malades de leurs péchés, leur donne des grâces pour souffrir patiemment, les fortifie contre les tentations du démon et les frayeurs de la mort, leur rend la santé, quand Dieu la juge utile pour le salut.

Si les malades comprenaient tous ses bienfaits, hésiteraient-ils tant à recevoir ce sacrement ? A vous de les leur faire comprendre.

Vous pourrez profiter de ce que le saint Viatique est donné à votre malade pour lui faire désirer l'Extrême-Onction. Dans tous les cas, agissez de telle sorte qu'il n'attende pas à n'avoir plus que peu ou point de connaissance. Il en retirerait beaucoup moins de fruit.

Les enfants gravement malades, dès qu'ils ont l'âge de raison, et les vieillards, tellement affaiblis qu'il y a lieu de craindre qu'à tout moment ils ne meurent de faiblesse ou de défaillance, peuvent recevoir ce sacrement.

Il n'est administré qu'une fois dans la même maladie, à moins que le malade, après être revenu en pleine convalescence, ne retombe ensuite dans un nouveau danger de mort. D'ailleurs, le prêtre saura ce qu'il doit faire dans ces circonstances.

Exciter dans l'âme du malade les sentiments de foi, de confiance de contrition; l'engager, pendant que le prêtre lui fera les onctions, à demander pardon des péchés commis par chacun de ses sens; l'exhorter à la résignation et à l'abandon à la divine volonté; telle est votre mission.

Pour ce sacrement, vous tenez le lit et la chambre du malade très propres; vous lavez, s'il est possible, avec de l'eau tiède, la figure, les mains et les pieds où doivent se faire les onctions. Une table est préparée de la même manière que pour le saint Viatique avec crucifix, flambeaux, eau bénite, etc. (V. fig. 51.) Vous y ajoutez une assiette, dans laquelle vous aurez déposé six ou sept petits flocons de coton roulés en boule, pour essuyer les onctions, et un petit morceau de mie de pain avec lequel le prêtre se purifiera les doigts. La cérémonie terminée, vous jetterez au feu l'eau du verre, le coton et la mie de pain.

Il est d'usage que le prêtre applique, après avoir

administré le saint Viatique ou l'Extrême-Onction, une *Indulgence plénière*, dite de la *Bonne Mort*. C'est la remise de toutes les peines dues au péché, accordée

Fig. 51.

par l'Église à ses enfants, afin de leur éviter les expiations de l'autre vie.

Si le malade ne peut recevoir cette indulgence à

cause de l'absence du prêtre, vous ferez en sorte de lui en faire gagner quelque autre attachée à une pratique de piété ou à quelque objet bénit et indulgencié, comme crucifix, croix, chapelets. S'il n'a aucun de ces objets à son usage, vous lui suggérerez quelques prières auxquelles sont attachées des Indulgences, par exemple les actes de foi, d'espérance, de charité, etc.

Après les Sacrements.

Vous veillerez avec le plus grand soin à ce que votre malade demeure calme et tranquille, pour lui éviter la fatigue et pour ne point le troubler et importuner. Ses affaires temporelles ont dû être réglées avant la réception des sacrements. Solliciter un mourant de changer quelque chose à ses dernières dispositions, pour lesquelles il a dû consulter sa conscience, est alors une véritable cruauté.

Nous donnons, en terminant ce chapitre, les principaux actes à suggérer au malade.

« Mon Dieu, je crois en vous. »
« Mon Dieu, j'espère en vous. »
« Mon Dieu, Bonté infinie, je vous aime de tout mon cœur, et par-dessus tout. »
« Mon Dieu, je vous demande pardon de mes péchés. »
« Mon Dieu, je vous offre ce que je souffre. »
« Mon Dieu, que votre sainte volonté soit faite ! »

« Mon Jésus, j'unis mes souffrances aux vôtres. »
« Mon Jésus, miséricorde ! »
« Doux cœur de Marie, soyez mon salut. »
« Mon bon Ange, veillez sur moi ! »
« Saint Joseph, priez pour moi. »
« Mon saint Patron, priez pour moi. »

CHAPITRE V

Bénédiction des Mourants.

Dans l'ancienne Loi, le père, à son lit de mort, bénissait ses enfants et Dieu, dans le ciel, ratifiait cette bénédiction : elle portait avec elle le bonheur. Il est touchant de voir cet usage se continuer. Vous contribuerez à le maintenir autant qu'il vous sera possible et vous engagerez le moribond à bénir ses parents et ses amis présents.

Toutefois, l'excès de sensibilité ou d'autres raisons peuvent, dans certains cas, y mettre obstacle. Il ne faudrait pas en effet exposer le malade ou les assistants à une scène trop pénible.

L'Ange consolateur de M. l'abbé Gourdel nous fournit, pour cette bénédiction, les deux méthodes suivantes :

1re Méthode

Si le malade le peut et le désire, il communiquera ses dernières volontés, donnera ses conseils, adressera ses remerciements ; puis, levant un peu la main vers les personnes de sa maison, en ce moment agenouillées auprès de son lit, il exprimera sa dernière bénédiction en termes quelconques, se servant, par exemple, de quelques-unes de ces formules ou d'autres semblables:

« Mes enfants, je vous bénis. »
« Que Dieu lui-même vous bénisse et vous protège ! »
« Aimez-le bien et soyez toujours unis. »
« Je prierai pour vous, ne m'oubliez pas. »

2ᵉ Méthode

Après que le père (ou la mère) a fait ses dernières recommandations aux siens, les enfants viennent se mettre à genoux, à tour de rôle selon l'âge, auprès du malade ; celui-ci pose quelques instants en silence sa main défaillante sur leur tête, puis il la donne à baiser à ses enfants. C'est là une manière plus simple, mais non moins éloquente et non moins cordiale, de bénir ceux qu'on aime.

Cette bénédiction est accompagnée de certaines recommandations selon les circonstances. Les paroles d'un mourant laissent dans l'âme des traces ineffaçables. A quinze ans, un jeune homme avait la douleur de perdre sa mère. Il avait reçu sa dernière bénédiction et ses derniers conseils. Elle l'avait engagé à demeurer toujours fidèle à ses devoirs de chrétien. Longtemps après, devenu père de famille, il rencontra la personne qui avait assisté sa chère défunte et lui dit : « J'ai eu bien des occasions de me perdre ; jamais je n'y ai succombé. Le souvenir des dernières paroles de ma mère et sa bénédiction m'ont porté bonheur :

je suis le plus heureux des hommes. » Le célèbre O'Connell attribuait ses succès à la bénédiction de sa mère mourante. Il aimait à lui en faire hommage.

Que de fois il m'a été donné d'assister, à ce moment suprême, aux scènes les plus touchantes ! Une épouse gémit de voir celui qu'elle aime éloigné de Dieu. A son lit de mort, elle le supplie de se convertir. Il pleure, il promet. Que de conversions se sont opérées de la sorte !

Un fils fait la désolation de ses parents. Le père mourant lui adresse d'affectueux reproches et le conjure de changer de vie ; ces paroles restent gravées dans l'âme. Il semble à ce fils voir toujours son père lui rappeler ses devoirs ; toujours il entend ses paroles retentir à ses oreilles. Elles le retiennent dans le devoir ou, s'il se rend coupable, elles sont l'occasion de cuisants remords qui souvent le ramènent au bien.

Dans les communautés religieuses et les familles vraiment chrétiennes, on comprend que celui qui meurt saintement est un exilé de retour dans la patrie commune. Avant le départ, on aime à lui confier ses messages pour le ciel. C'est une pieuse pratique que la garde-malade saura maintenir quand les circonstances le permettront.

CHAPITRE VI

L'Agonie. — La Mort.

Dans cette lutte suprême de la vie contre la mort, du démon contre l'âme, à l'agonie, l'Église redouble de tendresse pour le mourant.

Vous avertirez un prêtre, s'il est possible, afin d'assister le moribond.

Vous jetterez de temps à autre de l'eau bénite sur le lit ; vous ferez sur le malade le signe de la croix ; vous lui donnerez à baiser le crucifix ou une image de la Sainte Vierge ; vous invoquerez près de lui les saints noms de Jésus, de Marie et de Joseph, le patron de la bonne mort.

De temps à autre, vous suggérerez des actes de conformité à la volonté divine, de contrition, de confiance surtout. Toujours, évitez de fatiguer. C'est pourquoi vous mettrez quelque intervalle entre ces prières et les formulerez très lentement.

Lorsqu'approcheront les derniers moments, récitez les litanies des agonisants placées ci-après. De temps à autre, lors même que le malade semblerait ne plus avoir sa connaissance, répétez encore à son oreille les doux noms de Jésus et de Marie.

Près du moribond brûlera le cierge bénit, symbole de sa foi et de sa charité.

Quand le dernier soupir sera rendu, vous direz, avec les assistants, quelques prières pour le repos de l'âme du défunt. (Voir 3me partie.)

La doctrine de l'Église est, qu'aussitôt après la mort, l'âme est jugée et son sort fixé pour l'éternité. Mais avant d'être admise dans le ciel, souvent il lui faut passer par le purgatoire, lieu de la souffrance et de l'expiation.

Là, nos prières, nos bonnes œuvres, le saint sacrifice de la messe peuvent lui apporter du soulagement.

Vous n'oublierez pas, après sa mort, celui à qui vous aurez prodigué vos soins pendant sa maladie. Trop souvent, hélas! les parents attristés ne songent qu'à leur douleur et aux préparatifs des funérailles. Vous pouvez, tout en leur adressant des paroles de consolation et d'encouragement, leur dire un mot des leçons de la mort et leur rappeler surtout qu'ils doivent prier pour leur cher défunt.

De votre côté, vous offrirez à ses intentions quelques prières et bonnes œuvres ; vous gagnerez des indulgences, en un mot, vous apporterez, pour le soulagement de son âme, le même zèle dont vous avez fait preuve pour le soulagement de son corps.

Si vous veillez près du cadavre, vous sanctifierez votre veille et la rendrez utile et fructueuse pour le défunt.

Vous assisterez au service funèbre avec foi, recueillement, piété et toujours dans l'intention d'apporter votre tribut au soulagement de l'âme, pour laquelle l'Église adresse à Dieu ses supplications.

Le corps, à son tour, réclame les derniers devoirs. Comme Dieu récompense magnifiquement ceux qui les lui rendent ! Tobie nous en offre, dans l'Ancien Testa-Testament, un touchant exemple. Avec quel respect l'Église, fidèle interprète des sentiments divins, le traite-t-elle aussi ! Elle se souvient qu'il a été sanctifié par les sacrements et qu'un jour il ressuscitera glorieux.

Vous vous acquitterez donc de l'ensevelissement du corps avec un soin religieux, avec la plus grande modestie. Vous le laverez, s'il est besoin, vous le revêtirez de linge blanc, symbole de l'innocence ; vous croiserez sur la poitrine les mains entre lesquelles vous placerez un crucifix et que vous entourerez d'un chapelet. Le visage doit demeurer découvert ; un mouchoir roulé ou un objet quelconque sera placé sous le menton, pour l'empêcher de retomber, et tenir la bouche fermée ; les paupières seront abaissées sur les yeux.

Près du lit vous mettrez une petite table, sur laquelle vous étendrez une nappe. Au milieu, vous placerez un crucifix, deux chandeliers aux deux côtés, avec une bougie ou un cierge allumé : en avant, vous disposerez une soucoupe avec de l'eau bénite et un buis bénit.

Si vous êtes chargée de la chapelle ardente, vous vous souviendrez que tout y doit être sévère et lugubre. Si les feuillages et la verdure y trouvent place, les fleurs en sont bannies.

TROISIÈME PARTIE

PRIÈRES DIVERSES

Sous ce titre, nous comprendrons quelques prières utiles soit au malade, soit à celle qui le veille, et nous donnerons les admirables formules de la liturgie pour l'administration des derniers sacrements et pour le temps de l'agonie.

CHAPITRE PREMIER

Prières non liturgiques.

Prières pour un Malade.

I

O Dieu, dont la miséricorde est infinie, accordez à votre serviteur malade les secours et la consolation de votre grâce, afin que, dans l'état d'affliction où son corps est réduit, il mérite de chercher la santé de son âme par l'ardeur de sa foi, et de l'obtenir par la persévérance de sa patience.

O Dieu, qui, pour la gloire de votre grâce, manifestez la patience de vos saints au milieu des tribulations, fortifiez votre serviteur affligé par la maladie, et faites qu'après avoir passé par cette épreuve, il reçoive avec abondance les fruits de la justice, et que la tristesse présente le conduise à une joie éternelle. Par Notre-Seigneur Jésus-Christ.

II

Seigneur Jésus, par cet amour avec lequel vous avez supporté les humiliations et les douleurs de votre

Passion, je vous supplie de conserver à cet infirme la patience et de faire servir à votre plus grande gloire, comme à son plus grand avancement, chacun des instants qu'il aura à souffrir selon les desseins que votre divin Cœur a formés de toute éternité pour son salut éternel. Ainsi soit-il.

III

Seigneur Jésus ! très bon et très puissant médecin des corps et des âmes, permettez à votre humble servante de venir implorer la pitié de votre très doux Cœur, en faveur des malades en général, de ceux particulièrement confiés aux soins de notre Institut, et très spécialement de *N...* (le malade qu'on soigne). Daignez leur rendre la santé du corps ; donnez-leur et conservez-leur toujours celle de l'âme ; soulagez, adoucissez leurs maux, et inspirez-leur, par votre grâce, ces dispositions de patience, de résignation, de soumission à votre adorable volonté, qui sanctifieront leurs souffrances et les rendront méritoires pour le ciel. Surtout, ô Sauveur des âmes, ne permettez pas, je vous en supplie, qu'aucun d'eux tarde à se réconcilier avec vous, et s'expose au malheur d'être surpris par la mort, sans avoir reçu en pleine connaissance et avec les conditions requises de foi, de confiance, de contrition et d'amour, tous les sacrements de l'Église. Ainsi soit-il.

Sainte Vierge Marie, salut des malades et refuge des pécheurs, priez pour eux (*trois fois*).

(Avis et Règles de conduite pour les R. G.-M.)

Prières pour un Malade spécialement cher.

I

Qu'elle était heureuse, ô mon Dieu ! cette famille bénie de Lazare, que vous honoriez de votre divine amitié pendant les jours de votre vie mortelle ! A l'heure de l'inquiétude, il lui suffisait de vous envoyer dire : Seigneur, celui que vous aimez est malade ! Et elle recevait aussitôt de votre bouche divine cette consolante assurance : Cette maladie ne va point à la mort. Ah ! si vous vouliez la répéter encore, cette parole d'espérance, et la faire entendre à mon cœur si inquiet, si troublé, si malheureux ! si je pouvais, dans ma mortelle angoisse pour un être chèrement aimé, vous attirer dans ma maison, près de son lit de souffrance, vous attendrir, comme autrefois Marthe et Marie, par le spectacle d'une vive douleur, et obtenir de votre bonté la guérison de celui que j'aime ! O mon Dieu, je ne mérite pas une telle grâce, ni que vous fassiez un miracle en ma faveur ; mais je sais que vous pouvez tout et que vous êtes un Père plein de tendresse : je sais, ô mon Sauveur, que vous êtes la résurrection et la vie, et que vous rappelez, quand il vous plaît, des portes du tombeau. Aussi, quand bien même des symptômes cruels justifieraient mes alarmes, quand bien même un arrêt fatal aurait été prononcé, j'espérerais encore, et contre toute espérance, dans votre puissance et dans votre miséricorde.

Mais, Seigneur, je ne veux rien vous demander qui ne soit d'accord avec vos volontés adorables, et je m'efforce de leur soumettre mes plus ardents désirs. Du moins, jusqu'à ce qu'il vous plaise de décider du sort de cette chère vie, daignez bénir les efforts que nous tentons pour la conserver. Bénissez nos soins, nos veilles, notre anxieuse sollicitude, bénissez les accablements et les douleurs de notre pauvre malade, et faites-les servir au salut de son âme. Donnez-nous le courage de bien souffrir, le courage non moins difficile de voir souffrir ; donnez-nous la patience qui sait attendre sans se plaindre, la résignation qui accepte sans murmurer, donnez-nous surtout votre amour, ô mon Dieu, qui répand du charme jusque sur la souffrance, un entier abandon pour la vie et pour la mort entre vos divines mains.

II

O Marie, si puissante sur le Cœur de Jésus, rien ne vous est impossible. Dites un mot et N... (*nom du malade*) sera guéri. O ma Mère, ne me refusez pas cette grâce. Les malades ont un droit spécial à votre compassion. Je remets entre vos mains une vie qui nous est si chère. Prolongez-la, si elle doit servir à la gloire de mon Dieu et au salut de cette âme ; mais si la volonté divine a limité ses jours, éloignez d'elle les frayeurs de la mort, donnez-lui une parfaite résignation aux desseins de Dieu, offrez vous-même le sacrifice de sa vie au Cœur de Jésus. O Marie, ne permettez pas que je vous aie vainement priée, et daignez, par cette guérison si désirée, accroître notre reconnaissance et notre culte envers votre Perpétuel-Secours.

Prière pour les Agonisants.

(Indulgence de 100 jours chaque fois.)

O très miséricordieux Jésus, vous qui brûlez d'amour pour les âmes, je vous en supplie, par l'agonie de votre Cœur très saint et par les douleurs de votre Mère immaculée, purifiez dans votre sang les pécheurs du monde entier qui sont dans ce moment à l'agonie et qui doivent mourir aujourd'hui. Ainsi soit-il.

Prières des Malades.

I

Je souffre, ô mon Dieu ; mais c'est votre main qui m'apporte ces souffrances et elle me les apporte pour votre plus grande gloire et mon plus grand bien. Toujours, moyennant votre grâce, je veux dire : « Que votre sainte et toute aimable volonté soit faite! » Soutenez mon courage ; ma faiblesse est si grande !

O Jésus, que n'avez-vous pas enduré pour mon amour? Unissez mes souffrances aux vôtres. Quoi de plus juste que je souffre par amour pour vous !

Notre-Dame des Sept-Douleurs, ô reine des martyrs, aidez-moi. N'êtes-vous pas ma mère? Protégez, assistez votre enfant. Ainsi soit-il.

II

Faites, Seigneur, que, tel que je sois, je me conforme à votre volonté, et qu'étant malade comme je suis, je vous glorifie dans mes souffrances. Sans elles je ne puis arriver à la gloire ; et vous-même, mon Sauveur, n'y avez voulu parvenir que par elles. C'est par les marques de vos souffrances que vous avez été reconnu de vos disciples ; et c'est par les souffrances que vous reconnaissez aussi ceux qui sont vos disciples. Reconnaissez-moi donc pour votre disciple, dans les maux que j'endure et dans mon corps et dans mon esprit, pour les offenses que j'ai commises. Et parce que rien n'est agréable à Dieu, s'il ne lui est offert par vous, unissez ma volonté à la vôtre, et mes douleurs à celles que vous avez souffertes. Unissez-moi à vous, remplissez-moi de vous et de votre Esprit-Saint. Entrez dans mon cœur et dans mon âme, pour y porter mes souffrances et pour continuer d'endurer en moi ce qui vous reste à souffrir de votre passion, que vous achevez dans vos membres jusqu'à la consommation parfaite de votre corps, afin qu'étant plein de vous ce ne soit plus moi qui vive et qui souffre, mais que ce soit vous qui viviez et qui souffriez en moi, ô mon Sauveur, et qu'ainsi ayant quelque petite part à vos souffrances, vous me remplissiez entièrement de la gloire qu'elles vous ont acquise, dans laquelle vous vivez avec le Père et le Saint-Esprit dans tous les siècles des siècles. Ainsi soit-il.

(Prière de Pascal, malade.)

Prière des Religieuses garde-malades pour elles-mêmes.

Permettez, Seigneur Jésus, qu'au nom de toutes mes Sœurs et au mien, je vienne vous remercier de la grâce insigne que vous avez daigné nous faire, en nous choisissant pour avoir l'honneur de vous servir dans les personnes des malades, vos membres souffrants. Vous avez voulu, ô bon Maître, vous engager à regarder et à récompenser comme fait à vous-même tout ce que nous ferons pour eux. Puis donc que vous daignez ainsi vous rendre en quelque sorte notre débiteur, vous à qui tout est dû et qui ne nous devez rien, permettez-nous, en retour de nos pauvres petits services, de vous demander toute l'abondance de vos grâces, afin que nous soyons, jusqu'à notre dernier jour, de bonnes et fidèles religieuses garde-malades. Donnez-nous, conservez-nous et perfectionnez toujours davantage en nous les vertus propres de notre saint état, l'humilité, l'obéissance, le détachement, la modestie, la charité, la douceur, la prudence, la discrétion, la patience, l'amour du travail et de la peine. Et, afin que les distractions de nos emplois et le contact avec le monde n'affaiblissent jamais en nous l'esprit religieux, faites de nous toutes, ô Jésus, des âmes intérieures qui, par le recueillement, la mortification de leurs sens, l'amour du silence, la fidélité à l'oraison et à tous les exercices de piété prescrits par leurs règles, sachent unir l'office de Marie à celui de Marthe, et puissent ainsi, par une douce et habituelle union avec vous, commencer déjà sur la terre la vie du ciel. Ainsi soit-il.

(Avis et Règles de conduite pour les R. G.-M.)

CHAPITRE II

Prières liturgiques.

POUR LE SAINT VIATIQUE

En entrant dans la maison du malade le prêtre dit

℣. La paix soit dans cette maison.	℣. Pax huic domui.
℟. Et en tous ceux qui l'habitent.	℟. Et omnibus habitantibus in ea.

En aspergeant le malade et les assistants avec de l'eau bénite :

Seigneur, purifiez-moi avec l'hysope, et je serai purifié ; lavez-moi, et je serai plus blanc que la neige.	Asperges me, Domine, hyssopo et mundabor ; lavabis me, et super nivem dealbabor.
Ayez pitié de moi, mon Dieu, selon votre grande miséricorde.	Miserere mei, Deus, secundum magnam misericordiam tuam.
Gloire au Père, au Fils et au Saint-Esprit, comme il était au commencement,	Gloria Patri, et Filio, et Spiritui Sancto ; sicut erat in principio, et

nunc, et semper, et in sæcula sæculorum. Amen.

Asperges me, Domine, etc.

℣. Adjutorium nostrum in nomine Domini,

℟. Qui fecit cœlum et terram.

℣. Domine, exaudi orationem meam.

℟. Et clamor meus ad te veniat.

℣. Dominus vobiscum,

℟. Et cum spiritu tuo.

ОREMUS

Exaudi nos, Domine sancte, Pater omnipotens, æterne Deus, et mittere digneris sanctum angelum tuum de cœlis, qui custodiat, foveat, protegat, visitet, atque defendat, omnes habitantes in hoc habitaculo. Per Christum Dominum nostrum.

℟. Amen.

maintenant et toujours, et dans les siècles des siècles. Ainsi soit-il.

Seigneur, purifiez-moi, etc.

℣. Notre aide est dans le nom du Seigneur,

℟. Qui a fait le ciel et la terre.

℣. Seigneur, exaucez ma prière.

℟. Et que mes cris s'élèvent jusqu'à vous.

℣. Le Seigneur soit avec vous,

℟. Et avec votre esprit.

PRIONS

Exaucez-nous, Dieu saint, tout-puissant, éternel, et daignez envoyer du haut des cieux votre saint ange, pour garder, réchauffer, protéger, visiter et défendre tous ceux qui habitent cette demeure. Par Jésus-Christ notre Seigneur.

℟. Ainsi soit-il.

Après les exhortations convenables adressées au malade, on récite les prières suivantes :

Je me confesse à Dieu tout-puissant, à la bienheureuse Marie toujours Vierge, au bienheureux Michel Archange, au bienheureux Jean-Baptiste, aux saints apôtres Pierre et Paul, à tous les Saints, et à vous, mon Père, de tous les péchés que j'ai commis en pensées, paroles et œuvres ; par ma faute, par ma faute, par ma très grande faute : c'est pourquoi je prie la bienheureuse Marie toujours Vierge, saint Michel Archange, saint Jean-Baptiste, les saints apôtres Pierre et Paul, tous les Saints et vous, mon père, de prier pour moi le Seigneur notre Dieu.

℣. Que le Dieu tout-puissant vous fasse miséricorde, qu'il vous pardonne vos péchés et vous conduise à la vie éternelle. ℟. Ainsi soit-il.

℣. Que le Seigneur tout-puissant et miséricordieux

Confiteor Deo omnipotenti, beatæ Mariæ semper Virgini, beato Michaeli Archangelo, beato Joanni Baptistæ, sanctis Apostolis Petro et Paulo, omnibus Sanctis, et tibi, pater, quia peccavi nimis cogitatione, verbo et opere ; mea culpa, mea culpa, mea maxima culpa. Ideo precor beatam Mariam semper Virginem, beatum Michaelem Archangelum, beatum Joannem Baptistam, sanctos Apostolos Petrum et Paulum, omnes Sanctos et te, pater, orare pro me ad Dominum Deum nostrum.

℣. Misereatur tui omnipotens Deus, et dimissis peccatis tuis, perducat te ad vitam æternam. ℟. Amen.

℣. Indulgentiam, absolutionem et remissio-

nem peccatorum tuorum tribual tibi omnipotens et misericors Dominus. ℟. Amen. Ecce Agnus Dei, ecce qui tollit peccata mundi. Domine, non sum dignus ut intres sub tectum meum ; sed tantum dic verbo, et sanabitur anima mea (*ter*).	vous accorde le pardon, l'absolution et la rémission de vos péchés. ℟. Ainsi soit-il. Voici l'Agneau de Dieu, voici celui qui efface les péchés du monde. Seigneur, je ne suis pas digne que vous entriez dans ma maison, mais dites seulement une parole, et mon âme sera guérie (*trois fois*).

Puis déposant l'Hostie sainte sur la langue du malade,
le prêtre dit :

Accipe, frater (*vel soror*), viaticum Corporis Domini nostri Jesu Christi, qui te custodiat ab hoste maligno, et perducat in vitam æternam. Amen.	Recevez, mon frère (*ou ma sœur*), le viatique du Corps de N.-S. J.-C. pour qu'il vous défende contre les malices de l'ennemi, et vous conduise à la vie éternelle. Ainsi soit-il.

Après avoir adressé, s'il y a lieu, quelques mots d'exhortation au malade, le prêtre finit en disant :

℣. Dominus vobiscum, ℟. Et cum spiritu tuo.	℣. Le Seigneur soit avec vous, ℟. Et avec votre esprit.
OREMUS	PRIONS
Domine sancte, Pater	Dieu saint, tout-puissant,

éternel, nous vous supplions avec confiance de faire que le Corps très saint de N.-S. J.-C., votre Fils, soit pour notre frère (*ou* notre sœur) qui vient de le recevoir, tant pour le corps que pour l'âme, un remède éternel, Vous qui vivez et régnez dans l'unité du Saint-Esprit, pendant tous les siècles des siècles.

℞. Ainsi soit-il.

omnipotens, æterne Deus, te fideliter deprecamur ut accipienti fratri nostro (*vel* sorori nostræ) sacrosanctum Corpus Domini nostri Jesu Christi, Filii tui, tam corpori quam animæ prosit ad remedium sempiternum. Qui tecum vivit et regnat in unitate Spiritus sancti, Deus, per omnia sæcula sæculorum.

℞. Amen.

POUR L'EXTRÊME-ONCTION

La paix soit dans cette maison.

Et en tous ceux qui l'habitent.

Seigneur, purifiez-moi avec l'hysope et je serai purifié ; lavez-moi et je serai plus blanc que la neige.

Ayez pitié de moi, mon Dieu, selon votre grande miséricorde.

Pax huic domui.

Et omnibus habitantibus in ea.

Asperges me, Domine, hyssopo et mundabor : lavabis me, et super nivem dealbabor.

Miserere mei, Deus, secundum magnam misericordiam tuam.

Gloria Patri, etc.
Asperges me, etc.

Gloire au Père, etc.
Seigneur, purifiez-moi, etc.

Les exhortations faites et la profession de Foi, d'Espérance et de Charité exigée, si la circonstance le permet, le prêtre engage les assistants à prier pour le malade ; puis il continue en disant :

℣. Adjutorium nostrum in nomine Domini.

℟. Qui fecit cœlum et terram.

℣. Dominus vobiscum.

℟. Et cum spiritu tuo.

℣. Notre aide est dans le nom du Seigneur,

℟. Qui a fait le ciel et la terre.

℣. Le Seigneur soit avec vous,

℟. Et avec votre esprit.

OREMUS

Introeat, Domine Jesu Christe, domum hanc, sub nostræ humilitatis ingressu, æterna felicitas, divina prosperitas, serena lætitia, charitas fructuosa, sanitas sempiterna ; effugiat ex hoc loco accessus dæmonum ; adsint Angeli pacis, domumque hanc deserat omnis maligna discordia. Magnifica, Domine, super nos nomen sanctum tuum, et bene-

PRIONS

Seigneur J.-C., en même temps que notre humilité, faites entrer dans cette maison la félicité éternelle, les biens divins, la joie sans nuage, la charité féconde, la santé de l'éternité ; que les démons s'éloignent du seuil de cette maison, que les anges de la paix l'habitent, et que toute discorde l'abandonne. Glorifiez en nous, Seigneur, votre saint nom, et bénissez ✝ notre action ; sanctifiez l'humble trace de nos pas dans cette demeure, vous qui êtes saint et bon, et vivez avec le Père et le Saint-Esprit dans les siècles des siècles. Ainsi soit-il.

PRIONS

Et supplions N.-S. J.-C. qu'il répande d'abondantes bénédictions † sur cette demeure et sur ceux qui l'habitent ; qu'il leur envoie leur bon Ange gardien ; qu'il les rende fidèles à son service, afin de mériter les récompenses admirables promises aux observateurs de sa loi ; qu'il éloigne d'eux toutes les puissances ennemies ; qu'il les délivre de toute crainte et de toute frayeur, et qu'il daigne les préserver de tout mal ; Lui qui vit et règne avec le Père et le Saint-Esprit dans les siècles des siècles. Ainsi soit-il.

dic † nostræ conversationi, sanctifica nostræ humilitatis ingressum, qui sanctus et pius es, et permanes cum Patre et Spiritu Sancto in sæcula sæculorum. Amen.

OREMUS

Et deprecemur Dominum nostrum Jesum Christum, ut benedicendo benedicat † hoc tabernaculum, et omnes habitantes in eo, et det eis Angelum bonum custodem, et faciat eos sibi servire, ad considerandum mirabilia de lege sua ; avertat ab eis omnes contrarias potestates ; eripiat eos ab omni formidine, et ab omni perturbatione, ac sanos in hoc tabernaculo custodire dignetur. Qui cum Patre et Spiritu sancto vivit et regnat, Deus, in sæcula sæculorum. Amen.

OREMUS	PRIONS
Exaudi nos, Domine sancte, Pater omnipotens, æterne Deus, et mittere digneris sanctum Angelum tuum de cœlis, qui custodiat, foveat, protegat, visitet atque defendat omnes habitantes in hoc habitaculo. Per Christum Dominum nostrum. Amen.	Exaucez-nous, Dieu saint, tout-puissant, éternel, et daignez envoyer du haut des cieux votre saint Ange, pour garder, réchauffer, protéger, visiter et défendre tous ceux qui habitent cette demeure. Par Jésus-Christ Notre Seigneur. Ainsi soit-il.
Confiteor Deo, etc.	Je confesse à Dieu, etc.
℣. Misereatur tui, etc.	℣. Que le Seigneur ait pitié de vous, etc.
℣. Indulgentiam, etc.	℣. Que le Seigneur vous accorde l'indulgence, etc.

Le Confiteor récité, le prêtre dit :

In nomine Patris, ☦ et Filii ☦, et Spiritus ☦ Sancti, extinguatur in te omnis virtus diaboli per impositionem manuum nostrarum, et per invocationem omnium sanctorum Angelorum, Archangelorum, Patriarcharum, Prophetarum, Apostolorum, Marty-	Qu'au nom du Père ☦ et du Fils ☦ et de l'Esprit ☦ Saint, toute puissance du démon soit anéantie en vous, par l'imposition de nos mains, et par l'invocation de tous les saints Anges, Archanges, Patriarches, Prophètes, Apôtres, Martyrs, Confesseurs, Vierges, et de tous les Saints

ensemble. Ainsi soit-il.

rum, Confessorum, Virginum, atque omnium simul Sanctorum. Amen.

Ensuite, il fait les onctions avec l'huile sainte en forme de croix sur les différentes parties du corps, en prononçant les paroles suivantes :

Aux yeux : Par cette sainte onction ☦ et sa très douce miséricorde, daigne le Seigneur vous pardonner tous les péchés commis par le sens de la vue. Ainsi soit-il.

Aux oreilles : Par cette sainte onction ☦ et sa très douce miséricorde, daigne le Seigneur vous pardonner tous les péches commis par le sens de l'ouïe. Ainsi soit-il.

Aux narines : Par cette sainte onction ☦ et sa très douce miséricorde, daigne le Seigneur vous pardonner tous les péchés commis par le sens de l'odorat. Ainsi soit-il.

A la bouche : Par cette sainte onction ☦ et sa très douce miséricorde, daigne le Seigneur vous pardonner tous les péchés commis par

Aux yeux : Per istam sanctam Unctionem ☦, et suam piissimam misericordiam, indulgeat tibi Dominus quidquid per visum deliquisti. Amen.

Aux oreilles : Per istam sanctam Unctionem ☦, et suam piissimam misericordiam, indulgeat tibi Dominus quidquid per auditum deliquisti. Amen.

Aux narines : Per istam sanctam Unctionem ☦, et suam piissimam misericordiam, indulgeat tibi Dominus quidquid per odoratum deliquisti. Amen.

A la bouche : Per istam sanctam Unctionem ☦, et suam piissimam misericordiam, indulgeat tibi Dominus quidquid per gustum et locutiónem deliquisti. Amen.

Aux mains: Per istam sanctam Unctionem ✝, et suam piissimam misericordiam, indulgeat tibi Dominus quidquid per tactum deliquisti. Amen.

Aux pieds: Per istam sanctam Unctionem ✝, et suam piissimam misericordiam, indulgeat tibi Dominus quidquid per gressum deliquisti. Amen.

Aux reins: Per istam sanctam Unctionem ✝, et suam piissimam misericordiam, indulgeat tibi Dominus quidquid per lumborum delectationem deliquisti. Amen.

le sens du goût et par la langue. Ainsi soit-il.

Aux mains: Par cette sainte onction ✝ et sa très douce miséricorde, daigne le Seigneur vous pardonner tous les péchés commis par le sens du toucher. Ainsi soit-il.

Aux pieds: Par cette sainte onction ✝ et sa très douce miséricorde, daigne le Seigneur vous pardonner tous les péchés commis par vos démarches. Ainsi soit-il.

Aux reins: Par cette sainte onction ✝ et sa très douce miséricorde, daigne le Seigneur vous pardonner tous les péchés de la chair. Ainsi soit-il.

Les onctions achevées, le prêtre dit :

Kyrie, eleison.

Seigneur, ayez pitié de lui (d'elle).

Christe, eleison.

Christ, ayez pitié de lui (d'elle).

Kyrie, eleison.

Seigneur, ayez pitié de lui (d'elle).

Notre Père...

℣. Et ne nous induisez pas en tentation.

℟. Mais délivrez-nous du mal.

℣. Sauvez votre serviteur (*ou* servante).

℟. Mon Dieu, il (*ou* elle) espère en vous.

℣. Envoyez-lui, Seigneur, votre secours du séjour de votre sainteté.

℟. Et de Sion protégez-le (*ou* la).

℣. Soyez-lui, Seigneur, une forteresse de défense.

℟. En présence de l'ennemi.

℣. Que l'ennemi ne puisse rien sur lui (*ou* elle).

℟. Et que le fils de l'iniquité ne lui puisse nuire.

℣. Seigneur, écoutez ma prière.

℟. Et que mes cris montent jusqu'à vous.

℣. Le Seigneur soit avec vous,

℟. Et avec votre esprit.

Pater noster...

℣. Et ne nos inducas in tentationem.

℟. Sed libera nos a malo.

℣. Salvum fac servum, (*vel* Salvam fac servam tuam).

℟. Deus meus, sperantem in te.

℣. Mitte ei, Domine, auxilium de sancto.

℟. Et de Sion tuere eum (*vel* eam).

℣. Esto ei, Domine, turris fortitudinis.

℟. A facie inimici.

℣. Nihil proficiat inimicus in eo (*vel* in ea).

℟. Et filius iniquitatis non apponat nocere ei.

℣. Domine, exaudi orationem meam.

℟. Et clamor meus ad te veniat.

℣. Dominus vobiscum.

℟. Et cum spiritu tuo.

OREMUS	PRIONS
Domine Deus, qui per apostolum tuum Jacobum locutus es : « Infirmatur quis in vobis? inducat presbyteros Ecclesiæ, et orent super eum, ungentes eum oleo in nomine Domini; et oratio fidei salvabit infirmum, et alleviabit eum Dominus ; et si in peccatis sit, remittentur ei : » cura, quæsumus, Redemptor noster, gratia Sancti Spiritus, languores istius infirmi (*vel* infirmæ), ejusque sana vulnera, et dimitte peccata; atque dolores cunctos mentis et corporis ab eo (*vel* ea) expelle, plenamque interius et exterius sanitatem misericorditer redde, ut ope misericordiæ tuæ restitutus (*vel* restituta), ad pristina reparetur officia. Qui cum Patre et Spiritu Sancto vivis	Seigneur Dieu, qui avez dit par saint Jacques, votre apôtre : « Quelqu'un de vous est-il malade ? qu'il appelle les prêtres de l'Église et, qu'avec l'huile, ils fassent sur lui, au nom du Seigneur, des onctions accompagnées de prières, et la prière de la foi sauvera le malade, et Dieu le soulagera, et s'il est en péché, le péché lui sera remis : » relevez par la grâce de votre Saint-Esprit, nous vous en supplions, la langueur de ce (*ou* cette) malade, guérissez ses blessures, et pardonnez-lui ses péchés, chassez loin de lui (*ou* d'elle) toutes les douleurs de l'âme et du corps, et rendez-lui miséricordieusement dans leur plénitude la santé intérieure et celle des sens, afin que, rétabli par votre miséricorde, il (*ou* elle) soit rendu à ses anciens devoirs. O Dieu qui vivez et régnez

avec le Père et le Saint-Esprit dans les siècles des siècles. Ainsi soit-il.

PRIONS

Jetez un regard de bonté, nous vous en supplions, Seigneur, sur votre serviteur (*ou* servante) N. qui succombe sous l'infirmité de son corps, et réchauffez son âme, qui est votre créature, afin que, rendu meilleur (*ou* rendue meilleure) par la souffrance, il (*ou* elle) se reconnaisse sauvé (*ou* sauvée) par vos soins. Par Jésus-Christ Notre-Seigneur. Ainsi soit-il.

PRIONS

Dieu saint, tout-puissant, éternel, qui, par l'effusion de vos bénédictions sur les corps malades, veillez dans votre amour à la conservation spirituelle et corporelle de vos créatures, soyez favorablement attentif à cette invocation de votre nom, afin qu'ayant

et regnas Deus, in sæcula sæculorum. Amen.

OREMUS

Respice, quæsumus, Domine, famulum tuum (*vel* famulam tuam), N. in infirmitate corporis sui fatiscentem, et animam refove quam creasti, ut castigationibus emendatus (*vel* emendata) se tua sentiat medicina salvatum (*vel* salvatam). Per Christum Dominum nostrum. Amen.

OREMUS

Domine sancte, Pater omnipotens, æterne Deus, qui, benedictionis tuæ gratiam ægris infundendo corporibus, facturam tuam multiplici pietate custodis, ad invocationem tui nominis benignus assiste, ut famulum tuum (*vel* famulam tuam) ab ægritudine liberatum (*vel* liberatam) et sanitate donatum (*vel* donatam), dextera tua erigas, virtute confirmes, potestate tuearis, atque Ecclesiæ tuæ sanctæ, cum omni desiderata prosperitate, restituas. Per Christum Dominum nostrum. Amen.

délivré votre serviteur (*ou* servante) de la maladie, et l'ayant rendu (*ou* rendue) à la santé, vous le (*ou* la) releviez de votre main, vous le (*ou* la) fortifiiez de votre force, vous le (la) protégiez de votre puissance, et le (la) rendiez à votre sainte Église, comblé (comblée) de tous les biens que son cœur désire. Par J.-C. N.-S. Ainsi soit-il.

FORMULE DE L'INDULGENCE PLÉNIÈRE APPLICABLE AUX MOURANTS

℣. Adjutorium nostrum in nomine Domini,

℞. Qui fecit cœlum et terram.

Ne reminiscaris, Domine, delicta famuli tui (*vel* famulæ tuæ), neque vindictam sumas de peccatis ejus.

Kyrie, eleison.

Christe, eleison.

℣. Notre secours est dans le nom du Seigneur,

℞. Qui a fait le ciel et la terre.

Ne vous rappelez pas, Seigneur, les fautes de votre serviteur, et ne tirez pas vengeance de ses péchés.

Seigneur, ayez pitié de lui.

Christ, ayez pitié de lui.

Seigneur, ayez pitié de lui.

Notre Père, etc.

℣. Et ne nous induisez pas en tentation,

℟. Mais délivrez-nous du mal. Ainsi soit-il.

℣. Sauvez votre serviteur,

℟. Qui espère en vous, ô mon Dieu.

℣. Seigneur, exaucez ma prière,

℟. Et que mes cris arrivent jusqu'à vous.

℣. Le Seigneur soit avec vous,

℟. Et avec votre esprit.

PRIONS

Dieu très clément, Père des miséricordes, Dieu de toute consolation, qui ne laissez périr aucun de ceux qui croient et espèrent en vous, en vertu de votre miséricorde infinie, jetez un regard favorable sur votre serviteur (*ou votre servante*) *N.* que vous recommandent la vraie foi et l'espérance

Kyrie, eleison.

Pater noster, etc.

℣. Et ne nos inducas in tentationem,

℟. Sed libera nos a malo. Amen.

℣. Salvum fac servum tuum,

℟. Deus meus, sperantem in te.

℣. Domine, exaudi orationem meam,

℟. Et clamor meus ad te veniat.

℣. Dominus vobiscum,

℟. Et cum spiritu tuo.

OREMUS

Clementissime Deus, Pater misericordiarum et Deus totius consolationis, qui neminem vis perire in te credentem atque sperantem, secundum multitudinem miserationum tuarum, respice propitius famulum tuum *N.* quem (*vel famulam tuam N. quam*)

tibi vera fides et spes christiana commendant, visita eum (*vel* eam) in salutari tuo, et per Unigeniti tui passionem et mortem, omnium ei delictorum suorum remissionem et veniam clementer indulge, ut ejus anima in hora exitus sui te judicem propitiatum inveniat, et in sanguine ejusdem Filii tui, ab omni macula abluta, transire ad vitam mereatur æternam. Per eumdem Christum Dominum nostrum. Amen.

℣. Confiteor, etc.
℟. Misereatur, etc.

℣. Indulgentiam, etc.

Dominus noster J.-C. filius Dei vivi qui beato Petro, apostolo suo, dedit potestatem ligandi atque solvendi, per suam piissimam misericordiam, recipiat confessionem tuam, et resti-

chrétienne : accordez-lui votre visite de salut, et dans votre clémence donnez-lui la rémission et le pardon de tous ses péchés par la passion et la mort de votre Fils unique, afin que son âme, à l'heure du trépas, trouve en vous un juge favorable, et que lavée de toute souillure dans le sang de ce même Fils, elle mérite d'entrer dans la vie éternelle. Par le même Jésus-Christ Notre-Seigneur. Ainsi soit-il.

℣. Je confesse...
℟. Que le Dieu tout-puissant, etc.

℣. Que le Seigneur tout-puissant, etc.

Que notre Seigneur J.-C., fils du Dieu vivant, qui a conféré à son apôtre saint Pierre le pouvoir de lier et de délier, reçoive votre confession, dans sa miséricorde infinie, et vous rende la robe primitive que vous reçûtes au baptême : Et moi, en vertu de la puissance que m'a donnée le Saint-Siège, je vous accorde indulgence plénière et rémission de tous vos péchés. Au nom du Père ✝ et du Fils et du Saint-Esprit. Ainsi soit-il.

Par les très saints mystères de la rédemption des hommes, que le Dieu tout-puissant vous remette toutes les peines de la vie présente et future, vous ouvre les portes du Paradis et vous conduise à la joie éternelle. Ainsi soit-il.

Que le Dieu tout-puissant vous bénisse, le Père ✝ et le Fils et le Saint-Esprit. Ainsi soit-il.

tuat tibi stolam primam, quam in baptismate recepisti, et ego facultate mihi ab Apostolica Sede tributa, indulgentiam plenariam et remissionem omnium peccatorum tibi concedo in nomine Patris ✝ et Filii et Spiritus Sancti. Amen.

Per sacrosanctæ humanæ reparationis mysteria, remittat tibi omnipotens Deus omnes præsentis et futuræ vitæ pœnas, Paradisi portas aperiat, et ad gaudia sempiterna perducat. Amen.

Benedicat te omnipotens Deus, Pater ✝ et Filius et Spiritus Sanctus. Amen.

PRIÈRES POUR LES AGONISANTS

La garde-malade fait allumer un cierge bénit, jette de l'eau bénite sur le lit du malade, lui fait baiser le Crucifix, et récite à genoux, avec les assistants, les Litanies suivantes :

Seigneur, ayez pitié de lui (*ou* d'elle).
℟. Seigneur, etc.
Christ, ayez pitié de lui (*ou* d'elle).
℟. Christ, etc.
Seigneur, ayez pitié de lui (*ou* d'elle).
℟. Seigneur, etc.
Sainte Marie, priez pour lui (*ou* pour elle).
Saint Michel,
Vous tous, saints Anges et saints Archanges,
Saint Abel,
Chœur des Justes,
Saint Abraham,
Saint Joseph,
Saint Jean-Baptiste,
Vous tous, saints Patriarches et saints Prophètes,
Saint Pierre,
Saint Paul,
Saint André, } *Priez pour lui ou pour elle.*

Saint Jean, priez pour lui (*ou* pour elle).
Vous tous, saints Apôtres et saints Évangélistes,
Vous tous, saints Disciples du Seigneur,
Vous tous, saints Innocents,
Saint Étienne,
Saint Laurent,
Saint Gervais et saint Protais,
Vous tous, saints Martyrs,
Saint Sylvestre,
Saint Augustin,
Saint Benoît,
Saint François,
Vous tous, saints Confesseurs,
Sainte Anne,
Sainte Marie-Madeleine,
Sainte Thècle, } *Priez pour lui ou pour elle.*

Sainte Luce, priez pour lui (*ou* pour elle).

Sainte Opportune, priez pour lui *ou* pour elle).

Vous toutes, saintes Vierges, priez pour lui (*ou* pour elle).

Vous tous, Saints et Saintes de Dieu, ℟. intercédez pour lui (*ou* pour elle).

O Dieu, soyez-lui propice : ℟. pardonnez-lui, Seigneur.

Soyez-lui propice : ℟. secourez-le (*ou* secourez-la), Seigneur.

Soyez-lui propice : ℟. délivrez-le (*ou* délivrez-la), Seigneur.

De votre colère,
D'une mauvaise mort,
De la puissance du démon,
Des peines de l'enfer,
Par votre naissance,
Par votre croix et votre passion,

Déliv.-le ou la, Seigneur.

Par votre mort et par votre sépulture, délivrez-le *ou* délivrez-la, Seigneur.

Par votre glorieuse Résurrection,
Par votre admirable Ascension,
Par la grâce du Saint-Esprit consolateur,
Au jour du jugement,

Déliv.-le ou la, etc.

Quoique nous soyons pécheurs, ℟. nous vous en supplions, exaucez-nous, Seigneur.

Pardonnez-lui ses péchés, ℟. nous vous en supplions, exaucez-nous, Seigneur.

Seigneur, ayez pitié de lui (*ou* d'elle).
℟. Seigneur...

Christ, ayez pitié de lui (*ou* d'elle).
℟. Christ...

Seigneur, ayez pitié de lui (*ou* d'elle).
℟. Seigneur...

Quand le malade est à l'extrémité, on dit :

Partez de ce monde, âme chrétienne, au nom de Dieu, le Père tout-puissant, qui vous a créée ; au nom de Jésus-Christ, Fils du Dieu vivant, qui a souffert pour vous ; au nom du Saint-Esprit, que vous avez reçu. En sortant de la prison de ce corps, allez prendre place sur la montagne de Sion, dans la cité du Dieu vivant, dans la Jérusalem céleste, parmi la troupe innombrable des Anges, et l'Église des premiers-nés, dont les noms sont écrits au Ciel. Que Dieu se lève et que toutes les puissances des ténèbres soient dissipées ; que tous les esprits de malice répandus dans les airs prennent la fuite, et qu'ils n'aient pas l'audace de nuire à une âme rachetée du sang précieux de Jésus-Christ. Que ce divin Sauveur vous délivre de tout supplice, lui qui a été crucifié pour vous. Qu'il vous délivre de la mort éternelle, lui qui est mort pour votre salut. Que ce bon Pasteur vous reconnaisse pour l'une de ses brebis, et qu'il vous place à sa droite, en la compagnie de ses Élus. Puissiez-vous voir votre Rédempteur face à face, jouir sans cesse de sa présence, et contempler sans nuage la vérité suprême ! Puissiez-vous, parmi les Bienheureux, aller goûter les douceurs de la contemplation divine, dans tous les siècles des siècles ! ℟. Ainsi soit-il.

Seigneur, recevez, s'il vous plaît, l'âme de votre serviteur (*ou* servante) dans le port du salut comme il (*ou* elle) doit l'espérer de votre miséricorde. ℟. Ainsi soit-il.

Seigneur, délivrez son âme de tous les périls de

l'enfer, des pièges qui pourraient l'y faire tomber, et de toutes sortes de tribulations. ℟. Ainsi soit-il.

Seigneur, délivrez son âme, comme vous avez préservé Énoch et Élie de la mort commune à tous les hommes. ℟. Ainsi soit-il.

Seigneur, délivrez son âme, comme vous avez délivré Noé du déluge. ℟. Ainsi soit-il.

Seigneur, délivrez son âme, comme vous avez délivré Abraham de la terre des Chaldéens. ℟. Ainsi soit-il.

Seigneur, délivrez son âme, comme vous avez délivré Job de ses souffrances. ℟. Ainsi soit-il.

Seigneur, délivrez son âme, comme vous avez délivré Isaac des mains de son père qui était près de l'immoler. ℟. Ainsi soit-il.

Seigneur, délivrez son âme, comme vous avez délivré Lot de Sodome et de l'embrasement de cette ville. ℟. Ainsi soit-il.

Seigneur, délivrez son âme, comme vous avez délivré Moïse de la persécution de Pharaon, roi d'Égypte. ℟. Ainsi soit-il.

Seigneur, délivrez son âme, comme vous avez délivré Daniel de la fosse aux lions. ℟. Ainsi soit-il.

Seigneur, délivrez son âme, comme vous avez délivré les trois jeunes hommes de la fournaise ardente et de la main d'un roi injuste. ℟. Ainsi soit-il.

Seigneur, délivrez son âme, comme vous avez délivré Suzanne de la fausse accusation intentée contre elle. ℟. Ainsi soit-il.

Seigneur, délivrez son âme, comme vous avez délivré David des mains de Saül et de Goliath. ℟. Ainsi soit-il.

Seigneur, délivrez son âme, comme vous avez délivré saint Pierre et saint Paul des prisons. ℟. Ainsi soit-il.

Et comme vous avez délivré la bienheureuse Thècle, vierge et martyre, des plus cruels tourments, daignez de même délivrer l'âme de votre serviteur (*ou* servante), et la faire jouir avec vous d'une joie parfaite dans la félicité céleste. ℟. Ainsi soit-il.

PRIONS

Nous vous recommandons, Seigneur, l'âme de votre serviteur (*ou* servante), et nous vous supplions, Seigneur Jésus-Christ, Sauveur du monde, par cette miséricorde qui vous a fait descendre pour elle sur la terre, de daigner la recevoir en paix, et la placer par les mains de vos saints Anges dans le sein d'Abraham. Reconnaissez, Seigneur Jésus, votre créature, qui par vous a reçu une nouvelle naissance dans l'eau et dans le Saint-Esprit, qui a été consacrée par le signe de votre Croix, nourrie de votre Corps et de votre Sang, et instruite dans le sein de votre Église par la parole de vérité. Que le prix que vous avez payé pour sa rédemption éternelle ne soit pas perdu. Seigneur, donnez à cette âme la joie de votre présence : oubliez ses anciennes iniquités, oubliez les excès auxquels elle s'est portée par la violence des passions mauvaises; mais souvenez-vous de vos miséricordes et de la gloire de votre nom. Elle a péché, il est vrai, mais pourtant elle a cru et espéré en vous; et elle vous a fidèlement adoré comme son Dieu et son Sauveur, en l'unité du Père et du Saint-Esprit.

℟. Ainsi soit-il.

PRIONS

Ne vous souvenez plus, Seigneur, des péchés de sa jeunesse, ni de ceux qu'elle a commis par ignorance ; mais selon votre grande miséricorde, souvenez-vous d'elle dans le séjour de la gloire. Que les Cieux lui soient ouverts : que les Anges se réjouissent de sa venue. Recevez-la dans votre royaume, Seigneur : elle est votre créature. Qu'elle marche sous l'étendard de l'Archange saint Michel, qui a mérité d'être le chef de la milice céleste. Que les saints Anges de Dieu viennent à sa rencontre, et qu'ils l'introduisent dans la céleste Jérusalem. Qu'elle soit reçue par le bienheureux Apôtre saint Pierre, à qui Dieu a confié les clefs du royaume céleste. Que l'Apôtre saint Paul, ce digne vase d'élection, vienne à son secours. Que saint Jean, ce disciple bien-aimé, à qui les secrets du ciel ont été révélés, intercède pour elle. Que tous les saints Apôtres, à qui le Seigneur a donné la puissance de remettre les péchés ou de les retenir, prient pour elle. Que tous les Saints et Saintes, qui ont souffert des tourments sur la terre pour le nom de Jésus-Christ, intercèdent pour elle ; afin qu'étant dégagée des liens du corps, elle soit admise à la participation de la gloire céleste, par les mérites de Jésus-Christ Notre-Seigneur, qui, avec le Père et le Saint-Esprit, vit et règne dans tous les siècles des siècles. ℟. Ainsi soit-il.

Si l'agonie se prolonge, on lit ce qui suit de la Passion de Notre-Seigneur Jésus-Christ.

Jésus prit avec lui Pierre, Jacques et Jean, et il commença à ressentir de la frayeur, de l'ennui et une extrême tristesse. Alors il leur dit : « Mon âme est « triste jusqu'à la mort ; attendez ici, et veillez avec « moi. » Et s'étant avancé un peu plus loin, il se mit à genoux, et fit cette prière : « Mon Père, détournez « de moi, s'il vous plaît, ce calice ; cependant que « votre volonté soit faite et non la mienne. » Alors il lui apparut un Ange du ciel qui venait pour le fortifier. Il se prosterna le visage contre terre pour prier, et étant tombé en agonie, il demandait avec plus d'instance que cette heure s'éloignât de lui, s'il était possible. « Mon Père, disait-il, mon Père, exemptez-« moi, s'il se peut, de boire ce calice ; vous pou-« vez tout ; éloignez-le de moi ; néanmoins que ce ne « soit pas ma volonté qui s'accomplisse, mais la « vôtre! » Et il lui vint une sueur semblable à des gouttes de sang qui découlaient jusqu'à terre.

PRIONS

Seigneur Jésus-Christ, nous implorons humblement votre miséricorde, par cette tristesse mortelle dont votre âme a été saisie, et par l'agonie que vous avez soufferte à l'approche de votre Passion, lorsque vous fûtes couvert d'une sueur semblable à des gouttes de sang qui découlaient jusqu'à terre. Secourez votre serviteur (*ou* servante), luttant contre la mort : défendez-le (*ou* la), dans ce redoutable moment, contre les attaques du démon. Délivrez son âme des terreurs de la mort, prête à frapper ses derniers coups ; et, en lui inspirant une pleine confiance dans votre infinie miséricorde, rassurez-la contre la frayeur que lui cause le souvenir de ses péchés; Vous qui, étant Dieu, vivez et régnez à jamais. ℟. Ainsi soit-il.

Quand le malade est sur le point d'expirer, on lit ce qui suit de la Passion de Notre-Seigneur.

Toute la terre fut couverte de ténèbres jusqu'à la neuvième heure, et le soleil fut obscurci. Vers la neuvième heure, Jésus jeta un grand cri, en disant : « Mon Dieu, mon Dieu, pourquoi m'avez-vous aban- « donné ? » Après cela, Jésus sachant que tout était accompli, afin qu'une parole de l'Écriture s'accomplît encore, dit : « J'ai soif. » Or, il y avait là un vase plein de vinaigre; et aussitôt un des soldats courut prendre une éponge, l'imbiba de vinaigre, la mit au bout d'un roseau et lui présenta ainsi à boire. Jésus, ayant donc pris le vinaigre, dit : « Tout est consommé. » Et jetant de nouveau un grand cri, il ajouta : « Mon Père, je « remets mon âme entre vos mains. » A ces mots, ayant incliné la tête il rendit l'esprit.

PRIONS

Souvenez-vous, ô Seigneur Jésus plein de bonté, souvenez-vous de cette heure où, suspendu à la Croix, vous avez crié d'une voix forte : *Mon Dieu, mon Dieu, pourquoi m'avez-vous abandonné ?* et encore : *Mon Père, je remets mon âme entre vos mains ;* et qu'en prononçant ces paroles vous expirâtes. Par cette mort précieuse, qui a été notre vie, nous supplions votre clémence de ne point abandonner, à cette heure, votre serviteur (*ou* servante), qui ne peut attendre de secours que de vous. Daignez recevoir son âme et l'introduire dans votre royaume ; afin qu'elle vous y aime d'un amour éternel avec le Père, et le Saint-Esprit, et que, réunie aux Saints et aux Élus, elle chante à jamais vos miséricordes.

℟. Ainsi soit-il.

Prières après la Mort.

Aussitôt que le malade a rendu le dernier soupir, on jette de l'eau bénite sur son corps puis l'on dit :

℟. J'ai espéré en vous, Seigneur ; je ne serai pas confondu (*ou* confondue) à jamais : hâtez-vous de me secourir. Je remets mon âme entre vos mains : * Vous m'avez racheté (*ou* rachetée), Seigneur, Dieu de vérité ; faites briller sur votre serviteur (*ou* servante) la lumière de votre visage, et sauvez-moi par votre miséricorde.

℣. Seigneur Jésus, recevez mon esprit : * Vous m'avez racheté, etc.

Seigneur, ayez pitié de lui (*ou* d'elle), Christ... Seigneur...

Notre Père. *On continue tout bas, jusqu'à :*

℣. Et ne nous laissez pas succomber à la tentation :

℟. Mais délivrez-nous du mal.

℣. N'entrez point, Seigneur, en jugement avec votre serviteur (*ou* servante) :

℟. Parce que nul homme vivant ne sera trouvé innocent devant vous.

℣. Ne livrez pas aux bêtes cruelles les âmes de ceux qui vous louent ;

℟. Et n'oubliez pas toujours les âmes de vos pauvres.

℣. Seigneur, exaucez ma prière ;

℟. Et que mes cris s'élèvent jusqu'à vous.

PRIONS

Nous vous recommandons, Seigneur, l'âme de votre serviteur (*ou* servante), afin qu'ayant cessé de vivre ici-bas, elle vive pour vous. Daignez, par un effet de votre infinie miséricorde, effacer tous les péchés que la fragilité humaine lui a fait commettre ; Par Jésus-Christ Notre-Seigneur.

℟. Ainsi soit-il.

On peut réciter encore le « *De profundis* » avec l'une des Oraisons ci-après.

PSAUME 129

Du fond de l'abîme, j'ai crié vers vous, Seigneur : écoutez ma voix.	De profundis clamavi ad te, Domine : Domine, exaudi vocem meam.
Que vos oreilles soient attentives à ma prière.	Fiant aures tuæ intendentes in vocem deprecationis meæ.
Si vous nous traitez selon nos péchés, Seigneur, qui pourra supporter votre jugement ?	Si iniquitates observaveris Domine ; Domine quis sustinebit ?

Quia apud te propitiatio est, et propter legem tuam sustinui te, Domine.

Sustinuit anima mea in verbo ejus : speravit anima mea in Domino.

A custodia matutina usque ad noctem speret Israël in Domino.

Quia apud Dominum misericordia, et copiosa apud eum redemptio.

Et ipse redimet Israël, ex omnibus iniquitatibus ejus.

℣. Requiem æternam dona eis, Domine. ℟. Et lux perpetua luceat eis.

℣. Domine, exaudi orationem meam. ℟. Et clamor meus at te veniat.

℣. Dominus vobiscum,

℟. Et cum spiritu tuo.

Mais vous aimez à pardonner : aussi, confiant en votre loi, Seigneur, j'attends votre secours.

Mon âme a compté sur les promesses du Seigneur ; mon âme a mis en lui son espérance.

Depuis l'aurore jusqu'à la nuit, qu'Israël espère dans le Seigneur.

Car le Seigneur est plein de miséricorde, et en lui se trouve une abondante rédemption.

Il rachètera lui-même Israël de toutes ses iniquités.

℣. Donnez-leur le repos éternel, Seigneur. ℟. Et que votre lumière les éclaire à jamais.

℣. Seigneur, exaucez ma prière. ℟. Et que mes cris s'élèvent jusqu'à vous.

℣. Que le Seigneur soit avec vous,

℟. Et avec votre esprit.

ORAISON

Pour un Prêtre défunt.

O Dieu, qui avez élevé votre serviteur à la dignité de prêtre, en l'associant au sacerdoce des Apôtres : faites, s'il vous plaît, qu'il leur soit aussi réuni dans la gloire éternelle. Par J.-C. N.-S.

Deus, qui inter apostolicos Sacerdotes, famulum tuum N... Sacerdotali fecisti dignitate vigere : præsta quæsumus ; ut eorum quoque perpetuo aggregetur consortio. Per Dominum nostrum, etc.

ORAISON

Pour un Défunt.

Seigneur, prêtez l'oreille aux prières par lesquelles nous conjurons humblement votre miséricorde, de placer dans le séjour de la paix et de la lumière, l'âme de votre serviteur que vous avez retirée de ce monde, et de la faire entrer dans l'assemblée de vos saints. Par J.-C. N.-S.

Inclina, Domine, aurem tuam ad preces nostras, quibus misericordiam tuam supplices deprecamur : ut animam famuli tui N... quam de hoc sæculo migrare jussisti, in pacis ac lucis regione constituas, et sanctorum tuorum jubeas esse consortem. Per Dominum nostrum, etc.

ORAISON

Pour une Défunte.

Seigneur, nous supplions votre miséricorde d'avoir pitié de l'âme de votre servante, en la dégageant des souillures de la vie mortelle, et de lui donner part à l'éternel bonheur. Par J.-C. N.-S.

Quæsumus Domine pro tua pietate, miserere animæ famulæ tuæ N... et a contagiis mortalitatis exutam, in æternæ salvationis partem restitue. Per Dominum nostrum, etc.

APPENDICE

DEVOIRS DE LA GARDE-MALADE ENVERS SON AME

Méditez sur l'excellence de votre ministère. — On fait mieux ce que l'on se persuade être plus important.

Réfléchissez sur les précieux avantages qu'il procure. — Le désir de vous les approprier vous aidera à surmonter les dégoûts, les fatigues et les peines de votre emploi.

Prenez enfin les moyens capables de vous maintenir dans le fidèle accomplissement de vos devoirs. — « Qui veut la fin veut les moyens. »

I

Le dévouement force toujours le respect et bien souvent l'admiration. Malgré son égoïsme, le monde ne peut vous voir d'un œil indifférent, ô garde-malade, prodiguer sans relâche et sans dégoût les soins les plus rebutants.

Mais combien plus noble est votre mission, si vous la considérez des yeux de la foi! « Il n'y a pas, dit saint Liguori, d'œuvre de charité aussi agréable à Dieu, aussi efficace pour le salut des âmes que les secours donnés aux moribonds pour les aider à faire une sainte mort. » D'après un autre auteur : « Rien n'est plus grand dans l'ordre naturel et nous ajouterions volontiers dans l'ordre surnaturel. »

Pourquoi ?

Parce qu'il n'y a pas de moment où le corps soit en proie à de plus extrêmes souffrances et dans un plus pressant besoin de soulagement.

Parce qu'il n'y a pas de moment où l'âme court de si grands dangers et se trouve exposée à d'aussi violentes attaques, à d'aussi vives tentations.

Parce qu'il s'agit alors de l'arracher au dernier des malheurs, à un malheur éternel et de l'en préserver pour toujours.

Parce qu'il est question de lui assurer un bonheur sans fin, une éternelle félicité.

Parce qu'enfin l'affaire du salut, la plus grave ou plutôt l'unique affaire de l'homme, se présente alors tout entière à traiter et que, d'un seul coup, tout doit être désormais réglé d'une manière définitive et irrévocable.

Sauver la vie à un infortuné sur le point de périr est un acte que les hommes admirent et récompensent. Combien n'est-il pas plus beau, plus méritoire, de sauver les âmes !

II

Cependant, si noble que soit votre ministère, il est, pour la nature, pénible, rebutant, hérissé de difficultés.

Il ne faut rien moins que les nombreux avantages attachés à cette œuvre de miséricorde, pour soutenir le courage, mis parfois à de dures épreuves. Vous glorifiez Dieu, vous rendez au prochain les plus précieux services et, pour vous-même, que de fruits précieux vous recueillerez !

Quelle touchante leçon de la vanité des choses créées ! Quelle salutaire impression est produite dans l'âme par le spectacle de l'humanité aux prises avec la douleur et se débattant inutilement sous la main de la mort ! Oh ! que d'illusions se dissipent à la lueur de l'éternité ! Là, au chevet d'un moribond, on apprend ce que vaut le corps, asile de tant de souffrances, réclamant des soins parfois si humiliants. Là, on saisit le prix du temps, le néant des richesses, des plaisirs, des honneurs, de l'estime, de l'affection, de tous les avantages humains. Là, que l'homme paraît petit ! Dieu seul est véritablement grand.

Le lit du malade est encore l'école de la vertu. Combien d'occasions de pratiquer la douceur, la patience, la conformité à la volonté de Dieu, la mortification, l'abnégation totale de soi-même ! Les veilles, les fatigues, les exigences quelquefois capricieuses de celui qui souffre, sa mauvaise humeur, tout, en un mot, ne se réunit-il pas pour faire de cette œuvre de charité un exercice habituel des vertus les plus difficiles ? Oh ! quelle utile pénitence, puisque la charité en est le principe, et qu'elle a pour objet et pour fin Dieu et les âmes.

Aussi que de grâces sont attachées à ce ministère de dévouement ! La reconnaissance de ces âmes sauvées par vos soins vous les obtient nombreuses. Jésus-Christ, personnifié dans les malades, les verse sur vous en abondance.

Quelle riche moisson de mérites ! Dieu récompense avec tant de magnificence l'aumône faite aux pauvres, les consolations données aux affligés, que ne fera-t-il pas pour les services rendus aux malades et aux mourants ! S'il est méritoire de donner ce que l'on a, combien ne l'est-il pas plus de se donner soi-même !

Quelles nombreuses bénédictions sont réservées à la garde-malade pour l'heure de sa mort ! C'est à ce moment surtout qu'elle éprouvera les heureux effets de la protection des âmes auxquelles elle aura prêté elle-même un charitable secours. Elles seront autour de sa couche funèbre ; elles l'assisteront par leurs prières ; elles la défendront contre les attaques du démon ; elles la consoleront dans ses peines comme elle les consolait autrefois. Oui, il est délicieux le tableau des derniers moments d'une garde-malade. « Ce visage radieux devant la mort, ce front serein, ce sourire sur les lèvres, ces yeux fixés vers le ciel, ces paroles de foi et d'amour qui cherchent à sortir encore quand déjà la langue se glace, rappellent cette vision de saint Étienne, premier martyr : Je vois les cieux ouverts, et Jésus qui m'attend à la droite de Dieu son Père (1). »

Oh ! oui, Notre-Seigneur vous attend pour vous récompenser de tout le bien que vous lui avez procuré

1) Notice sur la Congrégation des Sœurs de la Miséricorde de Séez.

dans la personne de ses pauvres et de ses malades ! Comme elles sont consolantes pour vous ces paroles de l'Évangile : « Jésus-Christ, environné de ses anges et dans tout l'éclat de sa gloire, juge les nations. S'adressant aux Justes, il dit : Venez, les bénis de mon Père ; entrez en possession de ce royaume que je vous ai préparé... j'étais malade, vous m'avez visité. Et les Justes de répondre : Quand donc, Seigneur, avons-nous été assez heureux de vous rendre ce service ? Le Sauveur reprend : En vérité, je vous le dis, ce que vous avez fait au moindre des miens, vous me l'avez fait à moi-même (1). » Est-il dès lors surprenant cet empressement des plus grands Saints, rois et reines, à secourir et soulager la souffrance et la pauvreté ? d'un saint Louis, roi de France, d'un saint Étienne de Hongrie, d'une sainte Hedwige, reine, d'une sainte Élisabeth, etc., à servir les malades, à panser et même à baiser leurs plaies par amour pour Notre-Seigneur, qui se plaisait quelquefois à récompenser par un miracle tant de générosité.

En quelle grande estime vous devez donc tenir votre ministère ! Par quels moyens le rendrez-vous profitable aux autres et à vous-même ?

III

Tout se résume dans ces trois mots : *Foi, Espérance, Charité.*

(1) Saint Mathieu, ch. xxv, v. 31, etc.

Votre esprit de foi vous montrera Notre-Seigneur dans votre malade. Et ce corps que vous soignez, cette âme dont il est la demeure, grandiront à vos yeux et vous paraîtront comme tout imprégnés de la divinité.

Si la considération de votre faiblesse et de votre misère vous inspire quelque crainte, quelque frayeur, vous redirez à Dieu avec assurance : « J'ai espéré en vous ; jamais je ne serai confondue. » — « Vous me confiez une mission, vous me devez la force et le courage pour la bien remplir. » Cependant, vous vous rappellerez ce conseil : « Veillez et priez, » vous serez prudente et vous veillerez sur vos sens, sur votre imagination : vous prierez, et la prière, avec la sainte Eucharistie, vous rendra invincible.

Enfin la charité doit être vive dans votre âme.

Est-il nécessaire de rappeler qu'aucun mérite ne s'acquiert dans l'état du péché mortel ? La grâce sanctifiante est une condition essentielle pour rendre vraiment fructueuse votre vie de dévouement. Sans elle, rien ne compte pour le ciel ; avec elle, tous vos pas, vos paroles, vos actions, vos fatigues et les ennuis de la journée, offerts le matin à votre réveil, deviennent méritoires. Si jamais le péché entrait dans votre âme, hâtez-vous de l'en chasser par l'absolution et de rentrer dans l'amitié de Dieu. Vos peines seront moins amères, votre travail moins accablant. Quand on sent Dieu avec soi, rien ne coûte.

La charité sanctifiera vos affections. Elle maintiendra tout dans l'ordre. Dieu aura la première place : en Lui et pour Lui, vous aimerez votre malade et ceux qui l'entourent. Ainsi purifié, cet amour n'en sera que plus grand et plus fort. Il remplira votre âme de compassion, de dévouement. En même temps, il bannira ce qu'il y aurait de trop naturel et de trop humain, ces témoignages trop sensibles qui amollissent le cœur, ces familiarités qui détruisent l'estime.

La charité dirigera de la sorte vos intentions vers Dieu. L'intention est ce qui fait à ses yeux l'action grande ou petite, bonne ou mauvaise. Agir pour paraître habile, dévouée, pour attirer l'attention et la louange, serait indigne d'une garde-malade. Dieu et les âmes : voilà le seul but digne de ses travaux.

La charité animera, excitera votre zèle. Quand il s'agit de sauver une vie en danger, elle engendre l'héroïsme. Fera-t-elle moins, quand il s'agira d'une âme, d'une éternité? Je comprends cette garde-malade s'écriant, après avoir en vain mis tout en œuvre pour la conversion d'un pécheur : « Oh! Jésus, je vous donne ma vie ; mais vous, donnez-moi son âme. »

Si elle suscite le zèle, elle sait aussi le diriger. Elle le rend éclairé, prudent, industrieux : elle l'entretient et le fait triompher des difficultés par la force toute-puissante d'une volonté persévérante. Elle le rend patient, et alors ce zèle attend les moments de la grâce et, cent fois repoussé, revient cent fois à la charge en choisissant toujours le temps favorable.

Enfin la charité décuple les forces et semble élever au-dessus d'elle-même la garde-malade. Cette parole de saint Augustin reçoit en elle son accomplissement : « L'amour fait qu'on ne sent point le travail, la fatigue, ou, si on les sent, il fait qu'on les aime. »

Soyez toujours fidèle à vos devoirs sacrés, ô garde-malade, et pendant que le monde, dont vous aurez forcé l'admiration, inscrira sur votre tombe : « Elle a passé en faisant le bien, » Dieu se fera lui-même votre récompense pour l'éternité.

TABLE ALPHABÉTIQUE

DU PREMIER TRAITÉ

A

Abcès, 75.
Abeilles (piqûres d'), 105.
Abdomen, 16.
Abréviations, 125.
Absinthe, 137.
Absorbants, 137.
Absorption, 50.
Acarus, 88.
Accès (de fièvre), 87.
— (de goutte), 89.
Accidents, 102.
Acide arsénieux, 112.
— carbonique, 40, 137.
— nitrique, 137.
— phénique, 137.
— — liquide, 138.
— sulfurique, 133.
— tartrique, 138.
Acidules, 137, 195.
Adynamie, 65.
Affusions, 138.

Agglutinatifs, 139.
Agonie, 72.
Aigreurs d'estomac, 75.
Ail, 139.
Albumine, 75, 139.
Albuminurie, 25, 74.
Alcali volatil (ammoniaque liquide), 139.
Alcalis, 103.
Alcool, 55, 139.
Alcoolisme, 76.
Aliments, 52.
Allumettes chimiques, 103.
Aloès, 139.
Altérants, 139.
Alun (poudre d'), 139.
Amadou, 139.
Amers, 140.
Amidon, 140.
Ammoniaque, 103.
— liquide, 139.
Ampoules, 76.
Amygdales, 15.
Amygdalite, 76.
Analeptiques, 140.
Anémie, 36, 76.

Anesthésiques, 140.
Anévrisme, 77.
Angélique, 140.
Angine, 77.
— couenneuse, 77.
Anthrax, 77.
Antiapoplectiques, 140.
Antidartreux, 140.
Antidéperditeurs, 140.
Antidote, 141.
Antiphlogistiques, 141.
Antiputrides, 141.
Antipyrine, 104, 141.
Antiscorbutiques, 141.
Antiscrofuleux, 141.
Antisepsie, 206.
Antiseptiques, 141, 181, 209, 210.
Antispasmodiques, 141.
Aorte, 20, 42.
Apéritifs, 141.
Aphonie, 78.
Aphtes, 78.
Apoplexie foudroyante, 78.

Appartement (du malade), 221.
Armoise, 141.
Arnica, 141.
Arsénic (acide arsénieux), 104, 142.
Artère pulmonaire, 20.
Artères, 41, 42, 43.
Arthrite, 78.
Articulation, 32.
Ascarides, 100.
Aseptiques, 209, 210.
Asperges, 142.
Asphyxie, 47, 110, 111.
Asthme, 78.
Astringents, 130, 142.
Attaques de nerfs, 79.
Atoniques, 142.
Atropine, 142.
Aunée officinale, 142.
Auscultation, 48.
Axonge, 142.
Azote, 47.

B

Bains, 191.
— chauds, 192.
— frais, 192.
— froids, 192.
— très froids, 191.
— médicamenteux, 192.
— savonneux, 192.
— simples, 192.
— sinapisés, 192.
— tempérés, 192.
— de pieds, 191.

Bains de pieds salés, 195.
— de pieds sinapisés, 194.
— de sel marin, 192.
— de son, 193.
— de vapeur, 193.
— — locaux, 196.
Balances, 128.
Balsamiques, 142.
Bandes, 211.
Bandelettes agglutinatives, 142.
Bassin, 30.
Baumes, 142, 219.
Baume tranquille, 219.
— du Commandeur, 143.
— de Fioraventi, 143.
— de Tolu, 143.
Béchiques, 143.
Belladone, 103, 143.
Benjoin, 143.
Benoîte, 143.
Bicarbonate de soude, 143.
Bière, 54, 143.
Bile, 50.
Bismuth, 143.
Bleu de composition, 103.
Blessures, 106.
— d'armes à feu, 107.
Boissons, 54.
— phéniquées, 138.
Bols, 201.
Borate de soude, 144.
Borax, 144.
Botot (eau de), 13.

Bouche, 11.
Bouillon, 52, 202.
— aux herbes, 203.
— de Liebig, 202.
— de malade, 202.
— — frappé, 202.
— de poulet, de lapin, 202.
Bourbillon, 77.
Bourrache, 144.
Bras, 29.
Brome, 144.
Bromure, 144.
Bronches, 17.
Bronchite, 79.
— capillaire, 79.
— chronique, 80.
Brûlures, 144.
Bulbe, 3.

C

Cachexie, 79.
Café, 55.
— au lait, 55.
Caféine, 144.
Calcanéum, 30.
Calculs (pierre), 25.
Calendrier des plantes, 134.
Calmants, 130, 144.
Camomille, 144.
Camphre, 144.
Cancer, 79.
Cannelle, 145.
Cantharides, 145.
Capillaire (petite fougère), 145.

Capillaires, (artères et veines), 42.
Carminatifs, 145.
Capsules, 145.
Carbonate de chaux, 149.
Cardia, 27.
Carie, 13.
Cataplasme, 179.
— antiseptique, 181.
— calmant, 182.
— cru, 179.
— cuit, 180.
— émollient, 179, 181.
— — à la fécule, 181.
— laudanisé, 180.
— maturatif, 182.
— sinapisé, 183.
Cataracte, 6.
Catarrhe, 80.
Caustique de Vienne, 178.
Caustiques, 111.
Cautère, 186.
Centaurée (petite), 145.
Cérat, 145.
— soufré, 145.
Cerveau, 3.
Cervelet, 3.
Chair, 37.
Chaleur vitale, 55.
Chambre de la garde, 225.
— du malade, 115.
Champignons, 104.
Charbon végétal de peuplier, 145.
Charpie, 210.
Chaux, 103.
Chaux (eau de), 145.

Chicorée sauvage, 146.
Chiendent, 146.
Chlore, 146.
Chloroforme, 146.
Chlorure de chaux, 146.
— de sodium, 146.
— de soude, 146.
Chocolat, 55.
Choléra morbus ou épidémique, 80.
— sporadique, 80.
Cidre, 54.
Ciguë, 146.
Cils, 5.
Circulation du sang, 41.
Citron, 146.
Citrouille, 146.
Clavicule, 29.
Cloques, 39.
Clou, 77.
Coca, 147.
Cocaïne, 147.
Cochléaria, 147.
Codéine, 147.
Cœur, 19.
Coing, 147.
Colchique, 147.
Coliques, 80.
— hépatiques, 81.
— néphrétiques, 25, 81.
Collodion, 147.
Collutoire, 148.
Collyre, 7, 148.
Coloquinte, 148.
Columbo, 148.
Compresses, 210, 223.
— fenêtrées, 211.
Concombre, 148.

Condiments, 54.
Congélation, 111.
Conjonctivite, 94.
Conservation des plantes, 133.
Consoude (grande), 148.
Constipation, 81.
Contusion, 107.
Convalescence, 70.
Coquelicot, 148.
Coqueluche, 82.
Cordes vocales, 15.
Cordiaux, 148.
Cornée, 6.
Corne de cerf (gelée de), 149.
Corps étrangers dans la gorge, 113.
Corps étrangers dans l'œil, 113.
Corps étrangers dans les oreilles, 113.
Cors aux pied, 82.
Coryza, 108.
Coton absorbant ou hydrophile, 165.
— iodé, 165.
— phéniqué, 165.
Cou-de-pied, 30.
Coups de soleil, 111.
Couperose blanche, 173.
— bleue, 174.
— verte, 174.
Courbature, 83.
Courges, 146.
Crachats, 67.
Craie, 149.
Crampes, 83.
Crampes d'estomac, 83.

Crâne, 3.
Créosote, 149.
Cresson, 149.
Cristallin, 6.
Croup, 77.
Cubitus, 29.
Cuisse, 30.
Cuivre, 149.

D

Dartres, 83.
— humides, 83.
— sèches, 83.
Datura, 103, 149.
Décoction, 132.
Déjections, 67.
Délayants, 149.
Démangeaisons, 84.
Dentifrices, 149.
Dents, 11.
Dépuratifs, 149.
Derme, 39.
Désinfectants, 149.
Désinfection, 206.
Dextrine, 150.
Diabète, 25, 84.
Diachylon, 150.
Diacode (Sirop de), 150.
Diagnostic, 64.
Diaphragme, 17.
Diarrhée, 84.
Diète, 150.
Digestion (des aliments), 49, 50.
— (des médicaments), 132.

Digitale, 150.
Digitaline, 150.
Diphtérie, 84.
Diurétiques, 131, 150.
Doigts, 29.
Doses, 129.
Douce-amère, 150.
Douches, 195.
Douleur sciatique, 97.
Douleurs, 96.
Durillons, 82.
Dyspepsie, 85.
Dyssenterie, 85.

E

Eau blanche, 150.
— ferrée ou rouillée, 204.
— forte, 103.
— phéniquée, 138.
— rougie, 204.
— sédative, 189.
— de Botot, 13.
— de chaux, 145.
— de Goulard, 151.
— des Jacobins, 151.
— de javelle, 103.
— de mélisse des Carmes, 151.
— de Sedlitz, 174.
Eaux minérales, 151.
Écrouelles, 91.
Eczéma, 85.
Élixir de longue vie, 151.
Embolie, 95.
Émétique, 151.

Émollients, 130.
Emphysème, 85.
Empoisonnements, 102.
Encéphale, 3.
Endocarde, 20.
Endocardite, 20.
Engelures, 85.
Enrouement, 86.
Entérite, 86.
Entorses, 107.
Épaule, 29.
Épiderme, 39.
Épiglotte, 17.
Épilepsie, 86.
Épistaxis, 97.
Épithèmes antiseptiques, 151.
Érésipèle ou Erysipèle, 86.
Ergotinine, 151.
Ergot de seigle, 151.
Ergotine, 151.
Essence de térébenthine, 152.
Essences, 152.
Estomac, 26.
— (aigreurs d'), 75.
Éther sulfurique, 152.
Éthers, 152.
Étiquettes, 129.
Eucalyptus, 152.
Évacuants, 152.
Exalgine, 152.
Excitants, 131, 152.
Expectorants, 152.
Extrait de viande Liébig, 202.
Extrait de Saturne, 152.
Exutoires, 153.

F

Fébrifuges, 153.
Féculents, 153.
Fémur, 30.
Fenouil doux, 153.
Fer, 153.
Ferrugineux, 153.
Fétidité, 153.
Fiel, 22.
Fièvre, 87.
Fièvre cérébrale, 40.
— intermittente, 88.
— quarte, 88.
— tierce, 88.
— typhoïde, 88.
Fleur de soufre, 173.
Fluxion de poitrine, 88.
Foie, 50.
Foie de soufre, 175.
Fomentations, 153.
Fondants, 153.
Fosses nasales, 9.
Fougère mâle, 153.
— petite, 145.
Fractures, 108, 109.
Frélons (piqûres de), 105.
Frêne, 153.
Frictions, 218.
— électriques, 219.
— humides, 219.
— sèches, 219.
Frisson, 87.

G

Gale, 88.
Gangrène, 37.
Gargarismes, 189.
Gastralgie, 89.
Gastrite, 89.
Gélatine, 52.
Gelée de corne de cerf, 149.
Gelés, 111.
Genêt, 154.
Genévrier, 154.
Gentiane (racine de), 154.
— (vin de), 201.
Gerçures, 89.
Glace, 154.
Glandes, 89.
— lacrymales, 5.
Glands, 155.
Globules sanguins, 36.
Gluten, 155.
Glycérine, 155.
Godets (dans les bandages), 214.
Goître, 89.
Gomme arabique, 155.
Goudron, 155.
— de hêtre, 156.
Gorge (corps étrangers dans la), 113.
Goutte, 89.
— sciatique, 97.
Gouttes amères de Baumé, 155.
Granules, 201.
Gravelle, 25.
Grenadier, 155.
Grippe, 92.
Groseille (sirop de), 155.
Gruau, 155.
Guêpes (piqûres de), 105.
Guimauve, 156.

H

Haut mal, 86.
Hémorragie, 37.
Hémorroïdes, 90.
Hémostatiques, 156.
Hernie, 90.
Herpès, 90.
Hêtre (goudron de), 156.
Houblon, 156.
Hoquet, 90.
Houx commun, 156.
Huile camphrée, 156.
— d'anis, 156.
— de cade, 156.
— de camomille, 156.
— de croton, 189.
— de foie de morue, 156.
— de ricin, 157.
— de vitriol, 138.
Humeurs froides, 91.
Hydropisie, 91.
Hypnone, 157.
Hypocondrie, 91.
Hypophosphite de chaux, 157.
— de soude, 157.
Hysope, 157.
Hystérie, 91.

I

Ichthyole, 157.
Ictère, 92.
Indigestion, 91.

Indisposition, 61.
Influenza, 92.
Infusion, 132.
Inhalation, 157.
— d'éther, 152.
Injections, 157.
Insomnie, 92.
Intestin grêle, 27.
— (gros), 27, 50.
Iode, 104.
Iode (teinture d'), 104, 157.
Iodoforme, 158.
Iodol, 158.
Iodure de fer, 158.
Ipéca, 158.
Ipécacuana, 158.
Iris, 6, 158.
Ivresse, 92.

J

Jaborandi, 158.
Jalap, 158.
Jambe, 30.
Jaunisse, 92
Jujube, 158.
Juleps, 201.
Jus de viande, 52.
Jusquiame, 158, 103.

K

Kermès minéral, 158.
Kousso, 158.

L

Lactate de fer, 159.
Lactophosphate de chaux, 159.
Lactucarium, 159.
Lait, 53.
Lait de poule, 203.
Laitue cultivée, 159.
Langue, 65.
Laryngite, 92.
Laryngoscope, 159.
Larynx, 15.
Laudanum de Sydenham, 103, 159.
Laurier palme, 159.
Lavande, 159.
Lavements, 189.
 — alimentaires, 191.
 — calmants, 190.
 — chauds, 190.
 — émollients, 190.
 — froids, 190.
 — laudanisés, 191.
 — laxatifs, 191.
 — tièdes, 190.
 — d'eau de son, 190.
 — de graine de lin, 190.
 — de savon, 191.
 — de séné, 191.
 — de têtes de pavot, 190.
Laxatifs, 130, 159.
Législation, 135.
Légumes, 53.
Lèvres, 11.
Lichen, 159.
Lierre terrestre, 159.

Lin, 159.
Linge du malade, 121.
Liniments, 160.
Lit du malade, 117.
— pour les opérations, 221.
Lobules du poumon, 16,
Loochs, 202.
Lumbago, 92.
Luette, 14.
Luxations, 108.
Lycopode, 160.
Lymphangites, 31.

M

Macération, 131.
Mâchoires, 13.
Magnésie, 160.
Main, 29.
Malade (soins du), 123.
Maladies (causes des), 63.
— (marche des), 69.
— (signes des), 63.
Mal caduc, 86.
Manne, 160.
Martiaux, 153.
Massage, 107, 108, 220.
Mastication des aliments, 55.
Maturatifs, 160.
Mauve, 160.
Médicaments externes, 129.
— internes, 130.
Mélisse, 160.
Mélilot, 161.

Membrane pituitaire, 9.
Membres, 28.
Méninges, 38, 40.
Menthe poivrée, 161.
Mercure, 56, 161.
Mesures (poids et), 127.
Microbes, 206.
Miel, 161.
Migraine, 93.
Millefeuilles, 161.
Morelle, 161.
Morphine, 103, 161.
Morsure d'un chien enragé, 105.
— des vipères, 105.
Mort (signes de la), 73.
— (signes d'une mort imminente), 72.
— (signes d'une mort prochaine), 71.
Mouches cantharides, 145.
Mouches de Milan, 161.
Moules, 104.
Moutarde, 161.
Muguet, 93, 162.
Muqueuses, 38.
Musc, 162.
Muscles, 37.
— peauciers, 38.
Myélite, 93.
Myrrhe, 162.
Myopes, 6.

N

Narcéine, 162.
Narcisse des prés, 162.
Narcotiques, 162.
Naphtaline, 162.
Naphtol, 162.
Néphrite, 25, 93.
Nerf olfactif, 9.
— optique, 5.
Nerfs, 34.
— (attaques de), 79.
Nerprun, 162.
Névralgie, 93.
Névroses, 93.
Nez, 9.
Nicotine, 162.
Nitrate d'argent, 162.
Noix de Galle, 163.
— vomique, 163.
Noyer, 163.
Noyés, 110.
Nutrition, 49.

O

Œil (corps étrangers dans l'), 113.
Œils-de-perdrix, 82.
Œsophage, 49.
Œufs, 53.
Oignons (cors aux pieds), 82.
Omoplate, 29.
Onguent, 219.
— gris, 163.
— napolitain, 163.
— populéum, 163.
— rosat, 163.
— samaritain, 163.
— soufré, 164.
— de la mère, 75, 219.
Opérations chirurgicales, avant, pendant, après, 214, 221, 222, 223, 224.
Ophtalmie, 94.
Ophtalmoscope, 164.
Opium, 103, 164.
Orange, 164.
Oranger, 164.
Orbite, 5.
Oreilles, 7, 94.
— (Corps étrangers dans l'), 113.
Oreillette, 20.
Oreillons, 94.
Orge, 164.
— mondé, 164.
— perlé, 164.
Orgelet, 94.
Orme champêtre, 164.
Orteils, 30.
Ortie blanche, 165.
Os, 32.
Oseille commune, 165.
Ostéites, 31.
Ouate, 165.
Oxygène, 40, 47, 165.
Oxyures, 101.

P

Palais, 14.
Palliatifs, 165.
Palpitations du cœur, 94.
Panade, 203.
Panaris, 95.
Pancréas, 50.
Pancréatine, 165.
Pansements, 206.
Papiers arsénicaux ou nitrés, 165.

— 310 —

Papiers épispastiques, 165.
— iodogènes, 166.
— Joseph ou à plaies, 165.
— médicinaux, 165.
— moutarde, 182.
Paralysie, 95.
Paraldéhyde, 166.
Pariétaire, 166.
Pas d'âne, 177.
Pastilles, 166.
Pâtes médicinales, 166.
Patience, 166.
Paume de la main, 29.
Paupières, 5.
Pavillon de l'oreille, 7.
Pavot, 166.
Peau, 38, 69.
Pêcher, 166.
Pectoraux, 130.
Pendus, 110.
Pensée sauvage, 166.
Pepsine, 167.
Peptone, 167.
Peptonate de fer, 167.
Perchlorure de fer, 167.
Péricarde, 20.
Péricardite, 20.
Périoste, 34.
Péritoine, 27.
Péritonite, 28.
Péroné, 30.
Pervenche, 167.
Petit lait, 203.
Phalanges, 29.
Pharmacie domestique, 168.
Pharyngite, 95.
Pharynx, 14, 49.

Phénol, 168.
— Bobœuf, 168.
Phlébite, 31, 95.
Phlegmon, 74.
Phosphate de chaux, 168.
Phosphore, 103, 168.
Phtisie, 95.
— commune, 96.
— galopante, 96.
Picrotoxine, 168.
Pied de chat, 168.
Pierre, 25.
Pierre infernale, 168.
Pilules, 201.
Piment, 168.
Pin, 168.
Piqûres, 106.
— d'abeilles, 105.
— de frelons, 105.
— de guêpes, 105.
— de morphine, 211.
Pissenlit, 168.
Plantain, 169.
Plante du pied, 30.
Plantes (récolte et conservation des), 133.
Pleurésie, 18, 96.
Plèvre, 18.
Pneumonie, 88.
Podophylle, 169.
Poids et mesures, 127.
Poignet, 29.
Point de côté, 18.
Poissons, 53.
Poitrine, 16.
Pommade épispastique, 169.
— phéniquée, 138.
— soufrée, 169.
Pores, 39.

Potasse, 103.
— caustique, 169.
Potion Rivière, 169.
Potions, 201.
Potiron, 147.
Poudre dentifrice, 149.
— à tuer les mouches, 104.
— de Viande, 52.
— de Vienne, 178.
Poudres, 187.
Pouls, 44, 68.
Poumons, 17.
Poux de la tête, 96.
— du corps, 96.
Presbytes, 6.
Pronostic, 64.
Prostration, 65.
Pruneaux, 169.
Pulvérisateurs, 207.
Punaisie, 11.
Pupille, 6.
Purgatifs, 130.
Putréfaction, 74.
Pylore, 27.

Q

Quassia amara, 169.
Quinine, 169.
Quinquinas, 169.

R

Racine (des dents), 13.
Radius, 29.
Rafraîchissants, 131.

Raideur cadavérique, 74.
Raifort sauvage, 170.
Raisin sec, 170.
Rate, 22.
Récolte des plantes, 133.
Rectum, 27.
Réglisse, 170.
Reine des prés, 170.
Remèdes alimentaires, 202.
— externes, 179.
— — gazeux, 195.
— externes liquides, 188.
— externes solides, 179.
— internes, 197.
Repas de la garde-malade, 226.
— du malade, 71.
Résolutifs, 170.
Respiration, 45, 68.
— de la peau, 40.
Rétine, 6.
Révulsifs, 170.
Rhubarbe, 170.
Rhumatisme, 96.
— articulaire, 96.
— goutteux, 96.
— musculaire, 96.
— noueux, 96.
Rhume de cerveau, 10.
— de poitrine, 79.
Ricin (huile de), 170.
Rigollot (papier), 182.
Riz, 170.
Ronce sauvage, 170.
Roses, 170.

Rotule, 30.
Rougeole, 97.
Rubéfiants, 170.

S

Sabine, 171.
Safran, 171.
Saignements de nez, 10, 97.
Salsepareille, 171.
Sang, 36.
Sangsues, 216.
Santonine, 171.
Saponaire, 171.
Sauge, 171.
Saule, 171.
Scammonée, 171.
Scarlatine, 97.
Sciatique (douleur), 97.
Scille, 171.
Scorbut, 98.
Scrofule, 91.
Sédatifs, 171.
Seigle ergoté, 171.
Sel d'Epsom de Lorraine, 175.
— de Glauber, 175.
— de Sedlitz, 171.
— de Vichy, 143.
Semen-Contra, 172.
Séné, 172.
Sinapismes, 182.
Sirop de bourgeons de sapin, 172.
— de Capillaire, 172.
— des cinq racines, 172.
— de coings, 172.

Sirop de diacode, 150, 172.
— d'écorce d'orange amère, 172.
— de gentiane, 172.
— de gomme, 172.
— de groseilles, 172.
— Lamouroux, 172.
— de limaçons, 172.
— de Tolu, 113.
Solution (des médicaments), 132.
Sommeil, 66.
Son, 173.
Soude, 103.
Soufre, 173.
— sublimé, 173.
Sourcils, 5.
Sparadraps, 173.
Spécifiques, 173.
Spéculum, 173.
Squelette, 32, 33.
Strangulation, 110.
Sternum, 17.
Sternutatoires, 173.
Stimulants, 131, 173.
Stomachiques, 173.
Strychnine, 104, 174.
Sublimé corrosif, 174.
Submersion, 110.
Suc gastrique, 50.
— d'herbes, 174.
— pancréatique, 23.
Sudorifiques, 131, 174.
Suette miliaire, 98.
Sueurs, 67.
Sulfate de cuivre, 174.
— de fer, 174.
— de magnésie, 174.
— de quinine, 175.
— de soude, 175.

Sulfate de zinc, 175.
Sulfure de potasse (foie de soufre), 175.
Suppositoires, 175.
Sureau, 176.
Symptômes de la maladie, 64.
Syncope, 44, 112.
Synovie, 33.

T

Tabac, 103.
Taffetas d'Angleterre, 176.
Tamarin, 176.
Tanaisie, 176.
Tannin, 176.
Tartre stibié, 176.
Teigne, 98.
Teinture d'iode, 157, 188.
Tempérants, 176.
Tendons, 38.
Tétanos, 98.
Tête, 3.
Thapsia, 176.
Thé, 55, 176.
— au bœuf, 202.
Thermomètre, 56.
Thorax, 16.
Thym, 177.
Thymol, 177.
Tibia, 30,
Tilleul, 177.
Tisanes (principales), 197.
Tœnia, 100.
— inerme, 101.
— solium, 101.

Tolu (sirop de — baume de), 143.
Toniques, 130, 177.
Torticolis, 98.
Tourniole, 98.
Trachée artère, 45.
Trèfle d'eau, 177.
Tronc, 16.
Tumeurs blanches, 99.
Tussilage ou pas d'âne, 177.
Tympan, 7.

U

Uréthane, 177.
Urines (examen des), 220.
Urticaire, 99.

V

Vaccin, 177.
Valérianate, 177.
Valériane, 177.
Valvules (du cœur), 20.
Vanille, 178.
Varices, 99.
Variole, 99.
Vaseline, 178.
Veine cave inférieure, 20.
— cave supérieure, 20.
Veines, 41, 43.
— pulmonaires, 20.
Ventouses, 215.

Ventouses sèches, 216.
— scarifiées, 216.
Ventre, 21, 69.
Ventricule, 20.
Ver solitaire, 100.
Vers blancs, 101.
— intestinaux, 100.
Vératrine, 178.
Vermifuge, 178.
Vérole (petite), 99.
Véronique, 178.
Vert-de-gris, 103.
Verveine odorante, 178.
Vésicants, 178.
Vésicatoire Mayor, 186.
Vésicatoires, 183.
— permanents, 185.
— volants, 185.
Vésicule biliaire, 22.
Vésicules pulmonaires, 18.
Viande (jus de), 52.
— de bœuf, 52.
— de mouton, 52.
— de veau, 52.
— (poudre de), 52.
Vienne (poudre de), 178.
Vin, 54, 204.
— d'absinthe, 204.
— de gentiane, 204.
— de noyer, 204.
— de quinquina, 204.
Vinaigre, 103, 178.
— des quatre voleurs, 178.
Violette, 178.
Vitriol, 103, 138.

Vitriol blanc, 175.
— bleu, 174.
— vert, 103, 174.
Voile du palais, 14, 19.
Vomissement de sang, 101.
Vomissements, 66.
Vomitifs, 178.

Voûte du palais, 14.
Vulnéraire, 178.

Y

Yeux, 4.

Z

Zinc, 179.
Zona, 101.

TABLE GÉNÉRALE

	Pages.
Lettre de Monseigneur l'Évêque de Séez à l'auteur.	i
Approbations.	iii
Préface.	viii
Avertissements.	x

PREMIER TRAITÉ

Devoirs de la garde malade envers le corps. 1

PREMIÈRE PARTIE. — Le Malade. 1

Chapitre I. —	Description du corps humain	2
	Tête.	2
	Tronc.	16
	Membres.	28
Chapitre II. —	Principales substances du corps humain	32
	Les os.	32
	Les nerfs	34
	Le sang	36
	Les muscles.	37
	La peau, les muqueuses, les méninges.	38
Chapitre III. —	Des principales fonctions du corps humain.	41
	Circulation du sang.	41
	Respiration.	45
	Nutrition.	49
	Chaleur vitale.	55

	Pages.
DEUXIÈME PARTIE. — LA MALADIE.	61
CHAPITRE I. — Les causes	63
Signes ou symptômes de la maladie. . .	64
De la marche des maladies	69
CHAPITRE II. — Petit dictionnaire des maladies les plus communes	75
CHAPITRE III. — Accidents.	102
Empoisonnements.	102
Piqûres et morsures d'animaux venimeux.	105
Blessures et fractures	106
Asphyxie.	110
Accidents divers	111
Corps étrangers dans la gorge, dans l'œil, dans les oreilles.	113
TROISIÈME PARTIE. — LES REMÈDES	114
CHAPITRE I. — Hygiène du malade	115
La chambre du malade	115
Le lit	117
Le linge	121
Le malade	123
CHAPITRE II. — Médicaments	125
Notions générales. — Abréviations . . .	125
Poids et mesures.	127
Doses	129
Étiquettes.	129
Division des médicaments.	129
Préparations les plus ordinaires des médicaments.	131
Récolte et conservation des plantes . . .	133
Législation	135
Dictionnaire des principales substances employées comme remèdes, et des expressions le plus en usage en médecine et en pharmacie	137
Préparation et application des remèdes les plus usuels	179
Remèdes externes.	179
Remèdes internes.	197

		Pages.
CHAPITRE III. — Pansements et opérations diverses de la garde-malade		206
	Pansements.	206
	Principes de l'antisepsie chirurgicale	208
	Opérations diverses.	214
	Opérations chirurgicales	221
APPENDICE		225
	Devoirs de la garde-malade envers elle-même	225
	Rapports avec le médecin.	228

DEUXIÈME TRAITÉ

PREMIÈRE PARTIE. — LE MORAL DU MALADE 233

Devoirs de la garde-malade envers l'âme. 235

CHAPITRE I. — Connaissances à acquérir. 236

CHAPITRE II. — Influence des maladies sur le moral. . . 238

CHAPITRE III. — Moyens à employer pour soutenir le moral des malades. 241

DEUXIÈME PARTIE. — L'ÉTAT RELIGIEUX DU MALADE. . . 247

CHAPITRE I. — Le danger. 248

CHAPITRE II. — Les dispositions religieuses du malade. . 252

CHAPITRE III. — La science religieuse du malade . . . 259
              Abrégé de la doctrine chrétienne. . . . 260

CHAPITRE IV. — Les sacrements 267
              La Pénitence 267
              Examen de conscience. 269
              Le saint Viatique. 270
              Actes avant la communion 272
              Actes après la communion 273
              L'Extrême-Onction 275
              Après les sacrements 278

CHAPITRE V. — Bénédiction des mourants 280

CHAPITRE VI. — L'agonie. — La mort 283

www.ingramcontent.com/pod-product-compliance
Lightning Source LLC
Chambersburg PA
CBHW070853170426
43202CB00012B/2047